高速公路项目建设管理

李东辰　崔永成　刘茂灯　著

吉林科学技术出版社

图书在版编目（CIP）数据

高速公路项目建设管理 / 李东辰，崔永成，刘茂灯
著. -- 长春 ：吉林科学技术出版社，2022.9
ISBN 978-7-5578-9825-0

Ⅰ. ①高… Ⅱ. ①李… ②崔… ③刘… Ⅲ. ①高速公
路—基本建设项目—项目管理 Ⅳ. ①U412.36

中国版本图书馆 CIP 数据核字(2022)第 184352 号

高速公路项目建设管理

著	李东辰　崔永成　刘茂灯
出 版 人	宛　霞
责任编辑	孟祥北
封面设计	正思工作室
制　　版	林忠平
幅面尺寸	185mm×260mm
字　　数	315 千字
印　　张	13.75
印　　数	1−1500 册
版　　次	2022年9月第1版
印　　次	2023年4月第1次印刷

出　　版　吉林科学技术出版社
发　　行　吉林科学技术出版社
地　　址　长春市福祉大路5788号
邮　　编　130118
发行部电话/传真　0431-81629529 81629530 81629531
　　　　　　　　　81629532 81629533 81629534
储运部电话　0431-86059116
编辑部电话　0431-81629518
印　　刷　三河市嵩川印刷有限公司

书　　号　ISBN 978-7-5578-9825-0
定　　价　100.00元

编委会

前　言

随着我国工程建设体制的不断完善，法律、法规、政策的不断健全，建设市场的日益增长和市场竞争的日趋激烈，工程项目建设实现现代化的管理越来越重要，工程项目管理理论、方法、手段的科学化，管理人员的社会化和专业化，知识管理的核心化，管理的信息化等作用日益突出。

本书从高速公路项目建设管理信息化和管理模式创新的需求出发，按照现代项目管理理论，结合其他高速公路项目实际情况，在项目管理实践中不断创新，将项目管理者的管理价值理念、方法、措施、知识利用信息化手段融为一体，进行项目动态管理系统的构建，并应用于高速公路工程建设项目管理。

通过本书，能够对高速公路建设项目管理加深认识，对高速公路建设项目形成系统、全过程、动态、整体优化的管理理念。本书内容翔实，是对项目管理现代化的探索，对项目管理信息化建设和不同的项目管理模式具有指导意义。本书重视知识结构的系统性和先进性。在撰写上突出以下特点：第一，内容丰富、详尽、系统、科学。第二，实践操作与理论探讨齐头并进，结构严谨，条理清晰，层次分明，重点突出，通俗易懂，具有较强的科学性、系统性和指导性。

本书由唐山公路建设总公司工程管理部李东辰、广州高速公路有限公司崔永成和刘茂灯担任著者，

在本书的策划和编写过程中，曾参阅了国内外有关的大量文献和资料，从其中得到启示；同时也得到了有关领导、同事、朋友及学生的大力支持与帮助。在此致以衷心的感谢！本书的选材和编写还有一些不尽如人意的地方，加上编者学识水平和时间所限，书中难免存在缺点和谬误，敬请同行专家及读者指正，以便进一步完善提高。

目 录

第一章　高速公路概述 …………………………………………………… (1)

　　第一节　高速公路的效益 ………………………………………… (1)

　　第二节　高速公路的技术标准 …………………………………… (8)

　　第三节　高速公路的设计要点 …………………………………… (12)

第二章　高速公路建设管理 ……………………………………………… (17)

　　第一节　高速公路建设程序 ……………………………………… (17)

　　第二节　我国高速公路建设融资方式的发展 …………………… (20)

　　第三节　高速公路项目可行性研究 ……………………………… (23)

　　第四节　高速公路项目招投标管理 ……………………………… (24)

　　第五节　高速公路建设期管理的任务 …………………………… (32)

　　第六节　高速公路建设项目质量评定 …………………………… (34)

　　第七节　高速公路全过程跟踪审计管理 ………………………… (36)

　　第八节　高速公路项目交竣工 …………………………………… (41)

　　第九节　高速公路结（决）算及收尾管理 ……………………… (44)

　　第十节　高速公路项目后评价 …………………………………… (49)

第三章　高速公路工地建设标准化 ……………………………………… (52)

　　第一节　工地建设标准化的内容与作用 ………………………… (52)

　　第二节　驻地建设标准化 ………………………………………… (53)

　　第三节　工地实验室建设标准化 ………………………………… (54)

　　第四节　混凝土搅拌站建设标准化 ……………………………… (55)

　　第五节　预制场建设标准化 ……………………………………… (57)

　　第六节　钢筋加工厂建设标准化 ………………………………… (61)

第四章　高速公路保障管理标准化 ……………………………………… (63)

　　第一节　高速公路建设资金管理标准化 ………………………… (63)

　　第二节　高速公路计量与支付管理标准化 ……………………… (65)

　　第三节　高速公路新增单价管理标准化 ………………………… (69)

　　第四节　高速公路物资供应管理标准化 ………………………… (70)

　　第五节　高速公路信息管理标准化 ……………………………… (74)

第五章　高速公路建设项目成本与进度管理 ···(80)

　　第一节　高速公路成本管理 ···(80)

　　第二节　高速公路建设项目进度管理系统 ·································(85)

第六章　高速公路质量与合同管理 ···(93)

　　第一节　高速公路质量管理 ···(93)

　　第二节　高速公路合同管理 ··(104)

第七章　高速公路安全、文明施工与环境保护管理 ·····························(112)

　　第一节　高速公路安全与文明施工标准化管理 ························(112)

　　第二节　高速公路环境保护管理 ···(125)

第八章　高速公路路基工程 ···(136)

　　第一节　路堤施工 ···(136)

　　第二节　路堑施工 ···(141)

　　第三节　特殊路基处理 ···(147)

　　第四节　路基压实 ···(152)

　　第五节　路基排水施工 ···(159)

　　第六节　路基防护与加固 ··(161)

　　第七节　冬、雨期路基施工 ···(163)

第九章　高速公路路面工程 ···(166)

　　第一节　高速公路路面结构的特点 ·······································(166)

　　第二节　高速公路路面结构类型和选型分析 ····························(169)

　　第三节　高速公路水泥混凝土路面性能要求及新技术 ·················(171)

　　第四节　高速公路沥青混凝土路面性能要求及新技术 ·················(177)

　　第五节　高速公路路面设计任务与方法 ··································(183)

第十章　高速公路桥涵工程 ···(189)

　　第一节　高速公路桥涵工程概述 ···(189)

　　第二节　基础施工 ···(190)

　　第三节　承台施工 ···(196)

　　第四节　桥梁柱、系梁、盖梁工程 ··(198)

　　第五节　桥梁上部工程施工 ···(199)

　　第六节　桥面系工程施工 ··(202)

　　第七节　涵洞工程施工 ···(205)

参考文献 ···(210)

第一章　高速公路概述

第一节　高速公路的效益

一、高速公路的快速发展

20世纪90年代中期，随着数条长度几百千米的高速公路建成通车，高速公路的优越性进一步显现出来，其中之一是行车时速成倍提升。合肥至南京，济南至青岛，成都至重庆等高速公路通车后，汽车途中行驶的时间，都比过去缩短约2/3，在这些线路上不仅乘坐汽车方便，而且还可以节省时间。因此，许多原来乘火车的旅客，转移到乘汽车上来，高速公路客运迅速崛起，这也是促进火车后来提速的重要原因之一，广大群众对此十分欢迎。

（一）高速公路的优点

首先，汽车货运的经济距离成倍延长，公路集装箱运输蓬勃发展，道路运输在货运方面所占比重迅速提高。其次，高速公路线形好、起伏小，路面平整，又没有平交道口和慢速车的干扰，不仅运输效率高，还能减少车辆制动、换挡次数，减少机件磨损，延长轮胎行驶里程，降低燃料消耗。汽车在高速公路上行驶，运输成本一般比行驶普通公路降低20%以上。同时，高速公路上的交通事故率大幅度减少，而车主也节省了很多开支。

（二）为道路运输创造了新的发展机遇

高速公路为道路运输创造了新的发展机遇和空间，也为沿线的经济腾飞增添了活力。上海沪嘉高速公路通车后的两年，上海市十几个科研单位和大专院校，在嘉定建立了基地或分支机构；几十个中外企业在该县落户，嘉定名副其实地成为上海的卫星城。沈大高速公路通车后，沿线新建起种类大型市场20多个，海城西柳集依托高速公路，很快发展成东北地区最大的服装市场，该市场道路运输的客、货运量三年内增长了几倍。

二、高速公路三大系统简介

高速公路机电工程一般包括交通监控系统、收费系统和通信系统，三者是密切相关的，在建设和发展过程中，应该是同步进行、协调发展的，从而在高速公路网建成后，达到统一运行、统一管理、统一组织收费和管理交通的目的。根据目前的发展趋势，有些业主也会把供配电照明和管道等也列入机电工程实施。

（一）交通监控系统

交通监控系统一般由监控中心和外场设备两部分组成。

1. 监控中心

监控中心由计算机系统、闭路电视监视控制设备、投影设备、不间断电源系统等组成。监控中心计算机系统采用局域网结构，能接入视频、数据和紧急电话语音信息，构成一个多媒体的信息平台，具备方便的扩展性。计算机系统具有每天24小时连续工作的能力。

（1）监控软件工程

监控软件工程是交通监控系统的灵魂工程，它采集外场设备检测到的信息，进行分析处理，生成相应的控制方案，对外场的情报板等设备发布消息，告知司机高速公路交通状况或诱导其行车路线，并根据公路管理部门的反馈意见，我们在软件的编制过程中综合了各种意见，尽可能多地考虑可能发生的交通异常情况，并事先制定多种控制预案，使高速公路的管理更加方便，对交通状态的控制更加完善，为道路使用者提供更为高效、安全、快捷、舒适的服务。

（2）闭路电视控制

监控中心的闭路电视控制设备由视频切换矩阵和监视器墙或投影设备等。它们控制外场摄像机，并接受摄像机传输回来的图像，利用彩色监视器墙和投影设备实时观察相关路段的交通流状态，监视器也可切换到事件发生地点的画面，控制录像机自动录像，并自动记录摄像机的编号、事故发生时间等信息。监控分中心的值班人员可以根据图像显示的信息作出相应的控制决策。

（3）监控的外场设备

监控的外场设备一般包括车辆检测器、气象检测器、可变情报板、可变限速板和外场摄像机等。车辆检测器主要用来采集高速公路的交通流量信息和行驶车辆的变化情况，可以检测车流量、车速、占有率的参数，从而判断出交通的拥挤、堵塞、畅通等状况，提供给监控中心软件做出各种控制方案。

2. 气象检测器

气象检测器一般安装在立交、山区、湖泊区等气候情况比较复杂之处，检测当地的能见度、雨雪量等信息，根据这些信息对当地的车辆行驶做出限制措施。可变情报板和限速板是控制方案或措施的发布设备，也是高速公路的面子工程，通过这些设备告知司机交通信息和诱导行车路线。

3. 外场摄像机

外场摄像机是交通监控系统的"眼睛"，可实时动态观察高速公路的道路状况，在其他设备检测到相关信息时也可以通过摄像机进行确认，以采取必要的控制措施。

除了以上信息收集、信息处理显示、交通控制、事件处理等功能外，交通监控系统还提供报表统计与打印、查询、自动数据备份和系统恢复、系统具有自诊断、交通信息共享、安全防护、可省域联网等功能，还可加入其他如广播、电台、新闻媒体、网站等信息源或发布渠道，从而形成一个功能完善的系统。

（二）收费系统

高速公路收费系统是高速公路建设费用回收的最重要途径，也是业主最关心的一个系统。

1. 收费系统采用四级收费体制

收费系统一般采用"收费车道—收费站—各运营公司收费中心—收费结算中心"的四级收费体制。

2. 核心为计算机设备

各级站点的核心都为计算机设备，这些设备通过以太网交换机连成网络。收费车道采集的原始收费数据，通过计算机网络实时送向收费站，收费站将采集的数据集中后发送给收费结算中心和相应的运营公司的收费中心。在收费结算中心，对每次出口的收费按照该车辆的车型和实际行驶所通过的路段、里程进行分割计算，得出各路段的应收款，然后存入收费结算中心的数据库，并将得出的结果发送给相应的运营公司的收费中心。

3. 封闭式联网收费系统

收费系统一般采用封闭式联网收费系统，采用人工半自动的收费方式，即"人工判型，人工收费，计算机管理，闭路电视监视，检测器校核"的半自动方式。采用非接触式 IC 卡作为收费介质，即入口发行通行卡并写入入口信息，出口按照车型和行驶里程收取通行费或在储值卡内扣款。另外，全自动电子不停车收费系统（ETC）将会根据各地的经济发展状况及实际需要逐渐普及起来，在新建的高速公路收费系统中，建议预留 ETC 车道的相关配置。

4. 收费系统至少包括（但不局限于此）下列项目

（1）收费车道设备

包括收费员终端、车道控制器、票据打印机、非接触式 IC 卡读写器、雨棚信号灯、手动栏杆、自动栏杆、通行信号灯、黄色闪光报警器、雾灯、费额显示器、车辆检测器及必需的附属设备，根据入、出口车道类型，安装相应的设备。

（2）收费计算机系统硬件

包括收费中心计算机系统和收费站计算机系统两级。

（3）各级计算机系统

服务器、工作站、以太网交换机、IC 卡读写器、激光打印机等。

（4）收费系统软件

包括收费车道、收费站和收费中心计算机系统的操作系统、数据库、应用软件以及完成本系统功能的全部应用软件。

（5）收费闭路电视监视系统

包括外场设备、收费站监视控制设备。

①外场设备主要由广场摄像机、入出口车道摄像机、亭内摄像机、视频数据叠加器组成等；②收费站监视设备设于各个收费站控制室内，主要包括视频控制矩阵、硬盘录像机、彩色监视器等。

（6）对讲系统

收费站与收费亭内部有线对讲系统。

（7）安全报警系统

收费站和各收费亭的安全报警系统。

（8）收费附属设施

包括电源、配电箱、设备保护系统、传输介质（电力电缆、信号电缆、光缆）、设于收费控制室内的控制台、活动椅等。

5. 收费系统的功能

收费车道按照统一的操作流程工作，实时处理各种收费数据，除了对正常车辆进行及时、准确的收费处理外，同时对收费过程中出现的各种特殊车辆和异常情况按照统一的规定流程进行处理，如军车、公务车、紧急车、车队、拖车、未付车、违章闯关车、补交款车、无卡车、卡坏车、"U"形车、超时车、出入口车型不一致车等进行处理。

（三）通信系统

通信系统主要是为高速公路运营管理及监控、收费系统实施提供必要的话音业务及数据、图像信息传输通道，它是保障高速公路安全、高速、畅通、舒适、高效运营及实现现代化交通管理必不可少的手段，起着高速公路管理系统中枢神经的作用。

1. 通信系统实现方法

（1）根据目前的技术状况

通信系统基本采用两种实现方法。

①一种为SDH光纤数字传输系统；②另一种为可实现语音、数据、视频三网合一的千兆以太网技术。

SDH光纤数字传输系统一般根据高速公路上收费站点和服务区、养护工区等的设置设立通信站，在监控和收费中心地点同时设立通信中心。在通信中心布置光纤线路终端设备（OLT），在通信站布置光纤网络单元设备（ONU），按需采用STM-1（155Mbit/s）或STM-4（622Mbit/s）速率等级，用4芯光纤组成2芯通道保护自愈环状网络。

（2）SDH可为高速公路机电工程或运营管理采用接口

满足高速公路的数据传输。

①155Mbit/s数字通路。②2Mbit/s数字通路。③10M/100M以太网络。④CCTV视频和控制信号传输通路。⑤信道通路。这些信道通路包括：

A. 音频信道

SPC远端用户信道、紧急电话系统的远端分支信道、实线信道。

B. 数据信道

收费网络数据信道（2M或10/100M以太网接口）、监控数据信道（RS232/2M）、收费矩阵联网数据信道（RS232/485）、电源监控数据信道、CCTV反向控制信道（RS232/485）、ISDN 2B+D信道、SPC网管数据信道（DCN）等。

2. 以太网技术的采用

千兆以太网技术采用新近的以太网技术，完成主干通信网络的设置和数据、图像、话音的接入设备的设置，实现数据、图像、话音的综合传输（三网合一）。同样，它需要在各个通信站设立节点交换机，通过4芯光纤形成自愈环网。目前的监控设备和收费系统一般都可以提供以太网接口，可以就近接入通信站点的以太网。同时由于网络带宽够大，可以把视频模拟信号和语音电话等数字化后接入网络传输。这种方法减少了传输中的接口，可靠性提高，且和电信、公网有比较好的兼容性，扩展性较好，可能是以后高速公路发展的趋势。全线采用光缆作为传输媒体，给施工和调试也带来很大方便。

三、高速公路的效益

我国20世纪建成的收费公路，尤其是高速公路良好的投资收益，使社会形成了"收费公路收费标准过高、收费期限过长"的普遍看法，社会各界"降低收费标准、缩短收费期限、减轻用户负阻"的要求非常强烈。要正确认识并积极化解高速公路项目筹融资领域出现的困难，促进高速公路建设事业的健康稳定发展，我们需要对高速公路项目投资效益的变化趋势进行客观分析。

（一）早期高速公路项目的投资效益

早期的各个高速公路项目，其具体情况相互之间可能会有一定的差异，但总体都具有"流量大、造价低、投资效益好"的共同特点。

1. 高速公路特点

早期的高速公路主要指2000年"十五规划"之前建成运营的高速公路，如沈大高速、京沪高速、沪杭甬高速、成渝高速等，这些项目通常具有以下显著特点：

（1）交通流量基数大，增长迅速

地处经济最发达的区域，交通流量基数大，增长迅速。

①项目通车后第一年的初始流量较大，初始流量通常会达到设计饱和流量的50%～70%；②流量增速较快，所在区域发达的经济使项目流量保持着较快的自然增长；③由于区域内当时还没有高等级公路，这些项目还吸引了较大的诱增流量，自然流量和诱增流量的组合使项目在通车后头几年的流量增长通常高达年均20%以上，较高的初始流量和较快的流量增长使这些项目通常在通车后2～3年即达到流量饱和。

（2）建设成本较低

早期的高速公路项目一般都建在地势较平坦的平原地带，大型结构物较少，施工难度较低，加上早期征地拆迁费用较少，项目的建设成本较低。例如，京沪高速全线平均造价为3100万元/km，杭甬高速造价为3000万元/km，沪杭高速（浙江段）造价为3100万元/km。

早期的高速公路，由于流量大、造价低，因而投资回报相当可观。以一条造价为3100万元/km的高速公路为例进行定量分析，假定"其初始流量为设计饱和流量的60%，通车后前三年流量年均递增20%，从第四年开始流量增至项目设计饱和流量的120%后就不再增长，收费标准为0.40元/公里·小车，车辆每次出入高速公路另收5元/小车的通行次费，在假定的总投资中，65%为银行贷款，35%为资本金，所得税为33%，折现率按目前项目的长期贷款年利率6.12%确定，运营成本及营业税参照行业标准等"（以上假定和早期相当数量高速公路项目的实际建设运营情况很接近），经过计算，这样一条经营性的高速公路还清贷款仅需5年左右的时间，收回投资仅需7年左右的时间，而收费期最长有可能达到30年。

因此，高速公路投资者的收益非常好。早期的各个高速公路项目，其具体情况相互之间可能会有一定的差异，但总体都具有"流量大、造价低、投资效益好"的共同特点。

2. 影响投资效益的主要因素

从2001年开始，我国的高速公路建设进入了一个加速发展的时期，随着投资力度不断加大，建设步伐逐渐加快，越来越多的高速公路陆续投入运营，高速公路在总体上更好地满足社会经济发展需要的同时，其投资效益开始出现下降的趋势，尤其是后续建成的高速公路项目，受诸多因素的影响，投资效益下降的趋势更为突出。

（1）影响因素

①通行能力增长速度远大于交通流量增长速度。②从"瓶颈"状态逐步转变为"超前"状态。

（2）区域重心正在迅速变化

高速公路建设的区域重心正在迅速变化，由经济发达地区向次发达地区及不发达地区转移。受区域经济发展水平的影响，在经济较不发达区域所建项目的交通流量呈逐级下降的趋势，高速公路建设从省内经济发达地区向经济相对不发达地区推进，项目交通流量逐级下降的过程。

（3）成本逐年提高

高速公路项目的建设成本逐年提高，单位造价比前期高速公路提高了1～2倍。

（4）成本增高的因素

近年高速公路的建设成本受诸多因素的影响而大幅度上升：

①征地拆迁成本大幅度增加。②原材料价格大幅上涨。③工程建设难度加大。随着高速公路建设逐步向丘陵、山区推进，隧道、桥梁明显增多，施工难度不断加大，工程造价也随之上升。受上述各个因素的综合影响，高速公路的单位造价在逐年提高。

（5）收费政策中的不利因素逐步增多

收费期缩短、收费标准降低且难再提高、免费通行车辆数量上升。

（6）近年在收费政策中出现的不利因素

①最长收费期由原来的30年缩短至25年；②收费标准降低，主要是大型载重货车的收费标准下降了15%～20%；③提高收费标准的难度明显增加。

早几年，高速公路的收费标准可根据连续几年通货膨胀的情况进行相应的上调，但按目前的形势，即使出现连续几年通货膨胀的情况，也很难将高速公路的收费标准进行相应的上调（除非出现大幅度的通货膨胀）。显然，收费政策中逐步增多的不利因素均直接使高速公路项目的投资效益出现不同程度的下降。

（二）高速公路项目投资效益的变化趋势分析

和早期相同高速公路项目相比，其他条件不变，仅流量降低50%，投资效益将出现超过50%的下降；仅造价上升1倍，投资效益下降约50%，上升2倍，项目很可能亏损；仅收费期限变短，直接缩短项目盈利期，并有可能造成项目亏损；仅大型载重货车收费标准下降15%～20%，项目收费额下降约10%。若各因素综合影响项目，资本金将无法全部收回，项目严重亏损。

由于近年受路网逐步过渡到适度超前状态、建设重点逐步进入相对不发达区域、建设成本大幅上升，收费政策中的不利因素逐步增多等多方面的影响，高速公路项目的投资效益呈明显下降的趋势，为了更直观清晰地把握投资效益下降趋势的变化程度，我们还需要针对主要的影响因素进行相应的定量分析。

1. 流量下降对投资效益的影响

一个较完善的高速公路网络将基本形成，高速公路网届时将处于适度超前的状况，"瓶颈"状态下的大流量、高增长将不易再现，加之新建成的高速公路又多地处经济相对不发达的地区，故其初始流量较早期的高速公路将出现大幅度下降，可能只有设计饱和流量的20%～30%，通常还不到早期高速公路初始流量的一半，而且这时因周边已有较完善的高速公路网络，也不再有早期高速公路非常明显的诱增效应，通车后运营期流量的增长速度也将有较大幅度的降低。

2. 造价上升对投资效益的影响

和早期的高速公路项目相比，若初始流量、流量增速、收费标准、税收、运营养护等各条件均不变，仅仅将其"造价增加一倍，即将造价增至6200万元/km"，经过计算，该项目的贷款偿还约需9年时间，收回投资约需15年，相对于早期相同项目（其他条件完全相同，仅造价低50%），其投资效益下降了约50%。如果还是这一项目，其他条件保持不变，仅造价增加2倍（通常为双向六车道的项目）达到9300万元/km，经过计算，该项目的贷款偿还约需13年，回收投资约需27年，相对于今后经营性收费公路最长25年的收费期限，该项目将会亏损。这也意味着高速公路即使拥有很大的初始流量、较快的流量增速，但当造价过高后，如超过9000万元/km，在现有收费标准和收费期限的情况下，项目将很可能处于亏损状态。

3. 收费政策中的不利因素对投资效益的影响

近年在收费政策中出现的诸多不利因素均对投资效益产生了一定程度的影响，如最长收费期由原来的30年缩短至25年后，就会使原需要十几年或近20年能收回投资的项目盈利期大幅度缩短，甚至会使原需25年多才能收回投资的项目由盈利变成亏损。而大型载重货车收费标准15%～20%幅度的下降及免费通行车辆的上升等因素，则使相应的高速公路项目在流量不变的情况下收费收入下降了大约10%，使项目的贷款偿还期、投资回收期等均相应延长了1～2年，其对高速公路投资效益的影响也不容小觑。

4.各因素对投资效益的综合影响

以上分析了流量、成本、收费政策等各因素单独对高速公路投资效益所产生的影响，但在实际工作中，上述各因素并非单一孤立地，而是同时综合地影响高速公路。因此，要全面真实地了解目前新建高速公路投资效益的变化趋势，必须对上述各因素的综合影响进行分析。和早期高速公路项目相比，假如新建高速公路：

（1）初始流量调整为早期高速公路的一半（即设计饱和流量的30%），通车后前5年流量年均递增10%，5年后流量年均递增7%直至饱和流量的120%；（2）造价增加一倍，即增至6200万元/km；（3）大型载重货车收费标准15%～20%幅度的下降，免费通行车辆的上升等（假定使收费收入相应下降了10%）；（4）其他如税收、运营养护等条件保持不变，则经过计算，该项目的贷款偿还约需19年时间，至25年的收费期结束时，还有约50%的资本金无法收回，项目呈现较严重的亏损。

同样是这一项目，如果造价增至早期高速公路的3倍，即造价为9300万元/km，而其他情况和上述综合分析时一致，经过计算，至25年收费期结束时，该项目的贷款还无法完全偿还，投入的资本金将全部亏损。

综合以上各项分析，可以看出，由于受建设超前、流量下降、造价上升、收费期限缩短等多重因素的影响，高速公路的投资效益正呈大幅下降的趋势。高速公路正逐步由早期的具有良好投资回报的经营性项目转变为今后的仅能勉强收回投资而无合理回报的准经营性项目，甚至成为无法收回投资的半公益性项目。高速公路项目投资效益的这一变化趋势已明显增加了近期在建高速公路项目建设资金筹措的难度，加大了招商引资的困难，也开始影响到国有交通资产的保值增值，需要引起我们足够的重视，并需要政府有关部门在今后的政策制定及建设资金的筹措上予以必要的支持，以确保我国交通建设事业的健康发展。

第二节　高速公路的技术标准

一、高速公路的技术标准

（一）设计车辆

1.原因

设计道路最基本的目的就是使车辆能在其上行驶，所以，设计车辆是高速公路设计的重要依据之一。

2.定义

是设计所采用的代表性车型。

3.尺寸

如果实际车辆尺寸与设计车辆不一致时，则以规定的设计车辆外廓尺寸、重量、转动特性等特征作为道路设计依据。我国的汽车种类很多，随着改革开放和汽车市场的日益国际化，汽车品种会不断增加和变化，设计车型应能代表这些汽车中的大部分。为了更好地做到这一点，设计车型实际上并不一定是某一种具体牌号的汽车，其外形尺寸往往是虚构的，但能代表某一类的汽车。

4.作用

主要用于制定公路设计各项控制指标，其外形尺寸直接影响公路的平面设计，如曲线半径、车道宽度、弯道加宽、视距及净空高度等。设计车辆的动力性能则与纵断面的最大纵坡、坡长有关。

5.几种设计车型

在设计时，必须考虑远景汽车交通的情况及有关指标的变化。目前，我国高速公路在设计时主要按小汽车和中型载重汽车考虑。小汽车主要从视距要求考虑，而中型载重汽车主要从外形尺寸和动力性能考虑，考虑到集装箱运输的发展，半挂车也应作为主要设计车型。

（二）设计车速

为什么设计车速是设计依据？汽车在道路上以一定车速行驶，除了车辆本身要有良好的性能外，还要求道路提供相应的技术保证。例如，行车部分的宽度、道路的平面线型、纵坡是否平缓，道路的几何形状乃至路面质量等均与行驶速度有关，即设计车速是确定公路线形几何设计的基本要素之一。行驶速度不同，对道路的要求亦不相同，因此道路设计前所确定的计算行车速度是道路设计的一项重要依据。

1.设计车速的定义

设计车速（又称计算行车速度）是公路设计最基本的设计依据。设计所采用的车速，称为计算行车速度，也称设计车速，它是在气候良好、交通量小、路面干净的条件下，中等技术水平的驾驶员在道路受限制部分能够保持安全、舒适行驶的最大速度。

2.设计车速的确定

计算行车速度值会影响道路的规模，并影响道路建设投资。

（1）设计车速的确定考虑了汽车行驶的实际需要和经济性，是汽车行驶要求与经济性平衡的结果。（2）汽车的行驶要求表现为汽车的最高时速，即汽车的机械性能所能达到的最高速度。不同车辆的最高时速是不同的。公路的设计车速不可能也没有必要达到这一速度，但应尽量满足汽车机械性能的发挥。（3）汽车行驶的经济性要求表现为汽车的经济时速，即汽车的机械损耗和燃油消耗为最小的车速，汽车越接近经济时速运营费用越低。但通常经济时速较低，从时间效益考虑，通常驾驶员不会追求以经济时速行驶。因此，设计车速应该是最高时速与经济时速之间的一个速度。

3.设计车速的取值

设计车速（计算行车速度）的取值要根据道路类别、级别、地形特征等具体情况抉择，并在道路设计规范或技术标准一类文件中有所规定。远离城市的公路设计车速相对较高，而市郊公路的设计车速则相对较低；公路等级高，则多考虑行车要求，公路等级低，则多考虑经济性；平原区公路工程实施较容易，设计车速定得较高，山岭区地形起伏，工程实施困难，设计车速定得较低。

（三）高速公路设计车速

根据高速公路的运营要求与交通需求的变化和上述确定设计车速的原则。

（1）高速公路一般选用120km/h的计算行车速度，当受条件限制时，可选用100km/h或80km/h的计算行车速度，对个别特殊困难路段，允许采用60km/h的计算行车速度，但应经过技术经济论证。与以前的技术标准不同，现行技术标准中高速公路的设计车速不再与地形直接相关，设计人员可根据交通量、交通组成和性质，结合地区、地形特点，考虑技术和经济条件，选定合理的计算行车速度。（2）对于高速公路，设计车速应以小客车为主考虑。虽然目前我国高速公路上行驶的车辆种类仍较多，大货车也有相当比例，但车辆性能正在不断地改善，实际运行车速呈增大趋势，以小客车作为确定高速公路设计车速的标准是合适的。（3）对同一条高速公路，如果途经的地区地形有较大差异，设计车速可根据实际情况分段确定。但是，为了保证行车的连续性，应注意以下几点：第一，分段之间的设计速度差一般按20km/h为一级，并应设置相应的限速标志；第二，不同设计车速分段不宜过短，通常高速公路分段长度不宜小于20km；第三，需要改变计算行车速度时，应设置过渡段，过渡段长度可根据具体地形条件结合各方面的使用效果，灵活确定；第四，计算行车速度变更点的位置，应选择在驾驶人员能够明显判断路况发生变化而需要改变行车速度的地点，如村镇、车站、交叉口或地形明显变化等处，并应设置相应的标志。高速公路一般选用120km/h的计算行车速度，当受条件限制时，可选用100km/h或80km/h的计算行车速度。对个别特殊困难路段，允许采用60km/h的计算行车速度，但应经过技术经济论证。

二、交通量的设定

（一）概念

交通量是指在单位时间内通过道路某一地点或某一断面的车辆数量或行人数量。前者称车流量，后者称人流量。

（二）交通量的作用及影响因素

1. 依据

是道路规划、设计和交通规划、交通管理的依据。

2. 交通量影响因素

交通量的大小与经济发展速度、文化生活水平、气候、物产等多方面因素有关，并且随时间的不同而变化。

3. 进行道路设计时，常用的交通量

（1）平均交通量

交通量不是一个静止的量，它是随时间变化的，在表达方式上通常取某一时段内的平均值作为该时段的代表交通量。例如，年平均日交通量就是将一年内的交通量总数除以当年的总天数所得出的平均值。常用的平均日交通量还有月平均日交通量、周平均日交通量以及任意期间（依特定分析目的而定）的平均日交通量等。

（2）高峰小时交通量

一天中各小时的交通量不均衡，一般上下午各有一个高峰，交通量呈现高峰的那一个小时称为高峰小时。所以，一定时间内（通常指一日或上午）交通量出现的最大小时交通量称为高峰小时交通量（指一天内的交通高峰期间连续1h的最大小时交通量）。

（3）第30位小时交通量

将一年当中8760个小时的小时交通量，按大小次序排列，从大到小排列序号为第30位的那个小时的交通量，称为第30位小时交通量。将一年中8760小时交通量依大小次序排列，然后计算出每一个小时交通量与年平均日交通量之比值，称为小时交通量系数，以此为纵坐标，以排列次序为横坐标，可以绘制出一年中小时交通量曲线图。

（三）设计交通量

作为道路规划和设计依据的交通量，称为设计交通量。进行道路规划和设计，必须考虑交通量随时间变化出现高峰的特点。若以平均日交通量或平均时交通量作为设计依据，必将在很大一部分时间内不能满足实际交通量的通行要求而发生交通拥挤阻塞；若按年最大的小时交通量作为设计依据，又嫌偏大而浪费。取一年的第30位最大小时交通量作为设计小时交通量，即将一年中测得的8760小时交通量按大小顺序排列，取序号为第30位的小时交通量作为设计交通量。

三、道路路段通行能力

（一）通行能力

1. 基本概念

通常定义为在一定的道路、交通状态和环境下，单位时间内（良好的天气情况下），一条车行道或道路的某一断面上能够通过的最大车辆或行人数量，亦称道路容量、交通容量或简称容量。一般以辆/h、人/h表示，亦有用辆/昼夜或辆/s表示的。车辆多指小汽车，当有其他车辆混入时，均采用等效通行能力的当量小客车单位。

2. 注意事项

在我国公路方面采用当量解放牌汽车为单位，城市采用当量小汽车为单位。注意以下几点：

第一，特定的道路和交通条件下。

第二，车辆数（车辆中有混合交通时，则采用当量交通量）。

第三，与交通量的关系。

①区别：道路通行能力与交通量概念不同，交通量指某时段内实际通过的车辆数。道路通行能力是一定条件下通过车辆的极限值，不同的道路条件和交通条件下，有不同的通行能力。②二者联系：一般情况下，交通量均小于道路的通行能力。

第四，在小得多的情况下，驾驶员可以自由行驶，可以变更车速、转移车道，还可以超车。

第五，交通量等于或接近于道路通行能力时，车辆行驶的自由度就明显降低，一般只能以同一速度列队循序行进。

第六，当交通量稍微超过通行能力时，车辆就会出现拥挤甚至堵塞。所以，道路通行能力是一定条件下通过车辆的极限值，不同的道路条件和交通条件下，有不同的通行能力。

第七，通常在交通拥挤经常受阻的路段上，应力求改善道路或交通条件，以期提高通行能力。

3. 影响因素

影响道路通行能力的主要因素有道路状况、车辆性能、交通条件、交通管理、环境、驾驶员技术和气候等。此外，还有些影响因素至今尚未能做出定量的分析，因此，目前国内外不少专家学者都致力于确定和提高通行能力的研究。

（二）机动车通行能力的类别

基本通行能力是指道路与交通处于理想情况下，每一条车道（或每一条道路）在单位时间内能够通过的最大交通量。作为理想的道路条件，主要是车道宽度应不小于3.65m，路旁的侧向余宽不小于1.75m，纵坡平缓并有开阔的视野、良好的平面线形和路面状况。

作为交通的理想条件，主要是车辆组成为单一的标准型汽车，在一条车道上以相同的速度，连续不断地行驶，各车辆之间保持与车速相适应的最小车头间隔，且无任何方向的干扰。

第三节 高速公路的设计要点

一、高速公路的路面设计要点

（一）沥青路面设计概要

沥青路面由于其良好的行驶性能，已经成为各种高等级公路和主干道路的首选结构形式，沥青路面占80%～90%。

1. 主要形式

由于我国气候和自然环境十分复杂，加上近年来超载运输现象十分严重，建成通车的高等级公路上出现了较大面积的路面早期损坏，其主要形式包括：

（1）半刚性基层沥青路面出现反射裂缝；（2）沥青面层水稳定性损坏（松散、坑槽等）；（3）以及高温稳定性病害（车辙）。

路面的早期损坏不仅造成了巨大的经济损失，而且影响到交通行业的社会形象和可持续发展。

2. 设计方法

世界各国的沥青路面设计方法，可分为经验法和力学经验法两大类。

（1）力学分析

采用弹性层状体系作为力学分析基础理论，以双圆垂直均布荷载作用下的路面整体沉降（弯沉）和结构层的层底拉应力作为设计指标，以疲劳效应为基础，处理轴载标准化转换与轴载多次重复作用效应。

（2）路面工程

路面工程应根据使用要求及气候、水文、土质等自然条件，密切结合本地区实践经验，在满足交通量和使用要求的前提下，遵循因地制宜、合理选材、方便施工、利于养护、节约投资的原则，对可选方案经过全面的技术经济比较，确定最佳设计方案。设计中通过对不同基层材料组成设计试验，确定最佳设计配合比，以减轻路面的早期反射裂缝、唧浆等破坏，延长路面的使用寿命。

（3）路面面层应注意事项

沥青路面面层应注意高（低）温下的稳定性、耐久性、抗滑能力和抗渗能力，设计中通过面层结构材料的合理选材、骨料的合理级配等措施。

（4）合理、慎重地使用 SMA

合理、慎重地使用 SMA、改性沥青等新材料、新技术，改善路面整体使用性能。然而，对于现有的国内外沥青路面设计规范主要是以经济为主，并没有考虑到道路的重载、超载以及交通量的迅速发展。因此，随着经济的快速发展，设计一条既能符合交通需求，也能满足经济效益的高速公路是道路发展的当务之急。

（二）选线设计要点

公路路线设计及选择时，应尽可能地利用荒坡、荒地、滩涂等荒芜土地，而少占耕地、少拆迁。一般来说，会根据沿线具体情况，来选择选线的侧重点。

1. 山区公路

对山区的公路来说，一般主要考虑了地质灾害的可治性以及发生后的处理费用等，而忽略了保护耕地资源，增加了工程中的耕地占用量。

2. 山区耕地

同时，山区耕地形状一般极不规则，如果修筑公路，会使其变得更加支离破碎。因此，在路线选择时，要充分顺应地形、地貌，确保山体平衡体系不被破坏，避免大挖大填，加强桥梁隧道的设计，使路线与周围环境融为一体。

3. 平原地区

相对山区来说，平原地区的地质条件要好得多。然而平原地区有大量的耕地、房屋，一旦修筑公路，就会占用大量的耕地，甚至造成拆迁。所以设计路线时应特别注意对土地尤其是耕地资源的影响。

4. 少占耕地，少拆迁

在路线的控制节点确定之后，应综合考虑各种因素，尽可能少占用耕地，少拆迁。可将避开高产良田作为设计线路的重要因素，尽量选择荒地或低产田通过，节约耕地良田，以保护环境。

（三）面层组合设计

国外的耐久性路面（也称作长寿命路面）追求的寿命是 50 年，即 50 年不进行结构性维修。

长寿命沥青路面结构主要有如下特点：

1.100～150mm区域。

轮载下100mm～150mm区域是高受力区域，也是各种损坏（主要是轮辙）的发生区域；

2.40～75mm区域。

面层40～75mm高质量沥青混凝土为车辆提供良好的行驶界面，应具有足够的表面构造深度，抗车辙、水稳定性好；

3.100～175mm区域。

中间层100～175mm高模量抗车辙沥青混凝土起到连接和扩散荷载的作用，应具有高模量、抗车辙特性。

二、高速公路路线设计的概述

（一）传统的路线设计概念

1.公路平面线形设计

就是如何正确地运用平面技术标准，定出公路的平面几何尺寸：公路纵面线形设计。

2.合理采用纵坡技术标准，定出纵面的几何尺寸

这两个方面的技术标准运用好了，几何尺寸定出来了，就算路线设计好了。

3.汽车保有量快速攀升

伴随着公路交通行业以及汽车行业的迅猛发展，现今的汽车保有量正处于一个快速攀升的阶段，导致公路的实际交通量不断增加，使得越发频繁地出现了各类交通事故。

4.工程学以及设计学的涉及

由此可见，合理的公路线路设计就不能够仅仅停留在几何的角度，其还涉及了工程学以及设计学等领域。可见，所进行高速公路路线设计应该在充分符合汽车行驶所需的力学条件的基础下力求满足驾驶员的生理条件。

5.针对地形地物进行设计

应该针对地形地物等情况来进行设计，使得设计更能够兼顾到各种因素的影响，比如保护环境以及实现合理有效的经济运营等多方面因素。因此，高速公路的线路设计工作是非常重要的。

6.线路的设计至关重要

对公路进行设计，对其线路的设计是非常重要的一关。就拿高速路为例，只要路线建筑好了，就会影响到本地路段的社会与经济效益，说明高速公路线路的设计是影响到所涉地区经济和民生的大事。公路路线设计的从业人员在进行路线设计时，应该考虑到所涉当地的实际情况，比如是否影响当地生态环境等因素。所以在进行公路建设的时候，设计正确的路线是非常重要的。

（二）影响高速公路线路设计的相关因素

对高速公路进行设计时，其设计方案的确定是受很多方面的影响的。总的来说，受到地质的影响、生态环境的影响、地形以及工程的造价等因素的影响，公路路线的一些施工方案在进行设计时都是必须要进行考虑及考量的。这就要求根据实际的情况及影响程度进行具体分析，设计出合理经济的公路路线。

1. 地质因素影响

在对高速路进行建设时会碰到很多地质方面的问题，其中就包括软土与软弱土等土质、滑坡、坍塌与泥石流等情况。对于这些问题来说，对公路安全的危害非常大，对其后期养护和运行的影响也非常大，地质的因素对整个方案都是起决定性作用的。不好的地质在影响整个路段分布的同时，纵面地形的分布也影响了整体的方案。所以，在建设高速路时地质的勘测是必不可少的，也反映了高速公路路线设计的重要性。

2. 地形因素影响

这些年来，中国的高速公路建设非常快，很多的路段都是铺设在山区之中。这些地方的地形特别复杂，地的表面陡且不平，建设的任务十分艰巨。假如要降低工程的难度与投资就必须将路段适应其山区的地形。例如一些路面就需要沿着河流进行铺设，一些路线就必须从山区穿过。总的来说，其地形复杂多样，不管是哪种地形，最开始就必须合理地利用，一些地形很复杂，但是只要合理地利用，最终的效果就会很好。因此，挑选适当的地形对高速公路的设计人员来说是非常重要的。

3. 设计环境保护因素的影响

以往的工程建设的理念把太多的精力都放在了功能与经济方面，环境方面并没有太多的考虑，高速公路的工程实施对于生态的破坏是非常严重的，造成了很多负面的影响。大面积地使用林地与耕地，很多的庄稼都损失了，还对绿化造成一定程度的破坏，影响了自然的生态平衡，对高速路进行设计的时候，大多数都是选择直接穿过某些特殊的环境区。

例如，湿地以及保护区，并且就算是没有办法避开的话，都没有使用相应的方法对其进行保护，这样对于整个自然状态的影响就非常明显了。在选择高速路工程实施方案的时候，并不会进行文物的勘察，更别说公路沿路的古物了，碰到这些情况时并没有相应的解决措施，说明了正确的公路路线的设计对环境和文物保护的重要性。

三、设计中需要注意的相关问题

（一）平、纵、横同步的精细设计

公路是三维的带状构造物，平、纵、横的设计信息集中在一起才能反映真实的设计情况。公路地形在很小的范围内也可能产生很大的变化，路线平、纵面稍微移动就能产生截然不同的结果，这就要求路线设计应该平、纵、横同步精细设计，以互相检验设计的合理性，这在局部路线优化时尤为重要。

1. 应采用曲线形设计法

在当前高速公路的建设中多采用曲线设计法。所谓曲线形设计方法，即根据线形布设的技术标准要求、平纵线形组合的均衡要求、地形地物及自然环境的约束要求，采用曲线单元并选用合理的线形参数来布设路线。

2. 曲线形设计方法的作用

采用曲线形设计方法进行路线设计，既能使道路线形美观，也可以使道路本身和沿线景观相协调，更重要的是曲线形道路相比直线道路更容易让驾驶员在开车时注意力集中，从而减少交通事故。当然，直线设计法也并不是要完全杜绝，只是在设计过程中要注意一些问题。

3. 灵活运用线性指标

线性指标的选用不仅关系到公路使用的安全性和舒适性，还影响到工程的造价和区域的自然环境。在路线设计技术指标的运用上，应结合地形、地物、地质、水文、气象等自然条件，特别是要注重总体设计。要注意保证前后路线线形的均衡性和连续性。因此，设计人员必须加强对标准规范的理解，做到灵活运用技术指标。

（二）加强环境保护

对高速路段进行设计时应该选择那种对环境的负面影响最小的设计方案。

1. 考虑因素

公路路线设计必须结合实际施工地点的环境因素，实施时要考虑到文物、水利、保护区与湿地等众多的因素，力求在公路建设时生态与经济共同进步与发展。

2. 注意事项

公路路线设计的相关注意事项，在高速公路交通建设中非常重要，其不仅可以减少建筑中遇到的困难以及降低成本，还可以推动高速公路的建筑品质变得更可靠，促进人们出行环境的优化。

在进行高速公路建设时，线路的设计工作对整个公路工程的影响是非常巨大的。近年来，随着国内经济的飞速前进，国内公路的建筑及公路线路设计水准有了很大的进步，同时人们对高速公路方面的要求也越来越高。在高速公路的路线设计中，其设计对全部工程项目的品质、成本及执行来讲，都起着重要的作用。因此制定良好的高速公路设计方案可以减少建筑中遇到的困难以及降低成本，还可以推动高速公路的建筑品质变得更可靠，促进人们出行环境的优化。所以制定最佳的高速公路设计方案可以达到多赢的局面，并且推动人和人以及人与自然的相处，达到社会的和谐。

第二章　高速公路建设管理

第一节　高速公路建设程序

一、国内公路项目基本建设程序

高速公路建设管理是以高速公路工程项目为对象，对其建设过程中的所有活动进行决策、计划、组织、协调和控制的过程。公路建设程序是在认识公路建设客观规律基础上总结提出的，在公路建设全过程中各项工作都必须遵守的先后次序。它也是公路建设各个环节相互衔接的顺序。我国的项目建设程序可分为六大阶段：项目建议书阶段、可行性研究阶段、设计工作阶段、建设准备阶段、建设实施阶段、竣工验收阶段。亦可细分为十个阶段。每个阶段都有明确而详细具体的工作内容。承担这些工作的主体，相应管理工作的内容、手段、方式都不大相同，但根本的目标都是为了快速、优质、低成本地建成高速公路，为经济与社会发展提供充分的基础保障条件。在这种目标下，每个阶段不同管理主体仍有各自的具体管理工作目标。

县级以上地方人民政府交通主管部门根据国家有关规定，按照职责权限组织公路建设项目的预可行性研究和工程可行性研究工作。公路建设项目的预可行性研究报告、工程可行性研究报告和初步设计文件应按照国家颁发的编制办法编制，并符合国家规定的工作质量和深度要求。

公路建设项目应当按照国家有关规定实行项目法人责任制度、招标投标制度、工程监理制度和合同管理制度。公路建设项目法人应当依法选择勘察设计、施工、咨询监理单位，采购与工程建设有关的重要设备、材料，办理开工报告，组织项目实施，准备项目竣工验收和后评价。施工单位必须按批准的设计文件施工。任何单位和人员不得擅自修改工艺设计。重大设计变更和概算调整，应当报原初步设计审批单位批准，未经批准不得变更。公路建设项目实施过程中，监理单位应当依照法律、法规以及有关技术标准、设计文件、合同文件和监理规范的要求，采用旁站、巡视和平行检验形式对工程实施监理，对不符合工程质量要求的工程有权责令施工单位返工。未经监理工程师签认，施工单位不得将建筑材料、构件和设备在工程上使用或安装，不得进行下一道工序施工。

公路建设项目验收分为交工验收和竣工验收两个阶段：交工验收合格的，经项目所在地省级交通主管部门批准可以试运营；未进行交工验收或交工验收不合格的，不得试运营。试运营期最多不超过两年，试运营期结束前必须组织竣工验收，经竣工验收合格的项目可转为正式运营使用。公路建设项目验收工作必须符合交通运输部制定的公路工程竣工验收办法。在试运营期限内未组织竣工验收或竣工验收不合格的，停止使用。

二、国际公路项目建设程序（以世界银行贷款项目为例）

世界银行（the World Bank）是联合国属下的一个专门机构，负责长期贷款的国际金融机构。其主要业务活动是，对发展中成员国提供长期贷款，对成员国政府或经政府担保的私人企业提供贷款和技术援助，资助他们兴建某些建设周期长、利润率偏低，但又为该国经济和社会发展所必需的建设项目世界银行贷款项目周期分为六个阶段：项目选定（或称鉴别），项目准备，项目评估（项目预评估、正式评估），项目贷款谈判及签约，项目执行与监督，项目总结评价（后评价）。

（一）项目选定

由世界银行与借款国共同选择符合银行贷款目标和贷款国复兴的项目，是项目周期的第一阶段，项目选定至关重要。在这个阶段一般由我国确定选定那些需要优先考虑并符合世界银行投资原则的项目。这些项目必须有助于实现国家和地区的发展计划，而且按世界银行标准被认为是可行的。从我国来讲，选定的项目必须具备以下条件：①已列入行业规划或五年计划；②配套资金基本落实；③具有还贷能力；④有较好的社会、经济、财务效益。项目选定后，才可列入世界贷款计划。

世界银行一般要对借款国的经济结构和发展前景进行调查，并派项目鉴别团到当地与相关政府部门、项目办公室以及各设计一起了解项目的基本情况，确保项目能符合世行方面的要求。

项目选定后，申请借款国即可编制"项目选定简报"。简报中应明确规定项目的目标，列出项目的概要，说明完成项目的关键性问题、并安排好项目的执行时间表。"项目选定简报"送交世界银行，经世界银行研究同意后，即将其编入贷款计划，成为拟议中的贷款项目。

（二）项目准备

在世界银行与贷款国进行项目鉴定，并共同选定贷款项目之后，项目进入准备阶段。项目准备工作，首先是对选定项目进行可行性研究，编制可行性研究报告。有时世界银行也提供部门资金，如技术合作信贷，或某些国家为世界银行提供的特别基金，或申请国寻求国际赠款用以聘请国外咨询专家协助完成这一工作，以确保可行性研究的质量。

国内工程可行性研究报告被批准后，世界银行通常派一个项目预评估团来华，在可行性研究报告的基础上，对项目的经济和财务效益进行论证。

　　高速公路项目交通量预测及经济分析和评价是项目评估阶段的主要内容。世界银行在高速公路项目评估阶段还要对高速公路与城市出入口连接线问题进行评估论证；对互通立交的数量、位置作论证。

　　世界银行对项目的分析主要包括技术可行性、经济的可行性及社会可行性三个方面。完成了上述分析后，即由项目小组编制一份详细的项目报告，对项目作出全面的成本-效益估价。

（三）项目评估

　　由世界银行对项目技术、经济、财务、机构、社会和环境等方面进行评估。项目评估阶段根据项目准备情况不同，可分为预评估和正式评估。

　　完成项目准备工作后，即进入项目评估阶段，一般是在国内初步设计批准后进行。在这一阶段，世界银行派出评估团来华进行实地考察，全面、系统地检查项目的各个方面，与中方专家就项目的经济财务、工程技术、设计文件、组织管理、招标采购等一系列问题进行讨论和评估，同时还要决定项目的人员培训，设备采购的数量清单、方式、研究课题等具体安排。

　　项目评估是项目周期中一个重要阶段，因为在此阶段世界银行要对项目的各个方面进行全面审查，为项目的成立、执行和后评价奠定基础。世界银行评估团的实地考察一般需要2～3周时间，如认为该项目适合世界银行的贷款标准，就提出项目评估报告。它是世界银行内部的重要文件，需得到世界银行执行董事会的认可，在项目执行过程中，它是重要的依据之一。在这一阶段、一般还要利用世界银行技术合作信贷或赠款聘请国外咨询专家对设计文件和招标文件进行咨询和审查，只有通过设计审查，解决设计文件和招标文件的主要问题后，才能最终完成评估工作。

　　贷款项目经正式评估，并与世界银行取得基本一致意见后，项目单位应按计划管理体制或项目管理隶属关系向国家计委上报利用外资方案。批复后的利用外资方案作为贷款谈判和项目执行的重要依据。

（四）项目贷款谈判

　　谈判是世行和借款人为保证项目的成功、力求就所采取的必要措施达成协议的阶段。然后，将这些协议变成法律义务，列入贷款文件。

　　贷款项目完成正式评估后，世界银行项目代表团编制的职员评估报告（绿皮书）经执董会批准形成正式世界银行职员评估报告（黄皮书）。世界银行随后将安排一周左右的时间，邀请借款人代表及项目执行机构（6人左右）的代表团到华盛顿世界银行总部进行贷款。贷款谈判主要内容包括三个方面：中华人民共和国和世界银行之间的"贷款协定""项目协议"以及围绕上述两个法律文件有关技术方面的问题。贷款谈判程序为：①首先对世界银行提出的"贷款协定""项目协议"进行审议、修改和通过；②由借款人财政部与世界银行项目经理共同签署"贷款谈判纪要"。

　　项目贷款谈判完成后，"贷款协定"和"项目协议"两个法律文件最终要经世界银行执董会批准，并经借款人授权代表在两个法律文件上与世界银行副行长共同签署。

我国一般由财政部和项目所在省份授权驻美大使在"贷款协定"和"项目协议"两个法律文件上签署，但需要项目省至少副省长级和省级司法部门签写授权书，即副省长级对两个文件的"批准"和副省长级的"授权"及省级司法部门的"法律证明书"。

（五）项目实施

项目实施又称项目执行，是按照贷款协议的规定，对项目进行招标、采购、实施。在这一阶段，项目单位负责项目的执行，世界银行负责对项目的监督。项目单位除了组织力量，配备技术、经济、管理等专家，按贷款、项目协议规定执行外，还需制订项目执行计划和时间进度表，主要包括：①制订土建工程实施计划；②确定施工监理队伍；③货物采购；④机电工程采购；⑤人员培训及开展有关贷款、项目协议规定的工作。

组织项目的工程监理队伍对项目实施监理，如需聘用外籍专家，必须按照世界银行使用咨询专家指南的要求。监理人员培训需在开工前进行，以便及时到位。

在完成了国内开工报告的审批后，贷款项目可正式开工。世界银行每半年或一年一次派到项目现场进行实地跟踪检查。检查的重点是采购程序、工程质量、工程进度、财务支付等各个方面。

进度报告要提交世界银行专职机构审查，如发现问题，世界银行将书面通知借款人或派工作组来华实地调查和解决。按规定，每年还将由专门的审计部门和世界银行提供年度审计报告。在项目完成后，一般应不晚于六个月向世界银行提供项目竣工总结报告。项目的执行主要是以中方为主，但有些文件需要世界银行确认；施工过程中，世界银行派人员到现场检查。

（六）项目总结评价

项目后评价是根据项目完成一年左右，对建设项目的立项决策、方案设计、运营管理全过程各阶段工作及其变化的成因，进行全面的跟踪、调查、分析和评价。通过对完工项目执行清款，进行回顾，总结项目前几个周期中得出的经验和教训，评价项目预期受益的实现程度。

世界银行贷款资金的注入，有效地弥补了我国经济建设的资金缺口；与世界银行的合作，为我国的经济建设培养了大批人才；世行贷款项目的执行，改善和提高了我国项目的管理水平；世界银行贷款项目的运行，也带动了我国相关产业的发展。

第二节　我国高速公路建设融资方式的发展

一、国内银行贷款

银行贷款是国内高速公路建设重要的资金来源之一，有时候会占到建设总资金的60%以上。银行贷款是一种通过商业银行的间接融资方式，贷款修建交通基础设施，项目建成后通过收费方式偿还贷款。国内银行贷款有一定的条件，根据项目的投资总额，投资单位必须注册一定比例的自由资金（不得使用借入资金）。凡是需要向银行贷款的项目，应具有登记注册的会计师事务所或审计师事务所的验资证明。实行抵押贷款（包括以投资建成的项目作抵押）制度和担保制度，增强投融资风险管理。

二、国际金融组织贷款

我国利用国际金融组织贷款主要是通过世界银行和亚洲开发银行两个组织进行。贷款由政府担保，并实行"统贷统还"和"统借统还"政策，即由财政部（负责世界银行贷款）和中国人民银行（负责亚洲开发银行贷款）代表我国政府与上述金融组织签订贷款协议，并负责借款的偿还。中国在利用国际金融组织贷款取得较好的财务、经济和社会效益的同时，这些贷款项目也有力地推动了中国的制度创新、管理创新和技术创新。

三、项目融资

我国利用外资已超过数千亿美元，其中公路建设利用外资也超过百亿美元，但大多是以政府担保或政府间接担保向国外金融机构或外国政府的借款或贷款。这里的项目融资指的是不需要政府以任何形式的担保，由业主（一般是具有独立经济法人资格的高速公路公司）在金融市场（包括国际金融市场）为高速公路建设项目筹措资金的方式。

与政府向国内外金融机构借款不同的另一个主要方面是高速公路项目融资完全是企业行为，按市场规则运行。每个公路建设项目必须由若干个公司（包括国外公司）共同成立专门经营该公司的新公司，它是一个独立的经济实体，在这个实体中，牵头的公司称为主办人。在这个实体所经营的高速公路项目中，主要的参加者有主办人、项目公司、贷款人、担保人、供应人和托管人。

（一）公路BOT融资方式

BOT融资模式是项目融资的诸多方式中的一种。BOT即Build（建设）、Operate（运营）、Transfer（移交）。这种模式的思路是：由项目所在国政府或所属机构为项目的建设和经营提供一种特许权协议（Concession Agreement）作为项目融资的基础，由本国公司或外国公司作为项目的投资者和经营者安排融资，承担风险，开发建设项目并在有限的时间内经营项目获得商业利润，最后根据协议将该项目转让给相应的政府机构。国家可以选择一批收益好的工程项目，采取一系列优惠政策鼓励国外投资者或私营部门投资建设，然后在一定的优惠期内由投资者经营、管理建成后的项目，待优惠期满后，将项目移交给国家。

仅从融资角度上说，BOT方式是典型的融资方式，即把项目资产（包括项目合同内制定的各种权利）作为抵押，并把项目的预期收益作为偿还债务的最主要来源。这种融资方式相对于传统的信誉融资（如主权国政府借款）、担保融资或实物抵押融资具有更大的风险，供款方对借款方的追索是极为有限的（仅能追索项目公司的股本资本）。同时，该借款并不在借方的资产负债中显示出来，也不影响其财产拥有或原公司信誉。因此BOT融资方式也常称为资产负债表外融资或有限追索融资。

在整个融资过程中，邛名高速公路项目所在地政府——成都市政府及雅安市政府——并没有就贷款提供优惠条件或支持。政府仅在项目建设运营中给予支持、保证车流量的方式，为项目融资提供保证。保证的具体形式为：第一，考虑未来高速公路车流量决定收入，项目特许经营期内，政府不经公司同意不在邛名高速附近在30 km范围内建设与之平行的高速公路；第二，政府承诺对项目前期拆迁、土地使用征管、连接道路使用权等方面履行有关的义务与责任；第三，关于路政管理与公路收费调整方面，也做了对项目公司有利的规定。

（二）ABS 融资

ABS（Asset-Backed-Securitization）即资产支持的证券化融资，是以项目所属的资产为支撑的证券化融资方式。与一般意义上的资产证券化（Asset Securitization）的主要区别在于其有强大的支撑，它是原始权益人将其特定资产产生的、未来一段时间内稳定的可预期收入转让给专业公司，专业公司将这部分可预期收入证券化后，在国际或国内资本市场上进行融资。

四、高速公路经营权有偿转让融资

为了筹集公路建设资金，加快公路建设发展速度，国家允许外商或国内非交通管理部门独资、合资建设和经营公路，对已建成的收费公路允许有偿将经营权转让给外商或国内非交通管理部门。有偿转让公路收费权的公路，收费权转让后，由受让方收费经营。收费权的转让期限由出让、受让双方约定并报转让收费权的审批机关审查批准，但最长不得超过国务院规定的年限。（这里使用的称呼公路收费权含义与公路经营权是一致的）。这就是在我国通过经营权转让进行公路建设融资的法律依据。

公路经营权有偿转让是个法律性和政策性很强的工作，为了使这项工作规范化、法制化，并防止国有资产的流失，特别要注意转让经营权公路段的选择、公路经营权的转让期限和转让价格等问题。

五、证券市场融资

证券市场融资包括股票融资与债券融资。

（一）股 票 融 资

在公路建设中，吸引外商直接投资、借用外国政府和金融机构的贷款，虽然可以有效地解决建设资金不足的问题，但也有汇率风险大、还本付息压力重、筹资方式不够灵活等不足之处。随着我国社会主义市场经济的建立和不断完善，国内股票市场也已形成，运用股票市场融资，有可能成为我国高等级公路建设筹资的一个重要手段。

（二）债 券 融 资

在证券市场体系中，债券市场占用十分重要的地位。我国债券市场发展很快，发行总额不断扩大，市场交易主体不断增加，债券市场发展对社会资金流动的影响越来越大。不断发展和壮大的债券市场为进行高速公路建设债券融资提供了非常有利的市场条件。

高速公路建设债券属于基础设施债券，它是指为投资于基础设施项目（如交通、能源、通信及城市市政基础设施等）而发行的约定在一定期限内还本付息的债券。高速公路建设债券的发行主要通过以下三种方式：一是银行、金融机构报销；二是采用向有关部门（如公路沿线受益单位）分摊；三是向社会公开发售。

第三节　高速公路项目可行性研究

一、高速公路项目可行性研究的程序和步骤

项目的工程可行性研究工作，由建设单位或项目法人委托或采取招标等形式选择具有相应等级公路工程勘察设计资质的单位承担，委托书或招标文件应根据路网规划明确项目起讫点和主要控制点。高速公路、一级公路及技术复杂的独立大桥、500m以上的隧道工程内由持有甲级证书单位承担；持乙级证书单位可承担二级以下等级的公路；持丙级证书单位可承担三级及以下等级公路的工程可行性研究工作。

主管部门视项目的规模、技术复杂情况等因素确定是否组织评审。需评审的项目，主管部门采取组织专家评审或委托具有各专业相应等级资质的咨询机构评审的形式进行。

二、高速公路项目可行性研究的主要内容

高速公路项目可行性研究应包含如下内容：

（一）概述

包括项目编制依据及背景、研究过程、建设的必要性、主要研究结论、存在问题及建议。

（二）经济社会和交通运输发展现状及规划

包括区域概况、项目影响区域社会经济现状及发展、项目影响区域交通运输现状及发展。

（三）交通量分析与预测

包括公路交通的调查与分析、其他运输的调查与分析、交通量预测的思路与方法、交通量预测。

（四）技术标准

根据拟建项目在区域公路网中的功能与定位、交通量预测结果，综合考虑地形条件、投资规模、环境影响及与拟建项目连接的其他工程项目等影响因素，在通行能力及服务水平分析的基础上，论证项目拟采用的技术等级、设计速度、车道数及路基宽度、荷载标准、抗震设防标准、隧道建筑界限、交通工程及沿线设施等具体指标。

（五）建设方案

包括建设条件、建设项目起终点论证，即建设项目与区域路网和前后路段衔接情

况与城市衔接的关系，备选方案拟订，进行方案比选并提出推荐方案，推荐方案概况。

（六）经济评价

包括评价依据与方法、方案设定，经济费用效益分析，财务分析及评价结论。

（七）实施方案

分析工程的施工条件和特点，研究制约工程进度、质量、造价的关键环节，提出工期安排等实施方案。

（八）土地利用评价

包括区域土地利用、类型及人均占地量，推荐方案占用土地、主要拆迁建筑物的种类和数量对当地土地利用规划的影响。

（九）工程环境影响分析

包括沿线环境特征、推荐方案对工程环境的影响、减缓工程环境影响的对策。

（十）节能评价

包括建设期耗能分析、运营期节能、对当地能源供应的影响、主要节能措施以及节能效果评价。

（十一）社会评价

包括社会影响分析、互适性分析、社会风险分析以及社会评价结论。

（十二）风险分析

对于特殊复杂的重大项目，应进行风险分析，包括项目主要风险因素识别、风险程度分析、防范和降低风险措施。

（十三）问题及建议等

附件：相关审查意见、会议纪要、地方意见、部门意见等。

第四节　高速公路项目招投标管理

一、高速公路工程勘察设计招投标

（一）高速公路工程勘察设计招标

公路工程勘察设计招标是指招标人按照国家基本建设程序，依据批准的可行性研究报告，对公路工程初步设计、施工图设计通过招标活动选定勘察设计单位。公路工程勘察设计招标可以进行一次性招标、分阶段招标，有特殊要求的关键工程可以进行方案招标。招标人是符合公路建设市场准入条件，依照本办法规定提出公路工程勘察设计招标项目、进行招标的项目法人。招标人需具有与招标项目规模相适应的工程技术、管理人员。具备组织编制勘察设计招标文件和组织招标能力的招标人，可以自行办理招标事宜。不具备规定条件的招标人，应委托符合公路建设市场准入条件、具有相应资格的招标代理机构办理招标事宜。招标代理机构应当在招标人委托的代理范围内办理招标事宜，任何单位和个人不得以任何方式为招标人指定招标代理机构。

可自行办理招标事宜时，招标人应当在发市招标公告或者发出投标邀请书15日前，按项目管理权限报交通运输部或者省级人民政府交通运输主管部门核备；需委托招标代理机构办理招标事宜时，招标人应当在委托合同签订后15日内，按项目管理权限报交通运输部或者省级人民政府交通运输主管部门核备。

公路工程勘察设计招标实行资格审查制度。公开招标的，实行资格预审；邀请招标的，实行资格后审。资格预审是招标人在发布招标公告后，发出投标邀请书前对潜在投标人的资质、信誉、业绩和能力的审查。招标人只向资格预审合格的潜在投标人发出投标邀请书、发售招标文件。资格后审是招标人在收到被邀请投标人的投标文件后，对投标人的资质、信誉、业绩和能力的审查。

招标人对已发出的招标文件进行必要的补遗或者修正时，应当在提交投标文件截止日期十五日前，书面通知所有招标文件收受人。该补遗或者修正的内容为招标文件的组成部分。国家高速公路网建设项目的勘察设计招标资格预审结果和招标文件应当报交通运输部备案，其他公路建设项目的勘察设计招标资格预审结果和招标文件应当按照项目管理权限报县级以上地方人民政府交通运输主管部门备案。

招标人应当合理确定资格预审申请文件和投标文件的编制时间，自招标公告发布之日起至潜在投标人递交资格预审文件截止时间，不得少于14日，自招标文件发售截止之日至投标人递交投标文件截止时间，不得少于21日。

国有资金占控股或者主导地位的依法必须进行招标的公路建设项目，勘察设计应当公开招标。国务院发展改革部门确定的国家重点项目和省级人民政府确定的地方重点项目不适宜公开招标的，经国务院发展改革部门或者省级人民政府批准，可以进行邀请招标。

（二）高速公路工程勘察设计投标

投标人是符合公路建设市场准入条件，具备规定资格，响应招标、参加投标竞争的法人或组织。两个以上法人或者组织可以组成联合体，以一个投标人身份共同投标。由同一专业的法人或者组织组成的联合体资质按联合体成员内资质等级低的确定。联合体成员各方应当签订共同投标协议，明确联合体主办人和成员各方拟承担的工作和责任，并将共同投标协议连同投标文件一并提交招标人。招标人不得强制投标人组成联合体共同投标，不得限制投标人之间的竞争。投标人拟将部分非主体、非关键工作进行分包的，必须向招标人提交分包计划，并在投标文件中载明。分包单位的资质应当与其承担的工程规模标准相适应。

投标人应当按照招标文件要求编制投标文件，投标文件应当对招标文件提出的实质性要求和条件做出响应。投标文件由商务文件、技术文件和报价清单组成。

投标支件中的商务文件应当包括资格预审文件规定的主要内容以及通过资格预审后的更新材料。勘察设计工作大纲应当包括勘察设计周期、进度和质量保证措施、后续服务措施。投标文件的报价清单中，对勘察设计取费应当按照现行公路工程勘察设计费收费标准进行计算。投标文件应当采用双信封密封，第一个信封内为商务文件和技术文件，第二个信封内为报价清单。上述两个信封应当密封于同一信封中为一份投标文件。

投标人应当在招标文件要求截止日期前，将投标文件送达指定地点。投标文件及任何说明函件应当经投标人盖章或者其法定代表人或者其授权代理人签字。投标人在招标文件要求的截止日期前，可以补充、修改或者撤回已递交的投标文件，并书面通知招标人。补充、修改的内容应当使用与投标书相同的密封方式投递，并作为投标文件的组成部分。招标人在收到投标文件后，应当签收保存，不得开启。对在投标截止日期后送达的任何函件，招标人均不得接受。投标人少于3个时，招标人应按照本办法规定重新招标。投标人在投标过程中不得串通作弊，不得妨碍其他投标人的公平竞争，不得以行贿、弄虚作假等手段骗取中标。

（三）高速公路工程勘察设计开标、评标、中标

开标应当在招标文件确定的提交投标截止日期的同一时间公开进行。开标地点宜为招标文件预先确定的地点。开标由招标人主持，邀请所有投标人参加。需进行公证的，应当有公证员出席。开标时，由投标人或者其推选的代表检查投标文件的密封情况，也可以由招标人委托的公证机构检查并公证；经确认无误后，当众拆封投标文件的第一个信封，宣读投标人名称、投标文件签署情况及内务文件标签页的主要内容。投标文件中的第二个信封不予拆封，并妥善保存。开标过程应当记录，并存档备案。

评标由招标人依法组建的评标委员会负责，评标工作按照交通运输部制定的公路工程勘察设计招标评标有关规定和招标文件的有关要求进行。

评标委员会成员由招标人的代表及有关技术、经济等方面的专家组成，人数为5人以上单数，其中专家人数不得少于成员总数的2/3。与投标人有利害关系的人员不得进入评标委员会。交通运输部和省级人民政府交通运输主管部门应当分别设立评标专家库。国道主干线和国家、部重点公路建设项目的评标委员会专家，从交通运输部设立的评标专家库中确定，或者由交通运输部授权从省级人民政府交通运输主管部门设立的评价专家库中确定；其他公路建设项目的评标委员会专家从省级人民政府交通主管部门设立的评标专家库中确定。评标委员会成员名单在中标结果确定前应当保密。

评标委员会可以要求投标人对投标文件中含义不明确的内容做必要的澄清或者说明，但是澄清或者说明不得超出投标文件的实质性内容。评标委员会应当按照招标文件确定的评标标准，采用综合评价方法对投标人的信誉和经验，项目负责人的资格和能力，对项目的技术建议，勘察设计周期及进度计划、质量保证措施，后续服务和报价进行分别打分评议。评标委员会对投标人的第一个信封评审打分后，在监督机构到场的情况下，拆封投标人的第二个信封，对第二个信封进行评审打分。经综合评审，依据对投标人综合得分结果的排序高低推荐两名中标候选人，并向招标人提出书面评标报告。

招标人根据评标委员会提出的书面评标报告和推荐的合格中标候选人确定中标人。招标人也可以授权评标委员会确定中标人。评标委员会经评审，认为所有投标都不满足招标文件要求的，可以否决所有投标。

评标委员会成员应当客观、公正地履行职责，遵守职业道德，对所提出的评审意见承担个人责任。评标委员会成员不得私下接触投标人，不得收受投标人的财物或者其他好处，不得透露对投标文件的评审、中标候选人的推荐情况以及与评标有关的其他情况。

中标人确定后，招标人应当在7日内向中标人发出中标通知书，并同时将中标结果通知所有未中标的投标人；在15日之内，按项目管理权限将评标报告向交通运输部或者省级人民政府交通运输主管部门核备。在中标通知书发出之日起30日内，招标人和中标人应当按照招标文件和投标文件签订合同。招标人和中标人不得再行订立背离合同实质性内容的其他协议。招标文件要求中标人提交履约保证金时，中标人应当提供。中标人应当按照合同约定履行义务，完成中标项目。若为联合体中标，联合体各方应当共同与招标人签订合同，就中标项目向招标人承担连带责任。中标人将中标项目的部分非主体、非关键性工作分包给他人完成的，中标人应当就分包项目向招标人负责，分包人就分包项目承担连带责任。招标人、中标人使用未中标人的专利、专有技术的投标方案，应当征得未中标人的同意，并给予合理的经济补偿。

二、公路工程施工监理招投标

（一）高速公路工程施工监理招标

公路工程施工监理招标分为公开招标和邀请招标。公路工程施工监理应当公开招标。符合下列条件之一的项目，经有审批权的部门批准后，可以进行邀请招标：

（1）技术复杂或者有特殊要求的；（2）符合条件的潜在投标人数量有限的；（3）受自然地域环境限制的；（4）公开招标的费用与工程监理费用相比，所占比例过大的；（5）法律、法规规定不宜公开招标的。

若采用公开招标方式，招标人应当依法在国家指定媒介上发布招标公告，并可以在交通主管部门提供的媒介上同步发布。公路工程施工监理招标的招标人应当对潜在投标人进行资格审查。资格审查方式分为资格预审和资格后审。资格预审是招标人在发布招标公告后，发出投标邀请书前对潜在投标人的资质、信誉和能力进行的审查。招标人只向通过资格预审的潜在投标人发出投标邀请书和发售招标文件。资格后审是招标人在收到投标人的投标文件后，对投标人的资质、信誉和能力进行的审查。资格审查方法分为强制性条件审查法和综合评分审查法。强制性条件审查法是指招标人只对投标人或者潜在投标人的资格条件是否满足招标文件规定的投标资格、信誉要求等强制性条件进行审查，并得出"通过"或者"不通过"的审查结论，不对投标人或潜在投标人的资格条件进行具体量化评分的资格审查方法。综合评分审查法是指在投标人或者潜在投标人的资格条件满足招标文件规定的最低资格、信誉要求的基础上，招标人对投标人或者潜在投标人的施工监理能力、管理能力、履约情况和施工监理经验等进行量化评分并按照分值进行筛选的资格审查方法。

资格预审文件和招标文件的发售时间不得少于5个工作日。招标人应当合理确定投标人编制资格预审申请文件和投标文件的时间，对于采用资格预审的招标项目，潜在投标人编制资格预审申请文件的时间，自开始发售资格预审文件之日起至提交资格预审申请文件截止之日，不得少于14日。投标人编制投标文件的时间，自发售招标文件之日起至提交投标文件截止之日，不得少于20日。招标人发出的招标文件补遗书至少应当在投标截止日期15日前以书面形式通知所有投标人或者潜在投标人。补遗书应当向招标文件的备案部门补充备案。

（二）高速公路工程施工监理投标

公路工程施工监理投标人是依法取得交通主管部门颁发的监理企业资质，响应招标、参加投标竞争的监理企业。招标人允许监理企业以联合体方式投标的，联合体应当符合以下要求：

（1）联合体成员可以由两个以上监理企业组成，联合体各方均应当具备承担招标项目的相应能力和招标文件规定的资格条件。由同一专业的监理企业组成的联合体，按照资质等级较低的企业确定资质等级。（2）联合体各方应当签订共同投标协议，约定各方拟承担的工作和责任，并将共同投标协议连同投标文件一并提交招标人。联合体各方签订共同投标协议后，只能以一个投标人的身份投标，不得针对同一标段再以各自名义单独投标或者参加其他联合体投标。

投标人应当按照招标文件的要求编制投标文件，并对招标文件提出的实质性要求和条件做出响应。

采用本办法规定的技术评分合理标价法和综合评标法的项目，投标文件由商务文件、技术建议书、财务建议书组成。商务文件和技术建议书应当密封于一个信封中，财务建议书密封于另一个信封中。上述两个信封应当再密封于同一信封内，成为一份投标文件。

采用本办法规定的固定标价评分法的项目，投标文件由商务文件、技术建议书组成。商务文件和技术建议书应当密封于一个信封中，成为一份投标文件。

投标文件及任何说明函件应当经投标人盖章，投标文件内的任何有文字页须经其法定代表人或者其授权的代理人签字。

（三）高速公路工程施工监理开标、评标和中标

开标由招标人主持，邀请所有投标人的法定代表人或其授权的代理人参加。交通主管部门应当对开标过程进行监督。开标时，由投标人或者其推选的代表检查投标文件的密封情况，也可以由招标人委托的公证机构进行检查并公证；经确认无误后，当众拆封商务文件和技术建议书所在的信封，宣读投标人名称和主要监理人员等内容。投标文件中财务建议书所在的信封在开标时不予拆封，由交通主管部门妥善保存。在评标委员会完成对投标人的商务文件和技术建议书的评分后，在交通主管部门的监督下，再由评标委员会拆封参与评分的投标人的财务建议书的信封。投标人少于3个时，招标人应当重新招标。

招标人设定的标底应当符合有关价格管理规定，并应综合考虑项目特点、要求投入的监理人员、配备的监理设备等因素，在开标时予以公布。招标人不设标底且不采用固定标价评分法时，招标人可以在规定的范围内设定投标报价上下限。

评标可以使用固定标价评分法、技术评分合理标价法、综合评价法以及法律、法规允许的其他评标方法。固定标价评分法是指由招标人按照价格管理规定确定监理招标标段的公开标价，对投标人的商务文件和技术建议书进行评分，并按照得分由高至低排序，确定得分最高者为中标候选人的方法。技术评分合理标价法是指对投标人的商务文件和技术建议书进行评分，并按照得分从高至低排序，确定得分前两名中的投标价较低者为中标候选人的方法。综合评标法是指对投标人的商务文件和技术建议书、财务建议书进行评分、排序，确定得分最高者为中标候选人的方法。其中财务建议书的评分权值应当不超过10%。

评标委员会成员应当客观、公正地履行职务，遵守职业道德，对所提出的评审意见承担个人责任。评标委员会成员及参加评标的有关工作人员不得私下接触投标人，不得收受商业贿赂。

招标人确定中标人后，应当及时向中标人发出中标通知书，并同时将中标结果告知所有的投标人。招标人和中标人应当自中标通知书发出之日起30日内订立书面合同。招标人和中标人均不得提出招标文件和投标文件之外的任何其他条件。招标文件中要求中标人提交履约担保的，中标人应当按要求的金额、时间和形式提交。若以保证金形式提交，金额一般不得超过合同价的5%。招标人应当在与中标人签订合同后的5个工作日内，向中标人和未中标的投标人退还投标保证金。

三、国内公路工程施工招投标

（一）公路工程施工招标

1. 招标条件

下列公路工程施工项目必须进行招标，但涉及国家安全、国家秘密、抢险救灾或者利用扶贫资金实行以工代赈等不适宜进行招标的项目除外：①投资总额在3 000万人民币以上的公路工程施工项目；②施工单项合同估算价在200万元人民币以上的公路工程施工项目；③法律、行政法规规定应当招标的其他公路工程施工项目。

公路工程施工招标的项目应当具备下列条件：①初步设计文件已被批准；②建设资金已经落实；③项目法人已经确定，并符合项目法人资格标准要求。

公路工程施工招标的招标人，应当是依照本办法规定提出公路工程施工招标项目、进行公路工程施工招标的项目法人。具备下列条件的招标人，可以自行办理招标事宜：①具有与招标项目相适应的工程管理、造价管理、财务管理能力；②具有组织编制公路工程施工招标文件的能力；③具有对投标人进行资格审查和组织评标的能力。

若招标人不具备规定条件，应当委托具有相应资格的招标代理机构办理公路工程施工招标事宜。任何组织和个人不得为招标人指定招标代理机构。

公路工程施工招标分为公开招标和邀请招标。采用公开招标时，招标人应通过国家指定的报刊、信息网络或者其他媒体发布招标公告，邀请具备相应资格的不特定的法人投标。采用邀请招标时，招标人应当以发送投标邀请书的方式。邀请3家以上具备相应资格的特定的法人投标。

公路工程施工招标，可以对整个建设项目分标段一次招标，也可以根据不同专业、不同实施阶段分别进行招标，但不得将招标工程化整为零或者以其他任何方式规避招标。公路工程施工招标标段，应当按照有利于对项目实施管理和规模化施工的原则，合理划分。施工工期应当按照批复的初步设计建设工期，结合项目实际情况，合理确定。

2. 资格审查

公路工程施工采用公开招标时，招标公告发布后，招标人应当根据潜在投标人提交的资格预审申请文件，对潜在投标人的资格进行审查。招标人只向资格预审合格的潜在投标人发售招标文件。公路工程施工采用邀请招标时，投标邀请书发出后，招标人应当根据投标人提交的投标文件，对投标人的资格进行审查。

招标人应当按照招标公告或者投标邀请书规定的时间、地点出售资格预审文件和招标文件。资格预审文件和招标文件的发售时间不得少于5个工作日。招标人应当合理确定资格预审申请文件和投标文件的编制时间。编制资格预审申请文件的时间，自开始发售资格预审文件之日起至潜在投标人提交资格预审申请文件截止时间止，不得少于14日。编制投标文件的时间，自招标文件开始发售之日起至投标人提交投标文件截止时间止，高速公路、一级公路、技术复杂的特大桥梁、特长隧道不得少于28日，其他公路工程不得少于20日。

国道主干线和国家高速公路网建设项目的工程施工招标文件应当报交通运输部备案，其他公路建设项目的工程施工招标文件应当按照项目管理权限报县级以上地方人民政府交通运输主管部门备案。交通运输主管部门发现招标文件存在不符合法律、法规及规章规定内容的，应当在收到备案文件后的7日内，提出处理意见，及时行使监督检查职责。招标人如需对已出售的招标文件进行必要的澄清或修改，应当在投标截止日期15日前以书面形式通知所有招标文件收受人，并按前面所述备案。招标人设定标底时，可自行编制标底或者委托具备相应资格的单位编制标底。标底编制应当符合国家有关工程造价管理的规定，并应当控制在批准的概算以内。国道主干线和国家高速公路网建设项目的资格预审结果报交通运输部备案，其他公路建设项目的资格预审结果按照项目管职权限报县级以上地方人民政府交通运输主管部门备案。

（二）公路工程施工投标

投标人应当具备招标文件规定的资格条件，具有承担所投标项目的相应能力。两个以上施工单位可以组成联合体参加公路工程施工投标。联合体各成员单位都应当具备招标文件规定的相应资质条件。由同一专业施工单位组成的联合体，按照资质等级较低的单位确定资质等级。以联合体形式参加公路工程施工投标的单位，应当在资格预审申请文件中注明，并提交联合体各成员单独共同签订的联合体协议。

投标人应当按照招标文件的要求，按时参加招标人主持召开的标前会并勘查现场，应当按照招标文件的要求编制投标文件，并对招标文件提出的实质性要求和条件做出响应。根据招标文件载明的项目实际情况，拟在中标后将中标项目的部分非关键性工作进行分包时，投标人应向招标人提交分包计划，并在投标文件中载明，分包单位的资质应当与其承担的工程规模标准相适应。

投标文件中投标书及投标书附录、投标报价部分应当由投标人的法定代表人或其授权的代理人签字，并加盖投标人印章，其他部分应当按照招标文件的要求签署。投标文件应当由投标人密封，按照招标文件规定的时间、地点和方式送达招标人。

投标文件按照要求送达后，在招标文件规定的投标截止时间前，投标人如需撤回或者修改投标文件，应当以正式函件提出并做出说明。

修改投标文件的函件是投标文件的组成部分，其形式要求、密封方式、送达时间，适用对投标文件的规定。

招标人对投标人按时送达并符合密封要求的投标文件，应当签收，并妥善保存。招标人不得接受未按照要求密封的投标文件及投标截止时间后送达的投标文件。

投标人参加投标，不得弄虚作假，不得与其他投标人互相串通投标，不得采取贿赂以及其他不正当手段谋取中标，不得妨碍其他投标人投标。

（三）开标评标和中标

开标由招标人主持，邀请交通主管部门和所有投标人的法定代表人或其授权的代理人参加，投标文件检查无误后，招标人应当当众拆封，并宣读投标人名称、投标价格和投标文件的其他主要内容。招标人设有标底时，应当同时公布标底。

评标由招标人依法组建的评标委员会负责。评标委员会由招标人的代表和技术、经济专家组成。评标委员会委员人数为5人以上单数，其中专家人数不得少于成员总数的2/3。

国道主干线和国家高速公路网建设项目，评标委员会专家从交通运输部设立的评标专家库中随机抽取，其他公路建设项目的评标委员会专家从省级人民政府交通主管部门设立的评标专家库中随机抽取。与投标人有利害关系的人员不得进入相关招标项目的评标委员会。

公路工程施工招标的评标方法可以使用合理低价法、最低评标价法、综合评估法、双信封评标法以及法律、法规允许的其他评标方法。

合理低价法是指对通过初步评审和详细评审的投标人，不对其施工组织设计、财务能力、技术能力、业绩及信誉进行评分，而是按招标文件规定的方法对评标价进行评分，并按照得分从高到低的顺序排列，推荐前3名投标人为中标候选人的评标方法。

最低评标价法是指按从低到高顺序对评标价不低于成本价的投标文件进行初步评审和详细评审，推荐通过初步评审和详细评审量评标价最低的3名投标人为中标候选人的评标方法。

综合评估法是指对所有通过初步评审和详细评审的投标人的评标价、财务能力、技术能力、管理水平以及业绩与信誉进行综合评分，按综合评分由高到低排序，并推荐前3名投标人为中标候选人的评标方法。

双信封评标法是指投标人将投标报价和工程量清单单独密封在一个报价信封中，其他商务和技术文件密封在另外一个信封中，分两次开标的评标方法。第一次开商务和技术文件信封，对商务和技术文件进行初步评审和详细评审，确定通过商务和技术评审的投标人名单。第二次再开通过商务和技术评审投标人的投标报价和工程量清单信封，当场宣读其报价，再按照招标文件规定的评标办法进行评标，推荐中标候选人。对未通过商务和技术评审的投标人，其报价信封将不予开封，当场退还给投标人。

公路工程施工招标评标，一般应当使用合理低价法。使用世界银行、亚洲开发银行等国际金融组织贷款的项目和工程规模较小、技术含量较低的工程，可使用最低评标价法，并应在招标文件中确定。评标委员会应当按照招标文件确定的评标标准和方法，对投标文件进行评审和比较。

评标委员会推荐的中标候选人应当限定在1~3人，并标明排列顺序。招标人应当根据评标委员会提出的书面评标报告确定排名第一的中标候选人为中标人。排名第一的中标候选人放弃中标、因不可抗力不能履行合同、在招标文件规定的期限内未能提交履约担保时，招标人可以确定排名第二的中标候选人为中标人；排名第二的中标候选人因前款规定的原因也不能签订合同时，招标人可以确定排名第三的中标候选人为中标人。招标人也可以授权评标委员会直接确定中标人。招标人应当将评标成果在招标项目所在地省级交通主管部门政府网站上公示，接受社会监督。公示时间不少于7日。

招标人确定中标人后，应当向中标人发出中标通知书，并同时将中标结果通知所有未中标的投标人。招标人应当自确定中标人之日起15日内，将评标报告规定的备案机关进行备案。招标人和中标人应当自中标通知书发出之日起30日内订立书面公路工程施工合同。招标人应当自订立公路工程施工合同之日起5个工作日内，向中标人和未中标的投标人退还投标保证金。由于中标人自身原因放弃中标，招标文件约定放弃中标不予返还投标保证金的，中标人无权要求返还投标保证金。

需重新招标时，招标文件、资格预审结果和计标报告应当按照上述的流程重新报交通运输主管部门备案，招标文件未作修改的可以不再备案。

第五节　高速公路建设期管理的任务

一、质量控制

质量控制工作要贯穿于公路工程项目实施的设计、招投标及施工阶段全过程中，在整个过程中，每个阶段的主要工作是有所不同的。

二、工程进度控制

工程进度控制的内容包括：收集信息、计算进度、进度报告、分析进展状态和偏差及变更进度计划。工程进度控制的方法有横道图法、线形图法、进度曲线法、里程碑事件法和网络计划法。进度计划实施的影响因素包括：人（项目成员未能认识到计划的更要性）、资源（项目中使用的资源不能满足要求）、环境（受不利的环境因素的影响）。

三、工程费用控制

（一）工程费用的组成

1. 直接费用

消耗在工程中的材料费、机械使用费、人工费及其他费。

2. 间接费用

由施工管理费和其他间接成本组成。

3. 税金

国家规定应计入建筑安装工程造价内的营业税、城市建设税和附加教育税。

（二）工程量清单

工程量清单是工程招标及实施工程计量与支付的重要依据，在工程实施期间，对工程经费起着控制作用。

（三）计量与支付

计量程序：发出计量通知或提出计量申请、审查有关计量的文件资料、填写中间的计量表。

（四）计量方法

1. 均摊法

按合同工期每月平均或分期进行计量。

2. 凭据法

凭承包人提供的票据进行计量。

3. 估计法

购置的仪器设备。

4. 断面法

计算取土坑和路堤土方的计量。

5. 图纸法

根据图纸进行计量的项目。

6. 钻孔取样法

道路面层结构的计量。

7. 分项计量法

根据工序或部位将项目分为若干子项，对完成的子项进行计量支付。

（五）工程支付

以工程计量、技术规范、报价单为依据。

（六）支付项目

1. 清单支付项目

包含以物理单位计量的支付、以自然单位计量的支付、记日工的支付及暂定金额支付。

2. 合同支付项目

包含动员预付款，材料、设备预付款，保留金、索赔费用，拖期违约损失赔偿金和提前竣工奖金，迟付款的利息。

四、合同管理

合同管理主要涉及三方面的内容：工程变更、转让与终止，合同转让的一般法律规定，合同的终止以及违约责任。

第六节　高速公路建设项目质量评定

一、评定单元划分

根据建设任务、施工管理和质量检验评定的需要，在施工准备阶段将公路建设项目划分为单位工程、分部工程和分项工程。施工单位、工程监理单位和建设单位应按相同的工程项目划分进行工程质量的监控和管理。公路工程单元划分是工程质量管理、工程数量管理、进度管理、合同管理的基础，也是保证竣工文件具有层次性、规范性、系统性的主要依据。

单位工程是在建设项目中，根据签订的合同，具有独立施工条件的工程。分部工程是在单位工程中，应按结构部位、路段长度及施工特点或施工任务划分为若干个分部工程。分项工程是在分部工程中，应按不同的施工方法、材料、工序及路段长度等划分为若干个分项工程。

工程质量检验评分以分项工程为单元，采用100分制进行。在分项工程评分的基础上，逐级计算各相应分部工程、单位工程、合同段和建设项目评分值。工程质量评定等级分为合格与不合格，按分项、分部、单位工程、合同段和建设项目逐级评定。

工程监理单位应按规定要求对工程质量进行独立抽检，对施工单位检评资料进行签认，对工程质量进行评定。建设单位根据对工程质量的检查及平时掌握的情况，对工程监理单位所做的工程质量评分及等级进行审定。质量监督部门、质量检测机构可依据本标准对公路工程质量进行检测评定。

二、工程质量评分

（一）分项工程质量评分

分项工程质量检验内容包括基本要求、实测项目、外观鉴定和质量保证资料四个部分。只有在其使用的原材料、半成品、成品及施工工艺符合基本要求的规定，且无严重外观缺陷和质量保证资料真实并基本齐全时，才能对分项工程质量进行检验评定。

涉及结构安全和使用功能的重要实测项目为关键项目，其合格率不得低于90%

（属于工厂加工制造的桥梁金属构件不低于95%，机电工程为100%），且检测值不得超过规定极值，否则必须进行返工处理。实测项目的规定极值是指任一单个检测值都不能突破的极限值，不合要求时该实测项目为不合格。采用统计方法进行评定的关键项目，不符合要求时则该分项工程评为不合格。

分项工程的评分值满分为100分，按实测项目采用加权平均法计算。存在外观缺陷或资料不全时，予以减分。

$$分项工程得分 = \frac{\sum（检查项目得分 \times 权值）}{\sum 检查项目权值}$$

分项工程评分值=分项工程得分-外观缺陷减分-资料不全减分

1. 基本要求检查

分项工程所列基本要求，对施工质量优劣具有关键作用，应按基本要求对工程进行认真检查。经检查不符合基本要求规定时，不得进行工程质量的检验和评定。

2. 实测项目计分

对规定检查项目采用现场抽样方法，按照规定频率和下列计分方法对分项工程的施工质量直接进行检测计分。检查项目除按数理统计方法评定的项目以外，均应按单点（组）测定值是否符合标准要求进行评定，并按合格率计分。

$$检查项目合格率 = \frac{检查合格的点（组）数}{该检查项目的全部检查点（组）数} \times 100\%$$

检查项目得分=检查项目合格率×100

3. 外观缺陷减分

对工程外表状况应进行全面检查，如发现外观缺陷，应进行减分。对于较严重的外观缺陷，施工单位须采取措施进行整修处理。

4. 资料不全减分

分项工程的施工资料和图表残缺，缺乏最基本的数据，或有伪造涂改者，不予检验和评定。资料不全者应予减分，减分幅度可按公路工程质量检验评定标准所列各款逐款检查，视资料不全情况，每款减1～3分。

（二）分部工程和单位工程质量评分

分项工程和分部工程区分为一般工程和主要（主体）工程，分别给以1和2的权值。进行分部工程和单位工程评分时，采用加权平均值计算法确定相应的评分值。

$$分部（单位）工程评分值 = \frac{\sum[分项（分部）工程评分值 \times 相应权值]}{\sum 分项（分部）工程权值}$$

（三）质量保证资料

施工单位应有完整的施工原始记录、试验数据、分项工程自查数据等质量保证资料，并进行整理分析，负责提交齐全、真实和系统的施工资料和图表。工程监理单位负责提交齐全、真实和系统的监理资料。质量保证资料应包括：

（1）所用原材料、半成品和成品质量检验结果；（2）材料配比、拌和加工控制检验和试验数据；（3）地基处理、隐蔽工程施工记录和大桥、隧道施工监控资料；（4）各项质量控制指标的试验记录和质量检验汇总图表；（5）施工过程中遇到的非正常情况记录及其对工程质量影响分析；（6）施工过程中如发生质量事故，经处理补救后，达到设计要求的认可证明文件等。

三、工程质量等级评定

（一）分项工程质量等级评定

分项工程评分值不小于75分者为合格，小于75分者为不合格；机电工程、属于工厂加工制造的桥梁金属构件不小于90分者为合格，小于90分者为不合格。评定为不合格的分项工程，经加固、补强或返工、调测，满足设计要求后，可以重新评定其质量等级，但计算分部工程评分值时按其复评分值的90%计算。

（二）分部工程质量等级评定

所属各分项工程全部合格，则该分部工程评为合格；所属任一分项工程不合格，则该分部工程为不合格。

（三）单位工程质量等级评定

所属各分部工程全部合格，则该单位工程评为合格；所属任一分部工程不合格，则该单位工程为不合格。

（四）合同段和建设项目质量等级评定

合同段和建设项目所含单位工程全部合格，其工程质量等级为合格；所属任一单位工程不合格，则合同段和建设项目为不合格。

第七节　高速公路全过程跟踪审计管理

一、高速公路全过程跟踪审计的重点

（一）财务方面审计重点

1. 审查资产和负债的真实性、合法性

重要的是检查资产是否实际拥有，定价和手续是否合理，是否存在账外资产、不良资产等。债权人的债权是否属实，债务是否真实准确，是否存在坏账等，资产和负债是否在会计报表中充分反映。

2. 重点检查收入的问题

审查是否有任何不分皂白的开支，以及任意分摊开支，是否有任意奖金及非法购买商业保险。是否存在真实合规的营业外收入和支出，是否完全按照规定，及时缴纳税费，是否有高消费，铺张浪费，非法购买和其他违反国家财政的行为。

3. 重点审查投资问题

审查投资者投资过程是否合规，定价比例等是否合理，投资者投资的资本是否确实存在于公司的资本当中，有无虚假投资的现象发生。

（二）工程方面审计重点

1. 征地情况的审查

主要审查建设方在进行征地时程序是否合法，征地费用是否准确。

2. 建设项目招投标情况的检查

主要是审查所采用的招标方式是否合理，招标结果是否存在徇私舞弊的行为。

3. 审核建设项目前期手续

主要是审查施工前所需的手续是否齐全，程序是否完整等。

4. 工程投资的检查

主要检查项目支付比例是否按照合同要求进行，有无拖欠现象，项目单价与合同单价是否一致，合同单价与项目预算是否存在较大偏差。

5. 工程量计量的检查

主要检查实际施工的工程计量与合同规定的工程计量是否一致，是否有遗漏、重复测量、多次计算的情况发生。

（三）各阶段的审计重点

1. 项目前期阶段审计

项目前期阶段的审计主要是对开工前项目的前期准备工作、审批手续等进行审查，审查其是否符合有关规定，并对资金来源情况进行监督。

（1）建设程序审计

主要审计施工程序是否符合有关规定，所需程序是否完整，审查报告批准的合理性和合法性。

（2）建设资金来源审计

建设资金来源审计主要是对银行贷款及资本金是否合理合法进行审计，检查建设资金是否专户专储，资金使用手续是否规范，资金能否满足当年完成建设进度所需的成本。

（3）招投标审计

招标审核是审核招标过程、结果和合同的合法性和有效性。

（4）建设资金管理和使用审计

这部分主要是审计建设资金的分配和日常建设单位的管理费用。

2. 建设项目实施阶段审计

施工实施阶段的审计是指项目建成前项目的建设、设计、施工和决算的审计，主要是对财务收支方面的审计。

（1）做好与建设项目前期审计的联系和延伸

主要是对资金筹措计划进度与建设资金到位情况是否相吻合进行检查，其次是对资金流向及概预算情况是否合理合法的检查。

（2）施工过程审计

施工过程审计是对于工程设计变更、现场签证程序以及与施工单位相关的合同条款是合理合法的审计。

（3）工程计量和费用支付审计

工程计量和费用支付审计的重点是检查工程变更和索赔是否合理，变更、索赔审批权限的执行是否标准化。

（4）建设项目现场签证的审计

这部分主要是对项目定价、材料定价以及隐蔽工程等方面的现场签证是否合理真实的审计。

3.竣工阶段审计

竣工阶段审计是指从项目完工报告完成到交付的审计。这一部分的审计直接关系到最终财务报告使用者做出决策。

（1）对竣工决算编制依据的审计

审计完成决算的依据主要是检查相关工程和剩余问题的处理是否合理合法，程序是否完善，数据保留是否完整。

（2）对交付资产和成本的审计

这部分主要是对交付资产的使用和建设成本有无不合理方面进行审查。

（3）对遗留工程的审计

对遗留工程的审计主要是审查未交付工程占总工程的进度是否合理、投资是否真实合法。

（4）对投资管理的评价

这项工作主要是验证投资管理的实施是否与投资决策的目标一致。

二、高速公路建设全过程跟踪审计完善建议

（一）加强中介机构管理

1.把好"准入关"

选择中介机构时，不仅要对社会审计机构的资格进行检查，对其信誉、业务记录等也要进行全面检查。还有必要将先前审计项目中每个中介机构的绩效和审计质量结合起来，并建立候选人库，候选人库中包含之前审查合格的审计中介机构，通过一系列的考察程序之后，委托中介审计机构进行审计。通过对上述内容的审查，可以有效地避免自行委托的中介机构审计水平的不足、控制程度不足以及对委托方的强烈依赖等问题。此外，审计机构在选用中介审计机构时应考虑中介审计机构是否符合招标要求，是否有能力完成本次审计工作。派出人员的项目经理应具有注册会计师或注册成本工程师的资格，并严格检查其提供的各种证明材料。

2.把好"过程质量关"

首先，改变社会中介机构的传统意识的误解。传统审计意识认为中介审计机构审计工作只需要进行监督和咨询，但是，由于当前经济环境的改变，中介审计机构要将其职能转向审计管理，从注重降低成本到关注项目管理中不合理的部分。从提出个别问题、由微观角度分析问题到不仅要对问题进行发现，还要及时地提出建议解决问题。

其次，要确保日常入户，审查高速公路建设项目全过程审计是否确定了审计重点，并且对于中介机构的审计成果，审计部门还要继续复查。在实施审计的过程中，审计部门人员与中介审计机构应当做到基本一同审计，以便随时掌握跟踪高速公路建

设项目的进展情况。通过审查中介人员的工作文件，检查审核程序是否符合规定。

最后，不能片面地关注某一方面审计成果，而要对审计成果进行整体的把握，以判断是否存在影响审计质量的问题。这要求审计人员必须建立高速公路建设审计台账，对高速公路建设过程中发现的有关问题定期进行汇总，且根据汇总结果对不同时期的数据进行对比分析，这有助于从逻辑上发现审计结果是否存在较大偏差，并能及时发现哪些因素是影响审计质量的，同时，通过分析各项目进展及改进情况，为本级政府进行决策提供审计依据。

（二）加强审计力量

1. 提高审计人员业务素质

高速公路建设由于其特性，对审计人员的业务能力提出了较高的需求，不仅需要审计人员审计方面专业素质合格，还需要对于工程施工等方面有所了解。首先，审计人员必须明确自身的职责，在处理问题时做到客观、负责和公正，并且运用适当的方法去解决问题，其次，审计人员要提升自己的专业能力，不仅要明确审计技术、审计程序，还要对高速公路建设方面、施工方面及招投标方面进行学习，以提高审计质量。

2. 加强全过程跟踪审计队伍建设

高速公路全过程跟踪审计力量不足一直是全国各地一个不可忽视的问题，如何加强全过程跟踪审计队伍建设也是一个刻不容缓的方面，可以通过两个方面来努力。一是全过程跟踪审计资源整合，将国家审计资源与社会审计资源进行整合，形成一个高速公路全过程跟踪审计队伍库，在需要对高速公路进行审计时，从该审计资源库中挑选最适合的审计人员进行审计，不仅可以减少招投标中由于对中介审计机构审查不充分导致审计质量降低的问题，也有利于合理配置审计资源。二对匮乏的审计资源要进行发展，高速公路审计中缺乏跟踪审计人员也是需要解决的重要问题。目前，参与高速公路建设项目全过程跟踪审计的审计人员主要从事的业绩还是竣工决算审计，因此，审计机构应在整个过程中重视对审计人员的培训，审计机构可以建立专门的公路建设项目跟踪审计机构，扩大招收人员数量，引进复合型人才，丰富审计力量；最后还能通过完善外部人才网络，除社会中介机构人员外，还可以与高校、科研院所、其它行政企事业单位的专家建立稳定的合作关系，聘请他们参与高速公路建设项目全跟踪审计工作。

（三）重视内部控制审计

目前，对于内部控制不够重视一直是高速公路审计过程中一个不可忽视的问题。一般情况下，没有实现对内部控制进行规范，而是在发现问题后再对内部控制进行规范，就会导致全过程跟踪失败。因此，必须要进行内部控制审计，以对接下来的审计工作有所助益。

对项目内部控制的审计是高速公路跟踪审计不可或缺的基础工作。在投资发生之前，应该有相应的控制系统规范和约束，以确保内部控制在关键环节存在并且有效。例如：对于业务审批程序，有必要确保投资项目由相关审批部门审核确认之后才能进行下一步工作；对于设计变更、验收、签证和其他系统等方面制度，须确保投资程序标准化，投资真实合法。

审计人员要对与内部控制有关的方面进行分析和审查，了解高速公路建设单位的施工流程及管理模式等，在了解被审计单位相关信息后，审计人员需要对所了解的信息进行分析以便确定关键控制点，并对这些关键控制点进行测试，以发现被审计单位内部控制是否有效运行，如有缺陷，要采取相应的审计措施，其次，审计人员可以充分利用风险分析及计算机网络信息技术对内部控制进行测试，以最终获取所需的有关内部控制方面的信息。因此，应重视对内部控制的审计，并且还在审计方案中有所体现，除了前述的审计内容审计程序等的添加外，还应对内部控制审计进行更加细致的规定，比如什么样的内部控制是有效的；如果高速公路建设过程中，建设单位并没有有效的内部控制，全过程跟踪审计人员应当根据该次高速公路建设的实际情况进行分析后，评估该项内容对最终审计结果的影响程度，并对审计方案进行相应的调整。

（四）树立全过程跟踪审计意识

在高速公路全过程跟踪审计的过程中，由于发展时间晚等原因，全过程跟踪审计的意识还没有深入到每个审计人员的心中，全过程审计还未完全落实。为了解决这些问题，首先，参与高速公路建设项目审计的审计人员和机构应该在整个过程中建立跟踪审计的意识。在日常的计划、会议和其他方面，有必要向每个审计人员传达全过程跟踪审计的概念以及实施全过程跟踪审计的重要性。

其次，在进行高速公路全过程跟踪审计时，应以成本控制为主线，并对整个过程进行跟踪，以保证审计质量。项目投资应对各环节产生较大影响的方面进行重点关注，自前期准备到施工再到竣工的各个环节设置关键控制点。全过程跟踪审计应综合考虑建设规模、建设要求、建设周期、审计费用及审计资源等之后，研究确定进行审计的时间，确定是从该项目开工时介入，还是从项目立项时介入等。在审计过程中，有必要跟进高速公路建设的重要环节、重大活动以及其他需要特别注意的方面。由于高速公路建设周期长，应特别保留工作中的文件、照片和其他材料。

最后，应当重视高速公路建设项目全过程跟踪审计结果，政府审计部门应当编制和披露高速公路建设项目全过程跟踪审计报告、审计结果等，而不仅仅是编制高速公路建设项目竣工决算审计报告。对于高速公路建设项目全过程跟踪审计中发现的问题，对问题进行分析后，审计人员需要对问题的影响程度进行审查并及时解决。对于建设单位拒不改正的问题，审计人员应当评估问题的重大程度，对于影响报告使用者做出决策的方面在报告中予以披露，必要时要向其他有关机关报告予以解决。

（五）把握审计重点

全过程跟踪审计只是对管理者决策提供辅助依据，并不能代替其他部门的工作，因此在实际操作过程中，必须坚持适度的原则，不能事无巨细，也不能全程粗略，而应当对重点环节进行重点审计，做到有简有繁。

对高速公路进行全过程跟踪审计时，要对重点环节进行重点审计，同时，要综合考虑高速公路建设项目的预算估算、建设周期和审计成本等因素，合理掌握审计干预的时间和深度。审计资源是有限的，但在有限审计资源的约束下，审计人员要充分利用这些资源，来确保在审计过程中对高速公路能够进行全过程的审计，保证其连续性和充分性。这些重点环节包括：首先，容易出现问题的环节，如材料采购、招标等问题；其次，是那些难以进行定价的环节也要特别注意；此外，投资额对项目成本和质量有较大影响的环节也要重点审计；最后，如果整个工程项目施工的过程中出现有重大变更的环节，这些环节必须进行重点审计，因为重大变更合理与否很有可能对最终决策者决策有重大影响。只有掌握了这些关键环节，才能确保全过程跟踪审计的质量。

（六）完善法律法规

目前，法律法规的不完善给审计人员进行全程跟踪审计带来了很大麻烦。因为它是从高速公路全过程跟踪原则、基础、审计程序、审计内容、组织方法和关键点等方面对审计工作进行规范。审计机关应当出台相关的审计准则及审计指南等，为全过程跟踪审计人员实施审计工作提供依据和借鉴，实现审计工作法制化建设。

其次，对于以前在高速公路建设过程中实施全过程跟踪审计发现的问题以及得到的经验应当进行总结以完善相关的审计制度，同时，还应完善配套的相关规定，由于高速公路周期长、投资大等特点，使得高速公路审计不同于其他的审计工作，在完善法律法规和制定过程中，要充分考虑高速公路的特点和全过程跟踪审计的特点，开展相应的审计法律制度建设。

最后，审计机构内部可以制定与高速公路全过程跟踪审计相适应的管理措施，加强审计取证模式、质量控制及审计人员方面的管理，这样才能从制度方面规范和管理高速公路全过程跟踪审计的实行，以使其更好地达成审计目标的要求。

第八节　高速公路项目交竣工

一、公路工程交工验收

（一）公路工程（合同段）进行交工验收应具备的条件

（1）合同约定的各项内容已完成；（2）施工单位按交通运输部制定的公路工程质量检验评定标准及相关规定的要求对工程质量自检合格；（3）监理工程师对工程质量的评定合格；（4）质量监督机构按交通运输部规定的公路工程质量鉴定办法对工程质量进行检测（必要时可委托有相应资质的检测机构承担检测任务），并出具检测意见；（5）竣工文件已按交通运输部规定的内容编制完成；（6）施工单位、监理单位已完成本合同段的工作总结。

（二）交工验收的主要工作内容

公路工程各合同段符合交工验收条件后，经监理工程师同意，由施工单位向项目法人提出申请，项目法人应及时组织对该合同段进行交工验收。

（1）检查合同执行情况；（2）检查施工自检报告、施工总结报告及施工资料；

（3）检查监理单位独立抽检资料、监理工作报告及质量评定资料；（4）检查工程实体，审查有关资料，包括主要产品质量的抽（检）测报告；（5）核查工程完工数量是否与批准的设计文件相符，是否与工程计量数量一致；（6）对合同是否全面执行、工程质量是否合格做出结论，按交通主管部门规定的格式签署合同段交工验收证书；（7）按交通运输部规定的办法对设计单位、监理单位、施工单位的工作进行初，步评价。

项目法人负责组织公路工程各合同段的设计、监理、施工等单位参加交工验收。拟交付使用的工程，应邀请运营、养护管理单位参加。参加验收单位的主要职责分别为：项目法人负责组织各合同段参建单位完成交工验收工作的各项内容，总结合同执行过程中的经验，对工程质量是否合格做出结论；设计单位负责检查已完成的工程是否与设计相符，是否满足设计要求；监理单位负责完成监理资料的汇总、整理，协助项目法人检查施工单位的合同执行情况，核对工程数量，科学公正地对工程质量进行评定；施工单位负责提交竣工资料，完成交工验收准备工作。

项目法人组织监理单位按《公路工程质量检验评定标准》的要求对各合同段的工程质量进行评定。监理单位根据独立抽检资料对工程质量进行评定，当监理按规定完成的独立抽检资料不能满足评定要求时，可以采用经监理确认的施工自检资料。项目法人根据对工程质量的检查及平时掌握的情况，对监理单位所做的工程质量评定进行审定。各合同段工程质量评分采用所含各单位工程质量评分的加权平均值。即工程各合同段交工验收结束后，由项目法人对整个工程项目进行工程质量评定，工程质量评分采用各合同段工程质量评分的加权平均值。工程质量等级评定分为合格和不合格，工程质量评分值大于等于75分的为合格，小于75分的为不合格。

公路工程各合同段验收合格后，项目法人应按交通运输部规定的要求及时完成项目交工验收报告，并向交通主管部门备案。国家、部重点公路工程项目中100 km以上的高速公路、独立特大型桥梁和特长隧道工程向省级人民政府交通主管部门备案；其他公路工程按省级人民政府交通主管部门的规定向相应的交通主管部门备案。公路工程各合同段验收合格后，质量监督机构应向交通主管部门提交项目的检测报告。交通主管部门在15日内未对备案的项目交工验收报告提出异议，项目法人可开放交通进入试运营期。试运营期不得超过3年。交工验收提出的工程质量缺陷等遗留问题，由施工单位限期完成。

二、公路工程竣工验收

（一）公路工程进行竣工验收应具备的条件

（1）通车试运营2年后；（2）交工验收提出的工程质量缺陷等遗留问题已处理完毕，并经项目法人验收合格；（3）工程决算已按交通运输部规定的办法编制完成，竣工决算已经审计，并经交通主管部门或其授权单位认定；（4）竣工文件已按交通运输部规定的内容完成；（5）对须进行储案、环保等单项验收的项目，已经有关部门验收合格；（6）各参建单位已按交通运输部规定的内容完成各自的工作报告；（7）质量监督机构已按交通部规定的公路工程质量鉴定办法对工程质量检测鉴定合格，并形成工程质量鉴定报告。

（二）竣工验收的主要工作内容

公路工程符合竣工验收条件后，项目法人应按照项目管理权限及时向交通主管部门申请验收。交通主管部门应当自收到申请之日起30日内，对申请人递交的材料进行审查，对于不符合竣工验收条件的，应及时退回并告之理由；对于符合验收条件的，应自收到申请文件之日起3个月内组织竣工验收。

（1）成立竣工验收委员会；（2）听取项目法人、设计单位、监理单位的工作报告；（3）听取质量监督机构的工作报告及工程质量鉴定报告；（4）检查工程实体质量、检查有关资料；（5）按交通运输部规定的办法对工程质量进行评分，并确定工程质量等级；（6）按交通运输部规定的办法对参建单位进行综合评价；（7）对建设项目进行综合评价；（8）形成并通过竣工验收鉴定书。

竣工验收委员会由交通主管部门、公路管理机构、质量监督机构、造价管理机构等单位代表组成。大中型项目及技术复杂工程，应邀请有关专家参加。国防公路应邀请军队代表参加。项目法人、设计单价、监理单位、施工单位、接管养护等单位参加竣工验收工作。

参加竣工验收工作各方的主要职责分别为：竣工验收委员会负责对工程实体质量及建设情况进行全面检查，按交通运输部规定的办法对工程质量进行评分，对各参建单位进行综合评价，对建设项目进行综合评价，确定工程质量和建设项目等级，形成工程竣工验收鉴定书；项目法人负责提交项目执行报告及验收所需资料，协助竣工验收委员会开展工作；设计单位负责提交设计工作报告，配合竣工验收检查工作；监理单位负责提交监理工作报告，提供工程监理资料，配合竣工验收检查工作；施工单位负责提交施工总结报告、提供各种资料，配合竣工验收检查工作。

竣工验收工程质量评分采取加权平均法计算，其中交工验收工程质量得分权值为0.2，质量监督机构工程质量鉴定得分权值为0.6，竣工验收委员会对工程质量评定得分权值为0.2，工程质量评定得分大于等于90分为优良，小于90分且大于等于75分为合格，小于75分为不合格。

竣工验收委员会按交通运输部规定的办法对参建单位的工作进行综合评价，评定得分大于等于90分且工程质量等级优良的为好，大于75分为中，小于75分为差。

竣工验收建设项目综合评分采取加权平均法计算，其中竣工验收工程质量得分权值为0.7，参建单位工作评价得分权值为0.3（项目法人占0.15，设计、施工、监理各占0.05）。评定得分大于等于90分且工程质量等级优良的为优良，大于75分为合格，小于75分为不合格。

第九节　高速公路结（决）算及收尾管理

一、高速公路结（决）算审计影响因素

（一）主要影响因素

出现以上问题的主要因素有主观的、客观的，也有管理层面的。

1. 队伍素质有待提高

项目管理队伍素质明显跟不上当前飞速发展的建设形势的要求，在一定程度上影响了行业发展，这是一个很迫切、很严峻的问题。

一是业务水平跟不上。管理人员对业务知识学习不深、理解不透，业务不熟、应用随意，甚至是错误使用，致使签证混乱，漏洞较多。

二是责任意识有待加强。发包方对规划设计、可研立项、招标投标、合同签订等前期工作研究不细、要求不高，导致不断出现本可避免的无谓的变更；承包方对施工组织设计或施工方案研究不透、针对性不强，也会导致出现施工变更。对已经实施的变更项目，过后补签现象很普遍，不能做到当场、即时核实，及时签证，使签证失去时效性和准确性。并且，有的管理者在签字时，没有自己的明确意见和建议，怕今后承担责任。

三是大局意识不强。发承包双方片面地或者有意地提出和制造争议，由此影响甚至拖延、终止工程结算的大局工作，造成变更争议和结算长时间达不成一致意见、形成不了最后结果。

2. 发承包双方职、责不对应

由于我国建设工程属于买方市场，发包方在前期阶段明显处于主导地位，因为承包方还没有参与进来，无话语权。在招标阶段，发包方单方面制定的招标文件的许多条款都或明或暗地有利于发包方，承包方需提供足够的优惠条件，被动承担相应的风险，才能提高中标的可能性；在合同签订阶段，主要由发包方制定的附加条款，也为有利于发包方而设定；在实施阶段也是如此，发包方在实施阶段也有最终的决策权和否决权，有许多事项承包方必须向包方提出申请，经其认方可执行。

但是在具体执行过程中，有些赋予发包方的职责难以履行，决策权和否决权也难以行使，特别是涉及到变更签证、单价认定等重要事项，发包方的现场管理人员也不敢自行做主、决策。因为它不是赋予个人的，而集体决策又涉及到财政、审计等多个部门，且目前无明确的组织方式、范围和决策程序，难以组织和执行，使得发包方在表象上的这些职权成了实际上的责任。

这些职位与责任不对等，在形式上赋予给了发包方，但是事实上又难以操作。导致无职权的很着急，有职权的又难以履职，使得发承包双方的协商、决策走进了误区。

3. 管理制度、规范有待完善

现行的合同条款和有关管理制度有很多内容已经不能适应当前的建设管理形势。

具体表现在三方面。

一是对有违公平竞争原则的条款需改进。现行规范文件中存在明显不利于承包方的条款。例如，要求承包方在投标时将不可预见的一些施工措施风险因素纳入自身单方面需承担的风险范围内，而这实际上是由发承包双方共同承担的。

二是合同可操作性不强。发承包双方对合同签订工作重视不够，研究不深，内容不全，对双方应该约定的事项规定不细，没有具体程序和时间限制，有时为了抓紧开工而草签合同，甚至有意地回避了一些重要的约定事项，降低了合同的有效指导性和可操作性。例如，在形式上办理、核对竣工价款结算是由双方约定进行的；但事实上，工程合同是由发包方主导，为延缓付款，发包方会把竣工价款结算的约定时间定得较长，这对发包方有利，但降低了合同的可操作性。

三是缺乏对双方的客观约束。发承包双方有很多事项需要在合同中约定。但是，有些事项仅由双方协商是很难达成一致的，现行的规范和相应的法规都缺乏对应的约束性内容。例如，合同清单中没有的项目单价，承包方提出的综合单价要经发包方认可后方可执行。但对发包方做出"认可"的具体的时间缺乏约束条款，这也是导致很多争议拖而不决的根本原因。

（二）主要对策及建议

工程结算，特别是工程审计是繁琐复杂而又具有很强的技术性和政策性的工作，离不开发承包双方的大力支持和积极配合。双方要共同坚持公平、独立、合作、互信、尽责和实事求是的工作原则，积极推动工程结算和结审工作顺利高效进行，及时优质完成。

1. 基本工作原则

（1）合作互信原则

要在合同框架内建立合作互信机制，制定项目管理规则和流程，实现协作共建、合作共赢。

（2）履职尽责原则

一是要加强行业培训，尽快提高从业人员业务素质；二是强化责任意识，尽可能减少变更；三是要强化时间观念，守规按时、高效办事；四是要强化现场意识，无论是"签证"的定性分析、判断，还是"量、价"的计量、确认，都绝对要以"第一现场"的"第一手材料"为依据。

（3）独立结算审核原则

结审工作要独立地、不受任何干扰地自主进行。任何单位、个人的口头说辞，都不得作为依据。发承包双方也不得以任何明示或暗示的方式干涉、干扰审核人员的工作，更不得有任何授意，否则要及时向上反映和汇报。

（4）客观公正原则

结审过程要依法依规严肃实施。即使发承包双方的书面意见，也要有理有据地甄别和判断，既要维护发包方利益，也要保护承包方合法权益。无论承包方报审与否，只要发现漏项，就要予以追加；当然，应该审减的也一定要坚决减掉。对双方出现的争议，要积极主动地据实依法依规地甄别和判定，要提高效率，更要确保客观公正。

2. "量、价"确认原则

（1）完成工程范围的核定

所谓完成工程范围，是指合同图纸内（含认可的变更）的工程范围。必须是在图纸范围之内的才予以认定，才能纳入合同内的计量范围。在合同图纸范围外还可能存在原来的同样工程，极易混淆，不可重复计量。

（2）签证的核定

为全面反映当时签证的真实情况，可靠的签证要包括"文、图、表、照"四部分：一是详细的文字说明；二是反映现场情况的简图；三是工程量的计量表式；四是现场的实物特写照片和全貌照。要据此对"取、舍和量、价"进行核实。与"合同内"重复的，一律不认可，予以舍弃，反之则予以追加。

（3）清单项目的认定

工程合同中的清单项目是主要和关键的分部分项，并没有、也不可能把所有的分部分项全列入招标清单。所以，招标时的"综合单价"已将与该项相关的、附属的、次要的，以及相应的项目都合并考虑进去了，不得对此拆解后再另行提出追加。但漏项的要据实追加。

对"增加的措施项目"要从合同和施工技术角度进行审查、把关和认定。首先，要比照合同及其说明进行定性判断，分析是否暗含在了相应的单项之中，如为合同"题中应有之意"，则不予采纳，否则要予以追加；其次是进行技术判断，施工组织设计已经包括的施工方法、技术处理等措施，即使已经"签证"，也不应再追加。

（4）实际工程量的核定

所有工程量，无论合同的"内与外"还是隐蔽工程，都要坚持依法有据、实事求是的原则，做到跟踪监管、即时据实计量，及时签证。当时确实没测量的隐蔽工程，也要利用好试验数据和有关规定进行测量和判定。例如，道路灰土、二灰、水稳和油层的厚度，要根据多点钻心取样的实测数据来认定其厚度和质量；对已不复存在的土方（垃圾）等，要比对签证的"文、图、表、照"进行核实，对土方（垃圾）等还要考虑"虚实方"折减系数；对花砖铺装既要考虑法定的破损系数，也要考虑树穴和井子等占据的面积，综合算出花砖实际数量。如果是发包方供货，要以承包方实际接受量为依据，超量的一律由承包方承担费用。

（5）"综合单价"的认定

对合同清单中已有的或有相似项目综合单价的，按规范执行即可。对合同清单中没有的项目综合单价，承包方要客观务实、诚恳地测算，报发包方确认。发包方也要以合作的态度，实事求是地尽快研究确认。如有争议，双方要共同作为、努力寻求在调解阶段解决。

3. 质量追溯原则

结审工作必须和工程质量验收、奖惩结果结合起来，要利用好实验、检验、验收结果和数据，不合格的部分要予以审减，而且按照质量追溯原则和合同规定予以处理。进而，还要按照施工程序和依附性原则，对属于基层（底层）不合格的部分，也要将依附其上的所有工序视为"不合格"，一并审减。例如，道路的灰土不合格，其上面的二灰、水稳和油层则不得施工，即使已完工，也视为不合格，予以返工和审减。

二、高速公路收尾工作管理

（一）收尾工作的主要内容

高速公路通车之后，工程就由大规模的施工建设进入了后期资料收集整理及工程结算阶段。总的来说，工程的收尾工作主要包括交工验收、交工试运营材料的备案报备；缺陷及遗留工程的处理；工程结算及审计；工程竣工资料的验收及移交；水保及环保的专项验收；编写项目建设管理经验及建设技术总结；编制完成财务竣工决算文件等内容。其中缺陷及遗留工程的处理、工程结算及审计、工程竣工资料的验收及移交、水保及环保的专项验收是重中之重，是项目能否顺利完成收尾的关键。

（二）做好收尾工作的关键

1. 成立收尾工作领导机构

要做好收尾工作，公司领导至普通员工每个人都应该重视收尾工作。公路交工验收后半个月内，建设业主应及时成立收尾工作领导小组，明确公司负责人为收尾阶段工作第一责任人，主管领导为直接责任人，明确各人的工作职责及各项工作计划完成的时间节点和责任人，确保按时完成竣工验收。

2. 采取有效手段解决重点及难点问题

缺陷及遗留工程的处理、工程结算及审计、工程竣工资料的验收及移交、水保及环保的专项验收是收尾工作的重中之重，是重点及难点。具体做法是：

（1）完善缺陷及遗留工程

缺陷及遗留工程，原则上尽量让施工单位进行完善，确实存在实际困难的，由小修队伍进行完善。对于通车后已经退场，无力再组织施工遗留缺陷工程的合同段，建设业主应与其进行谈判，及时中止施工任务。同时依据合同，发函明确相关责任及权力，对放弃施工任务的合同段要进行质量缺陷扣款，并对遗留工程进行重新招标，推进施工。对于运营设施不完善而造成的部分遗留工程，应及时与运营单位沟通，根据实际使用情况，完善施工期图纸。另外，因加油站涉及手续较多，造成大部分项目在通车后部分服务区（加油站）未能及时投入使用，所以要派专人负责管理。对于房建、机电工程的易损件设备，由于还在质保期，承包人有义务进行维保，但通车后大部分承包人撤场，对缺陷整改造成困难，因此可建议承包人委托运营公司进行维护，直接安排维护，扣除质保金，加快缺陷工程推进。

（2）推进工程结算工作

第一、明确工作目标，统一思想，做好结算工作计划并制定时间节点计划表。

第二，制定工程结算编制管理办法，召开结算布置会议，要求建设业主、总监办、各承包人应重视工程结算工作。各标段的项目经理是工程结算工作的第一负责人，要负起相应的责任；各单位要成立结算工作小组，小组至少由两名人员组成、一人负责协调及沟通、一人负责具体结算工作的办理，并持有法人代表授权书。

第三，明确完成时限，并随时跟踪反馈进展情况。对尚未完成的工程变更、新增单价、索赔等采取"清单处理限时办结"。对超出时限的，总监办及指挥部将不予以办理，后果由承包人承担。

第四，以其中一个标段的某个单位工程作为突破口，做出结算资料样板，提交审计人员进行试审，得到审计人员的认可后，以此样板开展整个项目的结算工作，同时组织各从业单位的计量结算人员召开阶段性交流会，针对存在问题进行分析总结交流，集思广益，依据合同协商解决计量争议、索赔事项，避免长期搁置，使疑问和问题得到及时解决。

第五，不定期检查承包人的结算工作进展情况并形成检查通报材料，针对结算不积极，收尾进度落后的标段，发函进行风险警示。明确告知因结算落后而影响到项目公司总体竣工验收进度的合同段，公司可能会采取暂缓退还履约金、质保金，并将向交通主管部门报告等措施，且告知可能会影响其在公路市场的信用评价，带来企业信用风险。

（3）做好工程竣工资料的收集、验收及移交

第一，建设业主应在施工期早谋划、高标准定位，改变以往重外业轻内业的思想观念，确立内业与外业同步交付这一目标，在抓外业的同时，同步推进档案资料编制、搜集、整理、归档，力争建成通车时内业资料基本归档完成。同时把竣工文件编制费用在总则中单独列出，并约定竣工档案取得自治区档案局竣工验收合格书面结果后，提交完成的竣工及结算资料，建设业主才予以计量支付。

第二，制定并印发关于工程竣工档案的相关要求，统一全线交（竣）工资料文件档案编制、收集、整理、归档、移交等工作的方式、方法、程序和要求，并实行档案工作责任制，建立专人负责制，领导责任制，明确落实责任人，实行文件收发登记和借阅制度，确保项目档案的完整性，并要求总监办和各施工单位也明确专人负责档案管理，设置专职档案管理员。

第三，为了提高项目档案管理人员业务技术水平，建设业主应多次举办竣工档案收集整理培训班。聘请专家授课，对业主、总监办、施工单位的档案管理人员进行业务技术培训，宣传工程项目档案的作用和工程项目档案工作的意义。通过学习培训，提高档案管理人员对做好工程项目竣工资料收集、整理工作的思想认识，提高业务水平。同时在竣工资料编制、搜集、整理和归档过程中，建设业主应及时组织公司各部门和各从业单位的内业资料管理人员多次召开阶段性推进会和交流会，针对存在疑问和问题进行分析总结交流，总结先进标段的成功经验，对进度落后的标段重点扶持，提出解决办法和措施，使疑问和问题得到及时解决。

第四，建设业主按照有关档案室管理及设置有关要求，购置档案密集双面柜，并对各单位准备移交的竣工文件存放密集柜进行排序。总监办及各项目经理部也应设立专门的资料库房存放档案，确保资料库房不与办公室合用，也不存放其他物品。

（4）尽早开展水保及环保的专项验收

第一，进行现场勘察，认真复核设计单位出具的设计图纸，确保水保、环保等设施按图施工，特别是声屏障，要参照项目环评报告书进行设置，避免出现遗漏。

第二，加强对取弃土场的管理，取弃土场管理未进行绿化的，要及时要求承包人进行植被恢复，承包人不愿意施工的，可让小修队伍完善，由此产生的费用，从承包人的质保金扣回。

第三，尽早收集好施工期间的环保及水保监测资料，与委托调查单位签订合同，要求委托调查单位到现场进行调查并指出存在的问题，并要求施工单位就存在的问题作出整改。

第四，重视污水处理设备的重要性，对服务区、收费站等污水处理设备的保养使用问题，应与运营公司加强沟通。

第十节　高速公路项目后评价

一、项目后评价的目的与任务

公路建设项目后评价是用科学、系统的评价方法，通过对项目立项、可行性研究、设计、施工和运营各阶段工作的跟踪、调查和分析，全面评价项目的作用与影响、投资与效益、目标实现程度及持续能力等，总结项目的经验与教训。后评价的目的在于通过全面的总结，不断提高公路建设项目决策、设计施工、管理水平，为合理利用资金、提高投资效益、改进管理、制定相关的政策等提供科学依据。

纳入交通运输部后评价工作管理的公路建设项目，由交通运输部根据有关规划和具体项目情况，经各省（区、市）交通运输主管部门确定，重点选择国家公路网规划中的重大建设项目或对行业发展具有重大指导意义的项目，并以后评价工作计划形式下达；进行后评价的项目应已建成通车运营5年以上并通过竣工验收。

二、项目后评价的程序

项目后评价是一项涉及面较广的技术经济分析工作，不仅需要科学的方法作工具，而且需要严密的程序作保证。尽管随着建设项目规模大小、复杂程度的不同，每个项目后评价的具体工作程序会有一定的差异，但从总体来看，项目的后评价都遵守一个客观的、循序渐进的基本程序。这个程序一般包括提出问题、筹划准备、收集资料、分析研究、编写报告、成果送审六个既有区别又相互联系的阶段，其具体步骤如下：

（一）提出问题，明确项目后评价的具体对象、组织机构和具体要求

项目后评价已经纳入了基建管理程序，原则上对所有竣工通车的建设项目都应进行后评价。但出于公路建设项目的投资规模和作用影响往往相差很大且又为数众多，所以本着代表性、有效性的原则，后评价工作又常常只在一定范围内进行。我国公路项目后评价工作的重点是国家重点公路建设项目、40 km以上的国道主干线项目或100 km以上的国道及省道高等级公路项目、利用外资的公路项目、特大型独立公路桥隧项目，以及上级主管部门指定的项目。

（二）筹划准备

筹划准备阶段的主要任务是组建一个人员结构合理的工作班子，并按委托单位的要求制订一个周详的项目后评价计划。后评价计划的内容包括项目评价人员的配备、建立组织机构的设想、时间进度的安排、内容范围与深度的确定、预算安排、评价方法的选定等。

（三）深入调查，收集资料

建设项目后评价必须以项目各阶段的正式文件和项目建成通车一定时期内进行的各种调查及重要运行参数的测试数据为依据。本阶段的主要任务是制订详细的调查提纲，确定调查对象和调查方法并开展实际调查工作，收集后评价所需要的各种资料和数据。这些资料和数据主要包括以下几方面：

（1）项目建设资料，如项目建议书，可行性研究报告，初步设计、施工图设计及其审查意见和批复文件，工程概算、预算、决算报告，项目竣工验收报告及有关合同文件等。（2）国家经济政策资料，如与项目有关的国家宏观经济政策、产业政策，国家金融、价格、投资、税收政策及其他有关政策法规等。（3）项目运营状况的有关资料。（4）反映项目实施和运营实际影响的有关资料。（5）本行业有关资料，如国内外同类行业、同类项目的有关资料。（6）与后评价有关的技术资料及其他资料。

（四）分析研究

围绕项目后评价内容，采用定量分析和定性分析方法，发现问题，提出改进措施。项目后评价所采用的定量研究方法较多，如指标计算法、指标对比法、因素分析法、准试验方法、回归分析法等。

（五）编制项目后评价报告

将分析研究的成果汇总，编制出项目后评价报告，并提交给委托单位和被评价单位。项目后评价报告是项目后评价工作的最终成果，应该按照有关文件规定的文本格式和内容要求认真编写，既要全面系统，又要突出重点，简明扼要。后评价报告编制必须客观、公正、科学，不应受项目各阶段文件结论的束缚。

（六）成果送审

公路建设项目后评价报告编制完成后，就应按管理办法的规定上报有关部门组织审查，并及时反馈后评价成果及审查意见。建设项目的各有关部门和单位要认真对待后评价成果，从中吸取经验教训，并采取相应的对策、措施，进一步完善已建项目，改进在建项目，指导待建项目。

三、项目后评价的方法

公路建设项目后评价的方法主要有：有无对比法、层次分析法、因果分析法、逻辑框架法、综合评价法等，可根据项目特点选择一种或多种方法。公路建设项目前期工作所采用的相关评价技术及指标量化方法原则上可用于后评价。

四、公路建设项目后评价报告

编制建设项目后评价报告必须以项目各阶段的正式文件和项目建成通车2～3年内进行的各种调查及重要运行参数的测试数据为依据。项目通车后需要进行的主要调查包括：交通量调查、交通安全性调查、车辆运行特征调查、车辆运输费用调查、工程质量调查、经济社会调查、环境调查等。项目各阶段有关委托、评审、批复等的文件主要包括：项目建议书、可行性研究报告、项目申请报告、初步设计、技术设计、施工图设计的审查意见，批复文件；资金申请报告，招投标文件，重大变更的请示及批复；经审计的决算报告和工程竣工验收鉴定书等。

公路建设项目后评价报告编制必须客观、公正、科学，不应受项目各阶段文件结论的束缚。公路建设项目后评价报告由主报告和附件组成。

第三章 高速公路工地建设标准化

第一节 工地建设标准化的内容与作用

一、工地建设标准化的内容

驻地建设要达到标准化的要求，充分体现以人为本，营造舒适、有序、安全、和谐的工作环境和生活环境，提高工作效率，提高工程质量、安全、环保管理水平，对提升从业人员的责任感和归属感，强化现场规范化管理，提高工程质量发挥了重要作用。拌和站、预制场、钢筋加工厂、小型构件预制厂严格按标准化要求建设，推行混合料（混凝土）集中拌制、钢筋集中加工、混凝土构件集中预制的"三集中"实现施工现场的集约化管理，做到工厂化生产，专业化施工，最大限度地减少公路工程野外施工因素对施工质量的不利影响。

施工场地的建设往往是传统工程项目管理容易忽视的环节，然而许多工程管理经验和教训表明：工地建设的标准化对于提升项目管理水平具有十分重要的作用，而工地建设标准化的核心和灵魂是混凝土集中拌和、梁片集中预制、钢筋集中加工这"三个集中"，是通过构件的集中生产提高生产效率和工程质量。工地建设涵盖了项目部驻地建设、工地试验室建设、便道建设、工点施工平台建设、混凝土集中拌和站建设、梁片集中预制场地建设、钢筋集中加工厂建设等内容。其中，混凝土集中拌和、梁片集中预制、钢筋集中加工。这"三集中"是工地建设标准化的核心和灵魂，也是工地建设标准化管理的重点

二、工地建设倾准化的作用

（1）传统的施工场地建设往往采取多点分散的管理模式，工地建设存在的随意性和非标准化等问题往往容易导致项目管理成本增加、质量控制难度加大、风险因素增多、施工形象弱化等问题的产生。而工地建设标准化的提出，尤其是"集中生产"原则的贯彻，能够化繁为简，能降低项目的管理成本及潜在的风险成本。（2）工地建设标准化推行的集中生产实现了传统分散生产向集中式工厂流水作业的转变，一方面能

够改善施工人员的工作环境，促进员工工作积极性和工作效率的提升；另一方面，通过集中的机械化生产能够极大地提高施工效率。（3）标准化工地环境改变了以往点多面广的分散监控模式，更有利于质量控制，可以减少管理中的不利人为因素。首先是通过集中采购管理及进场检验更利于原材料质量控制，可充分保证原材料的优质合格；其次，是生产过程中的工艺规范化标准化，能及时地实现过程控制的信息收集处理和优化；再次，工厂化集中生产使得产品的生产条件、检验标准处于一种更加可控的状态，从而更好地保证了构件的质量。

第二节　驻地建设标准化

一、驻地选址

（1）项目经理部驻地房屋可采用自建活动板房，也可租用沿线合适的单位或民用房屋，但必须坚固、安全、耐用，并满足工作、生活要求。宿舍不得建在尚未竣工的建筑物内，项目部驻地建设应包括农民工营地的建设。（2）自建用房的驻地选址应避免设在可能发生塌方、泥石流、水淹等地质灾害区域及高压电线下面（与高压线水平距离不小于8m），避开取土、弃土场地，离集中爆破区500m以外，同时确保有便利的交通条件和通电、通水、通信条件。

二、驻地建设标准

（1）项目经理部办公区、生活区及车辆、机具停放区等功能设置应科学合理，必须分区设置。区内场地及主要道路应做硬化处理，整平、无坑洼和凹凸不平，雨季不积水。（2）土建、路面等主体工程项目经理部办公、生活用房建筑面积一般不宜小于3 000m²；若租房场地面积可适当减小，但必须对房屋外墙和室内进行适当装修、体现企业文化特点；其他附属工程项目经理部用房建筑面积和场地占地面积应满足办公和生活需要对于山区高速公路项目，项目经理部驻地可结合选址实际，适当减小。（3）项目经理部生活饮用水如条件允许，尽可能使用自来水；如自找饮水源，应对水源进行专门机构化验鉴定，符合饮用水标准后方能使用。（4）项目经理部生活、生产污水应做处理，符合排放标准后才能排入相邻水系，生活、生产垃圾要定点堆放，严禁乱扔乱弃。要求排水设施完善，庭院适当绿化，环境优美整洁项目部公共场所应设置功能分区平面示意图、指路导向牌及宣传牌。

三、办公室、生活用房标准

（1）项目经理部办公用房面积和办公家具应满足办公规范化的要求，人均办公用房面积不小于8m²，人均生活用房面积不小于6m²；每个项目经理部须设一间不小于80m²的会议室，能满足不少于60人开会的要求。（2）生活用房一般应设宿舍、食堂、浴室、厕所等，具备条件的要设文体活动室或活动场地（3）办公区和生活区内必须配置必要的消防安全器具和消防安全标识（志），建立安全、卫生管理制度，落实专人维护和保洁。（4）应当选择在通风、干燥的位置，防止雨水、污水流入。（5）建筑采用阻燃材料，每组最多不超过12栋，栋与栋之间的距离，城市不小于5.0m，农村不小于7.0m。（6）每栋用房其长度以36m、层高以2.5m左右为宜。（7）饭堂等公共活动场所的门宽度不应小于1.4m。（8）建筑面积每达800m²，要在中心地点设手动（或电动）消防水泵-台及不小于20m³消防水池一个；每栋用房均应配备6～8个灭火器，设置一个2m³的消防（兼生活）水池一个。（9）宿舍用房应保证室内有足够的空间，每栋居住人数不超过10.人，每间居住人员不超过16人，门窗要向外开，门口及室内通道宽度不小于1.2m。（10）宿舍内的单人铺不得超过2层，严禁使用通铺，床铺应高于地面0.3m，人均床铺面积不得小于1.9m×0.9m，床铺间距不得小于0.3m。（11）宿舍内应设置生活用品专柜，个人物品摆放整齐，洗过的衣物不得随意晾晒，要有专门的晾衣处。宿舍地面应水泥砂浆找平硬化，有条件的可铺砌瓷砖。（12）宿舍区与食堂严禁连成整体，食堂与宿舍的间距不得小于15m，宿舍内严禁有易燃、易爆物品，严禁在宿舍内生火做饭和使用大功率的电气设备。（13）食堂必须符合要求，设置在距离厕所、垃圾站、有害场所等污染源20m以外的地方，食堂应设置独立的制作间、储藏间，地面应做硬化和防滑处理，配备纱门、纱窗、纱罩等。（14）厕所应设置为通风良好的可冲洗式厕所，并设有符合抗渗要求的带盖化粪池，男女厕所必须分设，蹲位不得少于现场职工人数的5%。

第三节　工地实验室建设标准化

第一，工地实验室是指公路工程建设从业单位在工程现场为质量控制和检验工作需要而设立的临时实验室。建设应满足有关规定，由取得等级证书的试验检测机构（母体试验检测机构）授权设立，且授权的试验检测项目和参数不得超过其等级证书核定的业务范围母体试验检测机构对工地实验室的试验检测行为及结果负责。

第二，施工、监理单位应该在工程正式开工前，根据合同承诺，经授权在工程现场设立与工程内容相适应的工地实验室，不具备设立工地实验室条件的施工监理单位和有需要设立工地实验室的建设单位，可委托取得"等级证书"和"计量认证证书"的第三方试验检测机构在工程现场设立。

第三，工地实验室应经有权单位组织认定合格，并取得批准后方可正式展开试验检测工作，工地实验室若设置在施工单位项目部或总监办驻地，可不另设会议室此外若场地允许可考虑增设如烘箱、沸煮箱等大功率加热设备专用室。

第四，设备配置应满足投标文件承诺要求，并能够适应工程内容及规模相关要求。设备精度、量程等技术指标应满足试验规程相关要求。实验室应配备必要的试验辅助器具、工具及试验物资，且应根据试验项目工作量的大小配备充足的交通工具及办公设施，至少配备1辆专用汽车。实验室通风、照明良好，并配有防暑、降温、取暖设备。各功能室面积及设施配置应满足试验检测需要。

第五，试验仪器、设备安装设备安装应按照设备使用说明书或试验规程相关要求进行若设备需要安设基座与其固定，应在实验室建设时根据布局设计基座，基座顶面应保持水平，待设备就位调平后采用地脚螺栓进行固定。对基座有隔振要求的应设立不与其他建筑物直接相连的独立混凝土台座，周围存在振源时应在地面与台座间设5mm厚橡胶垫，压力机、万能材料试验机等力学设备应设置金属防护罩或安全防护网，使用的防护网（罩）应安全、美观、方便操作。各功能室电源插头宜齐整不乱且高出地面1.3m以上，操作台高度宜控制在70～90cm，台面宽度宜为60～80cm，台面为混凝土或铺设地板砖，表面应平整，操作台下设置带有柜门的储物隔柜。

第六，试验与检测。实验室应当严格遵循独立、客观、及时、准确的工作原则，按照现行的国家或行业标准、规范和规程展开工地试验检测工作，试验检测数量应达到规定的要求。开展的试验检测项目不得超出认定的项目及参数范围，对认定范围以外的试验检测项目及参数应经建设单位认可后，委托具有相应"等级证书"的试验检测机构承担。特殊材料的取样和送检工作，可由建设单位组织施工单位和监理单位联合进行，并送到具有交通行业资质的试验检测机构进行检验

第七，仪器设备安装完成，需经地方计量认证部门对各类检测设备进行标定。应建立健全各项工作制度和管理制度，如：试验检测量工作程序，试验检测人员岗位责任制度，仪器设备、档案资料、样品管理、安全、环保、卫生制度等。各项规章制度和主要设备的操作规程应上墙。工程项目开工前，应由建设单位组织监理、施工单位收集齐全本工程项目所需的现场验收的试验规程、规范和相关标准，并编辑目录清单下发相关文件予以明确执行。试验人员作业前应按设备的操作规程进行检查，作业中应严格遵守劳动纪律、执行操作规程和有关的安全管理制度，作业后应及时做好设备的使用、维护、保养记录对要求在特定环境下储存的样品，应严格控制环境条件。易燃、易潮和有毒的危险样品应隔离存放，做出明显标记。实验室内环境应保持整洁卫生；试验废弃原材料回收或存放应符合环保要求；对电磁干扰、灰尘、振动、电源电压等应严格控制，对发生较大噪声的检测项目应在装有隔音设施的功能室进行检测。应配备发电机组，保证试验检测工作正常、连续。实验室电路应为独立专用线，在总闸及力学室、标准养护室应安装漏电保护器。应根据项目混凝土试块堆放场地，容量应满足储存3个月内所有混凝土试块数量。

第四节　混凝土搅拌站建设标准化

一、场地选址

拌和站选址主要考虑构筑物分布、通电、通水、运输条件，靠近主体工程，远离居民区生活区，设在居民区、生活区的下风口。拌和站需集中布置，封闭式管理，四周设置围墙，场地硬化，入口设置彩门和值班室。根据场地划分为拌和区、作业区、材料计量区、材料库、运输车辆停放区、试验区、集料堆放区，内设洗车区、污水沉淀池、排水系统。搅拌站尽量靠近主体工程施工部位，减少混凝土运输距离。搅拌站周围必须有满足施工需要的水源，且远离居民区。搅拌站应规避崩塌、滑坡、水淹等不良地质灾害区域。

二、场地布置

（1）搅拌站面积根据搅拌站规模确定，且必须满足材料存放和节间备料的需要。（2）合理布置搅拌站搅拌机组、砂石料场、水泥库房、试验室（含标养室）、办公室以及职工宿舍等的平面位置。拌和楼的办公区及生活区应同其他区用砖墙等隔离开。（3）搅拌站必须设避雷针，数量满足覆盖整个搅拌站；同时设置不少于 1 处的安全标语，搅拌主机立柱粘贴反光纸。

三、场地建设

（1）搅拌站须修建围墙封闭；场地必须使用 C20 及以上强度等级混凝土硬化，厚度不小于 20cm；进、出搅拌站便道采用 20cm 厚 C25 混凝土硬化。（2）搅拌站场地内设排水系统及污水处理池，严禁场地积水。（3）水泥罐基础以桩基或扩大基础为宜，并设专用接地网与楼体、粉料仓保证可靠的电气连接；计算机控制系统应设有独立的接地网。（4）若搅拌站为单个水泥罐，则罐体地面固定拉线不少于 3 根；在每一个罐体绘制"××高速"以及施工单位简称，两者竖向平行绘制，字体醒目，便于识别。（5）设置信号管理系统，保证混凝土搅拌运输车、搅拌系统与控制室的联系。（6）作业平台、给料仓、骨料仓、水泥仓等涉及人身安全的部位均应设置安全防护装置；传动系统裸露的部位应有防护装置和安全检修保护装置。（7）搅拌站与办公区及生活区或周围其他建筑物的距离不得小于单个水泥罐的高度且不小于 20m。

四、搅拌机及部件

（1）搅拌机配置应根据搅拌站规模确定。（2）搅拌主机为封闭式强制型；料仓不少于 3 个，需设防雨棚，且料仓间挡板具有足够高度，防止串料；配料机应支腿加固。（3）搅拌控制室安装 1 台分体式空调，保证各部电气元件正常工作。（4）搅拌站拌和设备要求采用质量法自动计量，水、减水剂计量必须采用全自动电子称量法计量，禁止采用流量或人工计量方式，保证工作的连续性、自动性，电脑控制具备打印功能。（5）拌和机操作房前醒目位置应悬挂混凝土配合比标识牌，标识牌采用镀锌铁皮制作，尺寸 0.6m×0.8m，油漆喷涂确保不褪色，数字采用彩笔填写，字迹工整清晰，标识牌内应包括以下内容：混凝土设计与施工配合比（含外加剂），粗细骨料的实测含水量及各种材料的每盘使用量等。（6）搅拌站应配置不少于 3 个水泥罐，且水泥罐应设置冷却设备，确保水泥搅拌温度，做到检验合格后再用。水泥储存罐应配备必要的除尘设置。

五、材料存放

（1）砂石料场必须设防雨棚，高度满足机械设备操作空间；料场采用厚 50cm 的混凝土隔墙分隔，高度不低于 2.5m，必须确保各个料仓间不串料，并设置相应的质量状态标识，标识包括材料名称、产地、规格、数量、进料时间、检验状态、试验报告号、检验批次等。（2）袋装水泥、减水剂等集中存放在库房内，库房采用彩钢板搭设，高度、面积必须满足堆放数量的要求，下部铺设木板，高度为离地面30cm。

六、混凝土搅拌运输车

（1）运输车数量不少于3辆，且满足混凝土浇筑连续性的需要。（2）运输车储料罐必须密封、不漏浆，容量不小于6m。

第五节　预制场建设标准化

一、预制场标准化建设总体要求

预制场标准化建设按实施步骤具体分为以下几点：第一确定建设的总体要求；第二根据项目实际情况进行综合分析、选址；第三依据梁预制工程量、预制工期确定台座、模板数量，进而明确预制场的建设规模和数量。为满足施工标准化技术及业主要求，结合项目区域的特点、难点，按照"技术领先、施工科学、组织合理、措施得力"的指导思想，遵循下列要求对梁场进行总体规划。

场地建设前施工单位应将梁场布置方案报监理工程师审批，方案内容应包含各类型梁板的台座数量、模板数量、生产能力、存梁区布置及最大存梁能力等。按工期要求，合理计划预制场建设与桥梁下部结构施工工期，基本做到墩梁同步，避免出现"梁等墩"及"墩等梁"。

二、预制场选址及布置形式

（一）预制场选址

预制场选址应遵循方便、合理、安全、经济、满足工期要求，结合所属预制梁板的尺寸、数量、架设要求、运输条件综合选定，梁板布置方案应包括台座数量、模板数量、生产能力、存梁区布置、最大存梁能力。场地按封闭式管理，按办公区、生活区、构件加工区、制梁区、存梁区、废料区合理设置，标识清晰。各施工区域布置应合理，场地占地面积应满足施工需要，且不小于6 000m²。

小型构件预制场选址应遵循方便、合理、安全、经济，满足工程量、满足工期要求。场地需做硬化处理，分为构件生产区、存放区、养护区、废料处理区，合理设置，标识清晰，并设置排水设施。

（二）场地布置

（1）预制场一般设置办公生活区、材料堆放区、钢筋加工区、混凝土拌制区、预制区、存梁区等。各施工区域布置应合理，场地占地面积应满足施工需要。（2）在进入预制场路口处明显位置设指路牌1块；场内相应位置设场地平面图、工艺流程图（分预制、张拉、压浆等）、质量检验标识牌（分预制、钢筋、张拉等）、安全警示牌、安全操作规程（龙门吊、张拉机具等）、文明施工牌等各1块。在机械设备的醒目位置悬挂机械操作安全规定公示牌。（3）吊装作业区、安全通道应设置禁止标志；龙门吊设置与高压线保持安全距离，司机岗位职责、岗位安全操作规程牌（0.8m×0.55m）随机挂设，"施工重地，注意安全"警示牌（0.6m×0.4m）置于龙门吊下。预制场的制梁区、存梁区、构件加工区等各生产区域应设置明示标示，钢筋绑扎区在明显位置应设置标识牌张拉台座两端应设置指令标志，并设置防护板台座两端设防护网和安全警示标志。（4）预制场标准化建设的规模，应结合预制梁的数量和预制工期等参数来规定预制场规模和相关设备配备。

（三）预制场建设标准化总体布局

在确定预制场选址后，参照项目施工组织设计、施工进度计划，对本项目的梁板预制数量、预制工期计算确定台座、模板数量，最后根据桥梁分布位置、梁运距进行总体布局。

（四）预制场标准化建设总体平面布置

（1）为满足施工的实际需要，以"因地制宜"原则对项目预制场进行总体布置。（2）预制场宜采用封闭式管理，场地内宜按办公区、生活区、制梁区、存梁区、构件加工区、废料处理区等科学合理布置，预制场宜设置视频监控系统。生活区应与其他区隔开，且面积不小于 6 000㎡。（3）当场地条件完全满足工程需要时，可按相关要求建设标准化预制场。（4）当场地受限时，预制场功能区部分建设另选场地按照标准化施工建设。

三、预制场标准化建设

（一）办公及生活区建设

农民工驻地应满足以下要求：依据梁场工程量大小编制农民工使用计划，计划应明确不同时期的农民工数量。农民工驻地必须满足消防、卫生、保温、通风及防洪防灾等要求，明确划分施工区和生活区且设施配备齐全。人均面积不小于2.5㎡，禁止使用通铺、地铺、场地规划建设时要按不同的使用功能隔离，不能连接成整体，须预留安全通道；必须远离炸药库、油库等易燃、易爆危险物品；防火、配电设施必须满足要求；租用民宅作为施工驻地的，同样按照以上条件要求，严禁租用危房。

（二）场地准备

预制场设置在挖方段时，应清理边坡危石，修复破损边坡，最好在挖方边坡防护、支挡工程完成以后修建预制场，确保预制期间的施工安全；预制场设置在填方路堤或线外填方场地时，为防止产生不均匀沉降变形而影响桥梁预制的质量，应对场地分层碾压密实并对台座基础进行加固机械辅以人工平整场地并碾压密实，按设计施工路基纵、横坡，开挖临时排水沟，保证场内路基不积水、不浸泡。

（三）预制区建设

预制区建设主要包括台座建设、龙门吊基础及轨道建设、临时用电、用水预埋管道布设、场地硬化和进入预制场路口处显著位置设"五牌一图"及危险源公示牌，场内相应位置设工艺流程图（分预制、张拉、压浆等）、质量检验标识牌（分预制、钢筋、张拉等）、安全操作规程牌（龙门吊、张拉机具）等。

1.台座建设

依据预制场建设平面布置图，进行施工放样，标识出预制场各生产、辅助生产、生活等区域的具体位置，对场地进行总体布置。以下以T梁及小箱梁台座预制叙述为主，对空心板预制台座做简要说明。

①T梁、小箱梁台座建设。②台座制作工艺流程：测量放样—基础开挖—基础混凝土浇筑—台身钢筋制作与安装—台身混凝土浇筑—养护—铺设底模钢板。预制梁板的台座尽量设置于地质较好的地基上，地基承载力必须满足要求（经计算确定），并采用扩大基础有效防止台座产生不均匀沉降、开裂事故，影响梁板的质量。③台座的布置：台座之间的预留宽度应根据预制梁体单边最长悬臂端长度考虑，即台座之间预留最小宽度=3倍侧模宽度+富余工作宽度50cm；边沿台座与龙门吊轨道的间距除了考虑侧模宽度及富余宽度外还应考虑与龙门吊的安全距离及龙门吊设备占用的净宽；轨道与路基边沿净宽应考虑龙门吊电动机组及线缆收集设备所占用的宽度，同时考虑排水沟的占地宽度；场内道路宽度必须满足大型车辆（运梁车、混凝土罐车）通过并考虑与邻近台座之间的安全距离，台座基础、台身高度通过力学计算确定（下面以地处挖方段的设计路面宽度32m，底宽50cm、高240cm的T梁预制场建设为例）。

沿路基纵向布置台座，每排设6个台座，台座之间间距3.8m，台座与轨道间距3m，龙门吊轨道至挖方边坡距离大于1m，场内道路净宽4.4m。

台座基础应采用基坑开挖扩大基础，以保证台座不沉降，台座基础强度不低于C20的素混凝土或片石混凝土，台身应采用强度不低于C30的钢筋混凝土，位于梁端基础处为满足张拉强度，同时考虑预制T梁的最小长度和最大长度（本段最长T梁41.5m，最短38.5m），台座基础采取扩大、加宽处理。

用电及喷淋养生用水，避免乱拉、乱接造成场地电路线、水管道混乱，在台座制作前预埋临时用电及用水管道。分别在梁端设置用水预埋管道，在1/4梁长处设置临时用电预埋管道并穿线，布设要合理，水管尺寸、用电线路必须满足施工要求。

2.空心板台制作

空心板张拉台座支撑梁应具有足够的强度、刚度和稳定性，不致使支撑横梁承受全部预应力筋的拉力时造成台座变形、倾覆和滑移而引起的预应力损失。张拉台座由压杆、横向连续梁、端部重力墩、底板及端部横梁构成。

对预制梁进行场地平整压实，为防止地基沉降带来的质量事故，场地要求压实度达到要求，一般在93%以上；开挖基坑，要求压柱柱顶面与地面同高，使台座中的配重、压柱、重力墩下部均埋置于地基中，增加框架式台座的结构受力特性，台座钢筋绑扎，重力墩是关键部位，钢筋要求布置准确，重力墩受力面处预埋钢板要求位置准确，钢板面平整；浇筑重力墩、配重、压柱混凝土，采用C30混凝土，尤其注意重力墩预埋件处混凝土振捣密实。台座板及台面施工时，台座板置于压实的地基上，厚30cm，台座面精确平整，四周边缘角钢锚固于混凝土中，再在其上面铺设5mm厚钢板，钢板和边缘角钢焊接为一整体；张拉台座采取分段浇筑施工，由台座中部向两端进行施工。先进行压柱和横系梁的施工，再进行两端重力墩的施工和端部横梁安装，最后进行台座底板施工。钢横梁采用 40b T 字钢制作和 20mm 厚钢绞线限位钢板组焊而成，钢横梁安装、钢绞线限位钢板穿线定位孔位置与台座面高差要准确，以控制好钢绞线保护层。钢横梁、砂箱要安装水平，且轴心在同一水平面，以确保钢绞线位置准确，最后进行调试。

3. 龙门吊基础及轨道建设

开挖龙门吊轨道基础，基底承载力必须满足要求（通过计算），浇筑轨道基础混凝土、预埋固定螺栓，并铺设钢轨。

4. 临时用电、用水预埋管道布设

施工、养护用水预埋管道应满足最大需求量，依据每个增压泵能满足的用水量分片区（块）对预埋水管整合，分别采用不同增压泵满足不同片区的用水，保证水压稳定，满足施工要求。

5. 场地硬化

台座、龙门吊轨道施工完成后，对预制场区域进行混凝土硬化，硬化前完成现场临时用电、弄护用水预埋管道及场内纵、横向排水沟设置。施工场内道路硬化宜采用10cm 碎石垫层+25cm 厚 C25 混凝土，施工区域硬化宜采用 10cm 碎石垫层+20cm 厚 C20 混凝土，存梁区地面压实后铺设 10cm 石屑并设置 2%～3% 坡度，以利于排水场内纵、横向排水沟宜采用 15 型槽钢铺设，保证水沟顺直并作为水沟边角混凝土包边避免破损。

（四）钢筋加工厂标准化建设

钢筋加工厂建设，在实施前，对钢筋加工厂进行总体规划，原材料堆放区、加工区、半成品堆放区划分合理。场地硬化前对临时用电预埋管线进行合理布置，原材料进场方便的预制场可考虑将加工棚设置在预制区中间，减少半成品钢筋搬运的距离。

（五）仓储区建设

仓储区必须满足消防、防潮、防洪防灾等要求，同时需近邻作业区，储、取方便锚具及夹片、压浆水泥及膨胀剂、机具设备、杂物应分开保存。

四、临时用电及消防设施标准化

（一）临时用电设施

预制场所有的电路设置、电器设备安装必须满足相关的要求。横穿、纵跨施工区域的电、线路采用从硬化地面下预埋管路穿过或架空穿越，生活区用电禁止使用大功率取暖、烧水电器。根据现场用电总功率设置变电站，电力架设须满足三相五线制要求，变压器设置的安全距离、场外电路架设、配电箱等设置要符合相关规范规定。

（二）消防设施

场站消防设施应满足有关规定，配置相应的消防安全标识和消防安全器材，并经常检查、维护、保养，对材料和设备储存的库房或堆放点，施工人员生活区，特别注意防火安全，配备足够数量的消防器具、消防水管，以备应急。

五、机具设备选用标准化

（一）机具设备基本要求

（1）配置1～2台150～250 kW柴油发电机组作为备用电源；常用附着式振动器、插入式振动棒等小型机器具配备数量应满足施工要求，并配置备用数量。（2）根据设计要求配置相应的张拉及压浆设备，张拉及压浆必须采用智能设备，压浆设备推荐使用大循环压浆机，施工前必须经过法定检验机构鉴定合格后方可投入使用。（3）根据提升吨位及预制场设计宽度合理选择场内主龙门吊型号、跨径，安全系数满足最大荷载的1.5倍考虑。为满足施工要求，提高生产效率，除主龙门吊以外还需配备行走速度快、最大载重小（一般为5t以内）的工作龙门吊，方便混凝土浇筑、模板吊装及一些小型机具、器具移动。为保证龙门吊的使用安全还应设置限位系统，防止龙门吊脱轨，龙门吊在使用前必须通过当地质量技术监督局鉴定合格后方能投入使用。（4）龙门吊配电线路采用卷扬机收放装置，防止电路线磨损、破坏。（5）模板选择，预制T梁模板必须使用配套钢模，钢模厚度不小于5mm，其强度、刚度必须满足施工要求。模板拼缝必须严密，端头拼接顺直，在模板使用前必须试拼，满足设计要求后清理干净、涂洒脱模剂后方能拼装。（6）在受冬季施工影响的区域施工，考虑配备冬季施工的混凝土养护措施。

（二）机具设备的安装与调试

临电插头、自动喷淋养生系统安装完毕后应及时调试，以检验施工预埋电路、管道是否设置有效；对现场拼装的设备、机具进行调试、试运行和载重试运行检查安装成果是否满足规范和施工要求，确保使用安全。

第六节　钢筋加工厂建设标准化

一、场地选址

（1）结合标段钢材制作成型的尺寸、数量和存放要求等选址。（2）除用地困难情况并由业主批准外，一般不应设在主线上，以方便、合理、安全、经济和满足工期为原则。（3）便于钢材的进场和成型的出场运输，尤其是考虑所服务对象的分布范围，可采用综合运距法进行选址

二、场地布置

（1）钢筋加工厂一般设置办公生活区、材料堆放区、钢筋加工区、计量称重区、特殊构件组装区等各施工区域布置应合理，场地占地面积应满足施工需要。（2）在进入厂区路口处明显位置设指路牌1块；厂内相应位置设场地平面图、工艺流程图、质量检验标识牌、安全警示牌、安全操作规程、文明施工牌等各1块，在机械设备的醒目位置悬挂机械操作安全规定公示牌。（3）吊装作业区、安全通道应设置禁止标志；

龙门吊设置与周边的安全距离，司机岗位职责、岗位安全操作规程牌（0.8m×0.55m）随机挂设，"施工重地，注意安全"警示牌（0.6m×0.4m）置于龙门吊下。加工厂的其他区域等各生产区域应设置明示标示。钢筋绑扎区在明显位置应设置标识牌。（4）加工厂标准化建设的规模，应结合钢材加工的数量和生产工期等参数来规定场地建设规模和相关设备配备。

三、场地建设

（1）场地设置在填方路堤或线外填方场地时，为防止产生不均匀沉降变形而影响加工区的基座稳定性质量，应对场地分层碾压密实，并对台座基础进行加固。（2）钢筋加工区、混凝土拌制区均须设防雨棚，并使用20cm厚C20混凝土硬化，场区地面压实后铺设10cm石屑并设置2%～3%坡度，以利排水。运输便道采用20cm厚C25混凝土硬化。（3）厂区应设50cm×50cm砖砌排水沟排放施工废水、养护水、收集雨水并汇入沉淀池，沉淀池设置规格为长4m、宽3m、高1m，污水处理达标后方能排放。（4）钢筋加工区、集料存放区设防雨棚，高度满足施工需要。（5）厂区内所有的电气设备按安全生产的要求进行标准化安装，所有穿过施工便道的电、线路采用从硬化地面下预埋管路穿过或架空穿越。采用由满足施工机械设备用电最大负荷要求的变电站供电，电力架设须满足三相五线制要求，同时设置250 kW柴油发电机组作为备用电源。变压器设置的安全距离要符合相关规范规定。

第四章　高速公路保障管理标准化

第一节　高速公路建设资金管理标准化

一、银行账户管理标准化

（1）严禁出借银行账户供其他单位或个人使用，以及为其他单位或个人代收代支、转账套现。（2）项目经理部进场后必须在指挥部指定的银行开立结算账户，用于工程预付款、工程款、费等业务结算，开户后各项目经理部、单位应以书面形式将其开户银行、开户名称、开户账号告知指挥部财务处，以便办理支付业务。未经指挥部同意而擅自开设账户，指挥部不予办理任何支付业务。（3）指挥部在办理各种款项支付时，应严格遵守国家关于银行结算办法和现金管理制度的规定。

二、建设资金管理标准化

（1）指挥部财务处是对高速公路建设项目的资金支付、使用、管理进行具体操作的唯一财务管理机构，指挥部的其他部门不对项目经理部单位拨付任何资金。（2）指挥部严格按照合同进行资金管理，对项目经理部等参加高速公路建设的所有单位一律不办理借款。（3）工程预付款拨付程序。项目经理部依据合同规定，在具备了预付款申请条件，即：①主要人员、设备已进场；②已递交履约银行保函、预付款银行保函）后，才能申请拨付工程预付款。工程预付款分三次支付，第一次拨付条件为项目经理部人员、设备全部到位，具备开工条件，支付比例为预付款总额的40%；第二次拨付条件为工程全面铺开，各项工作正常有序，支付比例为预付款总额的30%，剩余30%由项目业主根据工程现场施工情况及项目用款计划审批后给予支付。（4）建设工程中期支付拨款程序。工程进度款拨付由指挥部财务处每月根据中期支付证书的工程结算数及拨款审批单的审批金额向项目经理部拨付。（5）项目建安营业税及附加、合同印花税由业主代扣代缴，指挥部根据结算凭证，扣除依据双方约定应扣除的保留金、工程预付款、材料款、税金、保险金、奖励基金等款项后，经审核，再支付有关款项。（6）指挥部委托各开户银行协助指挥部对各项目经理部、单位所开立的建设资金专用账户上的资金使用及流向进行监管，杜绝资金非项目的流动或挪用、挤占情况发生。各开户银行负责每月将各合同段的资金流向以报表形式报指挥部审核。（7）项目经理部根据合同规定取得的工程预付款和工程进度款，必须严格按照合同文件的要求专项用于高速公路项目下的各项必要开支，项目经理部应保证项目部的资金正常运转，严禁将工程建设资金挪作他用。在施工期内，项目经理部上缴的上级管理费，不得超过已计量金额的5%，若超过此项规定，或将项目业主支付的工程款挪用于高速公路项目建设范围外，除暂停拨付工程款、限期调回挪用款外，项目经理部按挪用数额的2%～10%向项目业主支付违约金。（8）项目经理部在收到指挥部支付的工程资金后，首先支付劳务费、外购工程材料费等。项目经理部必须按时上报农民工工资支付情况，若因项目经理部拖欠支付，造成农民工上访或影响项目建设的其他不安定因素，必须责成项目经理部妥善处理、消除影响。紧急情况下，将按合同文件规定由指挥部代付，从农民工工资保证金或工程计量款中代付，同时，对项目经理部处罚50 000～100 000元/次违约金。（9）项目经理部支付上缴的上级管理费；支付用于本工程的各种材料、配件款等各项支出，每次支付金额在300 000元以上，凭合同、协议、发票等，经指挥部批准、银行查验符合后才给予办理转账或汇款手续。（10）项目经理部与指挥部的财务往来账目每个季度应核对一次，以确保会计信息的真实性和准确性。（11）工程竣工后，项目经理部将工程竣工结算资料报送指挥部，指挥部将委托审计机构对各项目经理部所作的竣工结算资料进行审计，未经审计的一律不予办理竣工结算。

三、资金的监督与检查管理标准化

（1）建设资金监督是贯彻国家法律、法规和财务规章制度，维护财经纪律的保证，指挥部、项目经理部均须严格遵守国家的财经制度和财经纪律，依法行使职权，认真加强会计监督。（2）指挥部根据职责权限并依据国家法律、法规和财务规章制度，对项目经理部、单位及使用高速公路建设资金的单位财务活动进行有效的监督、检查，对项目经理部资金运用状况进行定期或不定期的检查，定期的检查原则上每季度进行一次，对违反本办法的单位和个人，责令其改正；情节严重的，严格依法、依规进行处理；对财务人员与施工单位、单位串通，损害项目业主利益的，情节严重构成犯罪的，移交司法机关依法追究刑事责任。（3）指挥部资金监督的主要内容包括：对建设资金使用计划的编制、执行的真实性、准确性、完整性进行审核、检查；对重大支出、专项支出、其他支出项目进行专项监督检查；对项目经理部、单位的资金使用情况及流向进行检查。

第二节　高速公路计量与支付管理标准化

一、计量管理标准化

（一）工程计量必须做到真实、准确、及时

工程量清单中开列的工程量是根据本工程提供的预计工程量，不能作为项目经理部在履行合同义务中应予完成工程的实际和准确的工程量，向项目经理部支付工程款时，应通过工程计量来核实和确定已完工程的数量。

（二）计量范围

工程量清单及修订的工程量清单中的内容；合同文件中规定的各项应支付费用；补充（完善）、变更的工程内容。

（三）计量依据

合同文件、技术规范、工程量清单；施工图、补充（完善）及变更图；中间交工证书、质量检验凭证；有关计量补充办法（协议）；经有关审批机构同意的其他内容。

（四）计量原则

按合同文件规定的方法、范围、内容、单位计量；合同中未在工程量清单中填入单价或总额价的工程项目，将被认为其已包含在本合同的其他细目的单价和总额价中，指挥部将不另行支付；工程的各种试验、检查、检测、验收手续、附件资料必须齐全，工程质量不符合要求，不允许进行计量；工程的计量应以净值为准，除非合同对部分工程另有规定。

（五）计量的一般规定

工程计量应采用合同文件中的计量单位。当因工程补充（完善）、变更出现新的项目时，应采用补充（完善）、变更工程相应的技术规范规定或补充技术规范中的计量单位。工程计量应与合同条款、工程量清单、技术规范、施工图纸等同时阅读理解。除工程师另有批准（书面指令）外，凡超过图纸所示的任何尺寸，都不予计量与支付。凡技术规范规定已包括在工程量清单所列的有关支付项中的项目，均不单独计量。

（六）工程计量单元

工程质量检验、中间交工、中间计量应按照分项工程开工申请批复单和工程师指示的单元划分进行。

（七）单元计量的原则规定

①按分项单元计量的，需经中间交工验收合格，并签发中间交工证书后方可填报中间计量表进行计量。如果分项单元施工期较长，为了如实反映工程进度和加快资金周转，可对施工期较长的工程单元进行分次计量，工程师有权对最终计量部分进行调

整。②分次计量的工程，每次计量须填分次中间计量表并附经驻地签证的有关施工情况及质量证明资料。如：分项工程开工申请批复单、工序检查记录等。当分项工程完工最后一次计量时，再填报中间交工证书和中间计量表。③以 m³（立方米）为单位计量的工程量，保留两位小数（除土石方、挖基），土石方（含超运）、挖基取整；以 m²（平方米）为单位计量的工程量取整；以 kg（千克）为单位计量的工程量取整；以 m（米）、dm（立方分米）为单位计量的工程量，保留两位小数；以座、个、棵等自然单位计量的工程量取整；以元为单位计量的金额取整。计量工程量小数点的取舍适用工程量统计计算、变更、计量支付、工程结（决）算。④按指挥部制定的"进度支付月报表"及其他附表的格式填报工程计量。

（八）计量方法

1. 补充（完善）工程的计量

若无补充规定应按技术规范中的条款进行计量。路基土石方中挖方、填方以分项工程开工申请批复单元，按开挖填筑断面完成量的90%进行计量，余下的10%待路基成型分项工程验收合格后方可进行计量，弃方、借方超运须经指挥部相关部门核实运距、运量，所有相关资料签认齐全后方可进行计量，计量方式同挖方、填方工程。特殊地区路基处理以开工申请批复单分段为计量单元，在质量保证资料合格的基础上，按完成工程的80%进行计量，本计量单元完成并经工程师验收合格签认中间交工证书后计量余下的20%。构造物以开工申请批复单分段为计量单元，在质量保证资料合格的基础上，砂浆或混凝土7天龄期（强度必须达80%）可计量已完工程量的85%，本计量单元完成并经工程师验收合格签认中间交工证书后计量余下的15%。其中桥梁桩基须经各项检验（包括桩基无破损检测或钻取混凝土芯样等）合格后方可进入计量程序。空心板、T型梁等预制构件，每根（片）梁（板）预制完成后，按经检验合格后数量的70%进行计量，吊装完成并经工程师验收合格签认中间交工证书后计量余下的30%。路面底基层、基层、面层以分项工程开工申请批复单分段为计量单元。按现场实际完成的95%进行计量，余下5%待通过交工验收后计量。路缘石、拦水带等预制构件预制完成后按经检验合格后数量的70%进行计量，安装完成并经工程师验收合格签认中间交工证书后计量余下30%。其余工程以分项工程开工申请批复单分段为计量单元，现场实际完成的80%进行计量，计量单元完成并经工程师验收合格签认中间交工证书后计量余下的20%。

2. 变更工程的计量

若工程变更后工程量大于数量，计量基数为工程量；若变更后工程量小于数量，则计量基数为实际工程量；计量比例同补充（完善）工程。变更增减数量待工程变更令签发后方可进入计量程序。

（九）计量的主要资料及要求

1. 计量的主要资料

分项工程开工申请批复单；检验申请批复单及有关经工程师签证的质量检验资料；工程质量检验评定表及有关质量评定资料；涉及变更的，须有工程变更令及其配套的变更资料；中间交工证书；特殊路基地基处理、隧道工程等的彩色图片资料（特殊路基处理及隧道工程适用）；经项目经理部及指挥部代表签认确定的工程数量台账及其配套的资料；中间计量表及其与之配套的图纸、文件等。

2. 计量要求

中间计量表必须清楚真实地填写计量过程和结果（如变更情况、计量比例、分次计量详细情况说明等），并附有简图、计算式和说明，经驻地工程师和项目经理部代表等有关人员审核签认；凡是与工程计量有关的凭证，项目经理部均应提交驻地工程师审核，此外中间计量表、中间计量汇总表、工程数量台账等有关资料复印件连同月报表一起上报审核。项目经理部应完整保存一套与工程计量有关的详细资料，以便核查。对一次完全计量的项目必须有中间交工证书；对分次完成计量的项目，最后一次完全计量必须有中间交工证书，中间分次计量的，需附质量检验凭证。

（十）工程数量台账的管理

为保证工程计量的准确性，根据合同文件的要求，做到计量结果真实可靠，不重不漏，项目经理部、工程师、分指挥部均应建立、健全工程数量台账，加强台账管理。

1. 工程数量台账建立的依据

合同文件、技术规范、工程量清单；施工图（通过计算核实数量）；工程变更令；经审批的补充（完善）图（通过计算核实数量）。

2. 工程数量台账建立的要求

项目经理部、分指挥部设专人建立和管理台账。首先按施工图认真清理，统计出工程数量，经项目经理部、分指挥部四方核对无误后建立台账。工程数量台账按指挥部下发的样表及相关要求建立，若有变更新增项目，按新增子目编号及子目名称录入。补充（完善）及变更增减的工程数量，均需按相关要求计算和核对工程数量台账，经四方代表核对无误并签认后方可进入计量支付程序。工程数量台账要求电子台账与手工台账同步进行并及时更新，确保与工程实际保持一致。项目经理部、分指挥部应每月相互核对工程数量台账。

（十一）计量台账的管理

驻地办计量人员在每月收到项目经理部上报的工程进度支付月报表时，对照工程现场完成情况及工程数量台账进行复核，审核无误后再按计量的有关规定审核报表。工程竣工结算时，计量报表、计量台账、工程数量台账、竣工数量、竣工图应"五统一"。

①计量台账由项目经理部、分指挥部计量人员按指挥部下发的表格和要求分别独立建立和管理，并及时进行更新与工程计量保持一致。计量台账需准确反映本期完成、上期末完成、自开工累计完成及剩余工程量等情况。②手工台账、电子台账与计量支付系统台账一致后方可进行工程的计量。

（十二）计量审核

项目经理部在填写中间计量表时，根据技术规范及现场完成情况据实填报，实际数量大于或小于数量，均需有变更手续。驻地办工程师在审查中间计量表时，对计量工程现场100%地进行核实。工程技术质量科、合同物资科在审查中间计量表时，应对计量工程进行现场抽查、核实。对不合格、不真实及相关资料不齐全、不正确的工程，不予计量。

二、支付管理标准化

第一，支付必须在质量合格、资料齐全正确和准确计量的基础上进行。

第二，支付必须以合同文件中的工程量清单和技术规范的要求、原则为依据。

第三，进度支付月报表的报审。

①项目经理部每月20日将经现场工程师签认的中间计量表（一式一份）、进度支付月报表（一式一份）及与计量有关资料报驻地办审查。②驻地办收到项目经理部的进度支付月报表及相关资料后，应在3天内完成对项目经理部提交资料审查，审查合格后报。③收到驻地办上报的进度支付月报表及相关资料后，正常情况下，应在3天内对所有数据进行审核，审核无误签认后于当月26日前报分指挥部，分指挥部审核无误签认后于次月1日前报指挥部合同管理处。④指挥部在收到进度支付月报表及相关资料后，由管理办公室、工程技术质量处、合同管理处对当月工程数量合账、工程计量台账、计量工程量、工程价款等进行审核后，由合同管理处汇总并根据相关规定扣除项目经理部应被扣除的各项费用（扣开工预付款、材料款、保留金等）后出具进度付款证表，由财务部门根据指挥长签批的进度付款证表对项目经理部进行支付，完成支付手续。⑤项目经理部在报送进度支付月报表同时，须随同报表报送本期计量数据电子版一份，（如采用网络版计量支付系统则不需要）。⑥进度支付月报表报审签批盖章结束后由项目经理部复印四份（共一式五份），原件由指挥部保管，返回分指挥部、驻地办及项目经理部复印件各一份。

第四，根据招标文件规定，进度付款证书最小限额为签约合同价的3%或人民币260万元。项目经理部的进度付款证书经审核的金额小于签约合同价的3%或人民币260万元的，驻地办将此移到下一个月，直至其批准的数额之和超过所定的最小值。

三、计量支付违约管理标准化

（一）计量时限违约责任

（1）项目经理部、单位必须按第十四条约定的时间和时限上报和审核计量支付报表，项目经理部申报时超过约定时限的，单位不再进行审核，完成工作量纳入下期计量。（2）如因工程实际确需延长计量申报时间的，经指挥部同意后可适当延但项目经理部须承担2 000元/d迟申报违约金。（3）项目经理部未经指挥部同意擅自拖延申报时间的，除按2 000元/d承担迟申报违约金，类似情况出现第二次的，按5 000元/d承担迟申报违约金；出现第三次的，除承担10 000元/d迟申报违约金外，对项目总工予以全线通报批评；出现第四次的，对项目经理予以全线通报批评，同时停止其所在标段的计量工作，项目经理部自行整改，直至指挥部满意为止，方可恢复计量。（4）如因工程师原因造成的延长，按1 000元/d承担迟上报违约金；类似情况出现第二次的，除按2 000元/d承担迟上报违约金，对驻地工程师予以全线通报批评；出现第三次的，除承担2 000元/d迟申报违约金外，对总工程师予以全线通报批评、停止其所在合同段的费计量工作，单位自行整改，直至指挥部满意为止，方可恢复计量。

（二）计量过程违约责任

（1）计量过程中如发现项目经理部有弄虚作假行为，除扣减虚假工程费用外，由项目经理部承担虚假工程费用2倍金额的违约金。（2）驻地办应严格审查计量工程数量的真实性和准确性及资料的完整性，对新增子目单价和工程进度支付月报表等资料进行认真审查核实，确认无误后方能签认。若签认后仍有超报或虚假数量发生，每发现一次，视情节严重性由驻地办承担1 000～10 000元违约金。（3）如经驻地办签认后仍有超报或虚假数量发生，每发现一次，视情节严重性由驻地办承担2 000～20 000元违约金。（4）如项目经理部与工程师相互串通，以申报签批变更为手段谋取不正当利益的，由项目经理部承担其申报变更金额2倍的违约金，由工程师承担其签批变更金额1倍的违约金。（5）项目经理部经培训合格上岗的计划负责人更换按资格预审文件的相关规定执行；合同管理工程师的更换，按相关规定执行。

第三节　高速公路新增单价管理标准化

一、新增单价编制原则

合同工程量清单中有适用于该新增子目的，采用该子目单价；合同工程量清单中无适用该新增子目，但有类似子目的，可在合理范围内参照类似子目的单价，按照类似子目单价进行套用或抽换；合同工程量清单中无适用或类似该新增子目的单价，该新增子目单价不能套用或抽换的子目，由项目经理部按照新增子目单价进行编制并按指挥部提供的表格形式及本办法第四条规定的程序逐级上报审批后执行。

二、新增单价编制数据

（一）人工、材料、机械台班单价

投标文件工程量清单单价分析表中已经有的，按投标文件工程量清单单价分析表的人工、材料、机械台班单价执行；投标文件工程量清单单价分析表中没有的材料，按投标截止日当期建设工程材料及设备价格信息的材料价格计算材料预算单价。投标文件工程量清单单价分析表中没有的材料，按实际使用情况进行编制，但须附相关购买发票或是实际使用证明。投标文件工程量清单单价分析表中没有的机械台班单价，按照预算单价，其中人工费、汽油、柴油、电等费用按投标组成预算文件时采用的单价进行计算。

（二）综合费率

综合费率按投标文件工程量清单单价分析表中的综合费率编制计算。

（三）利润、税金

利润、税金按投标文件工程量清单单价分析表中的综合费率编制计算。

三、新增单价申报与审批程序

（1）项目经理部将按附表格式编制的新增子目单价打印版及电子版（各一式一份）和相关附件报驻地办审查。（2）驻地办收到项目经理部的新增子目单价及相关资料后，应在3天内完成对项目经理部提交资料审查，审查合格后报（3）收到驻地办上报的新增子目单价及相关资料后，正常情况下，应在3天内对所有数据进行审核，审核无误签认后报分指挥部，分指挥部应及时审核无误签认后报指挥部合同管理处。（4）指挥部在收到分指挥部上报的新增子目单价及相关资料后，由合同管理处对所报子目及单价进行审核并提出审核意见后报领导审批。（5）新增子目单价及相关资料报审签批盖章结束后由指挥部合同管理处复印后下发，原件由指挥部保管，返回分指挥部及项目经理部复印件各一份。

第四节　高速公路物资供应管理标准化

一、物资需求及组织供应管理标准化

各项目经理部必须在进场后的20天内向指挥部报送项目部确定的物资负责人名单（附身份证复印件和项目经理授权委托书）及联系电话，以便于统一管理。供货过程中若项目经理部项目部的物资人员变更，须向指挥部上报项目经理部的人员变更书面证明、项目经理授权委托书、身份证复印件，经确认后，方可履行物资负责人的职责。

（一）项目经理部物资需求计划编制

①在进场后30日内项目经理部根据施工图纸及施工组织计划上报统供物资总需求计划、年度物资需求计划、季度物资需求计划、当月物资需求计划。在施工中，每年的12月10日前根据剩余工程量及施工组织报次年度物资计划（以月为单位）。②施工过程中的需求计划由项目经理部按季度、月份分别编制。季度需求计划须在上季度最后一月的10日前报送，本月份需求计划须在上月10日前报送，月份需求计划可调整季度需求计划，但幅度应控制在10%以内，避免临时性紧急需求。对于工程急需或在质量方面有特殊要求的物资，在报送计划时应附带书面的补充说明。③需求计划由项目经理部按施工进度需求编制，编制完成的需求计划经项目经理或项目总工审批后，报单位审批。经审批的需求计划报分指挥部合同物资科汇总上报指挥部，由指挥部下达供货计划，各供货商应根据指挥部下达的供货计划积极安排组织物资供应，确保施工所需的统供物资按时到位。④供货商根据指挥部计划，在次月前必须保证计划所需物资入库到位。⑤各项目部超过报送期限（每月10日以前）报送的计划，视为临时补充计，对于临时补充计划指挥部只能根据物资市场的实际情况尽量满足供应。⑥物资

用量计划表格由指挥部制定统一格式。物资用量计划应注明所需物资的名称、规格、型号、计量单位、本月计划用量，还应填写具体段号。⑦各项目经理部必须按照物资用量计划及时提货，避免造成占用和积压，否则将视为违约，指挥部将对项目经理部给予相应的处罚。⑧若因项目经理部不按时报送物资用量计划，或因物资计划用量与实际用量过于悬殊造成物资脱供而影响施工进度的，一切损失概由项目经理部自己承担。

（二）各项目经理部建盖仓库

各项目经理部必须建盖储量适合工程物资储存的仓库并确保适量的物资储备以保证施工的正常进行。项目经理部物资储存仓库需经指挥部认可。若项目经理部未建盖物资储存仓库或未能有适量工地物资储存而造成的物资脱供而影响施工进度的，一切损失概由项目经理部自己承担。项目经理部必须确保通往仓库的道路畅通易于通行，若因道路原因导致货物无法送达，责任由项目经理部承担。

（三）需求计划变更与调整

项目经理部可根据现场实际提出变更需求计划，调整物资需求。变更需求计划须在物资发货前提出，已发货或在途物资不予调整变更，申请调整变更的物资发货准备期不小于7日，变更需求计划应附物资需求变更说明，并经项目经理部、单位及工程部门审查后由指挥部组织实施。

（四）指挥部负责跟踪检查

督促统供物资供货商严格履行统供物资需求计划对实行驻厂监造的重要统供物资，应督促供货商按计划生产。若供货商供货不能满足需求计划而影响项目经理部现场施工的，指挥部将按合同文件有关要求追究供货商违约责任。

（五）指挥部负责督促

指挥部负责督促统供物资供货商按物资需求计划要求将统供物资送达指定地点，及时向项目经理部通报统供物资生产和发货情况，对供应异常情况协助项目经理部制订应急解决方案或启动应急预案。在必要的时候，指挥部将根据实际情况对供货商供应物资在各项目经理部间进行统一调配供应，各供货商、项目经理部必须无条件服从。

（六）特殊情况下

指挥部可以组织临时采购调剂统供物资，项目经理部应积极做好配合工作。

（七）统供物资调拨

各项目经理部的物资负责人持根据物资需求计划填写的经项目经理签字并加盖项目部公章的物资调拨申请单，到指挥部开具物资调拨单，开单时应认真核对所需物资的名称、规格、数量，然后到指定的供货地点办理提货手续。

（八）物资调拨按流程进行

①项目经理部编制出各类物资调拨计划报指挥部；②指挥部审核汇总各项目经理

部调拨计划；③供货商按计划根据合同要求备货；④项目经理部提出物资调拨申请；⑤指挥部开具物资调拨单；⑥项目经理部到指定地点办理提货手续；⑦供货商发货并填写实际发货数量（在物资调拨单上）；⑧供货商返回物资调拨单（自留第二联）；⑨供货商编制出物资调拨汇总表与各项目经理部月终对账；⑩指挥部审核对账汇总并编制出物资调拨资金汇总表转相关部门；⑪根据调拨单、汇总表及支付意见进行扣款和结算。

（九）物资调拨人员要求

①为确保高速公路物资供应各环节的安全可靠，要求各承包人、供货商确定1～2名人员为物资负责人。在办理物资供应业务前，将物资负责人授权书、身份证复印件、联系电话等一式二份，交指挥部一份、交供货（施工）单位一份，以此作为办理物资发货相关手续的基础和依据。②指挥部、各项目经理部、供货商必须严格按先查授权书、后看身份证、确认调拨单的程序来进行操作，保证建设物资供应万无一失。③如物资负责人员有变动必须提前15天重新报送确认。

（十）物资调拨提货管理

①项目经理部需要提货前，必须先用指挥部统一制定的申请表认真填报所申请物资的型号、规格、数量使用时间及地点的公里桩号，经项目经理签字、单位加盖公章后送报指挥部审核。通过审核后，由指挥部开具一式六联的物资调拨单，调拨单须写明物资名称、规格、型号、计划数量、项目经理部名称、提货地点、提货人并加盖指挥部公章（调拨单当月有效，超过本月后自动作废）。②项目经理部持调拨单二、三、四、五、六联及时到指定地点办理提货手续。③供货商必须认真复核物资调拨单，查验提货人身份是否与授权书吻合，如因复核、查验不详造成的冒领、签认无效等由供货商自行承担。④通过核对身份资料后，发货人按计划发货，根据实际发货情况，在调拨单上认真填写实发物资数量。实发物资数量不得多于开单数量，若出现实发物资数量多于开单物资数量的，超出部分由发货单位自行负责。⑤货物交接完毕后发货人和提货人在物资调拨单签字栏上签字确认。确认后发货人把当日发货数量通报指挥部。

（十一）物资调拨单据的转移

物资调拨单是提货、对账、结账、统计的凭证。由于物资调拨单涉及整个物资供应全过程，现对调拨单的使用保存作以下规定。第一联：存根联，指挥部留存。第二联：提货联，项目部物资负责人提货后，供货商留存。第三联：财务联，指挥部财务处做账、对账使用，财务处留存。第四联：收料单位对账联，收料单位做账、对账使用，收料单位留存。第五联：统计联，作为物资统计凭证，指挥部统计员留存。第六联：收料单位财务联，用作收料单位财务记账，收料单位财务留存。所有物资调拨单，统一由供货商来返还（第一联指挥部自留除外）。第四、六联在项目部物资负责人提货后，交物资负责人带回项目部。第三、五联必须在每周星期五以前返回指挥部，第二联由供货商自己保存。

（十二）项目经理部负责验收

项目经理部负责组织统供物资验收工作，并对验收的质量和数量负责。统供物资到达指定地点后，项目经理部应及时组织质检人员会同单位对统供物资的规格、型号、数量、品种、检测报告、合格证书、外观质量等按合同要求进行检查验收，对出现的问题及时向指挥部反馈，以便及时协调解决。

（十三）对账结算

每月26日至次月25日为一个对账周期，供货商在本月供货完成后应自当月26日起到各项目经理部处进行对账；对账完毕在次月4日前，必须将对账汇总表上报指挥部（对账表格按指挥部统一格式、一式四份，表格上应写明物资名称、规格、型号、数量、小计、合计等，经供需双方物资负责人在对账单上签字确认并加盖本单位公章后双方各自保留一份，交指挥部二份）；对账汇总表经指挥部确认后，按汇总表所列物资数量通知供货商开具发票。供货商所开具的发票应及时交到指挥部核对，以便结算；指挥部核对相关单据后，按合同有关规定办理支付手续。

（十四）台账管理

各项目经理部应建立本合同段内各施工段落的统供物资使用明细台账，并经常与指挥部进行账务核对，以便及时发现、修改错漏。同时，项目经理部应接受指挥部定期、不定期相关物资管理档案的检查工作。

二、物资质量监控标准化

第一，指挥部将组织相关人员不定期对统供物资供货商进行考察，促使供货商采用先进的生产设备和工艺，建立健全内部质量保证体系，加强对原物资和产品生产制造的全过程管理，强化关键生产环节的质量控制，从生产源头确保产品质量。

第二，隧道防水板、桥梁支座、锚具、锚杆等物资，指挥部将按实际需要有可能实行驻厂监造，供货商应积极配合，同时承担监造人员的食宿费用。

第三，项目经理部应加强统供物资到达施工现场后的质量检测工作，应按照国家、行业的有关标准、规范进行物资进场的试验和检测，必要时抽样送交经认定的检验机构进行检测，经试验检测发现质量问题或在质量保证期内出现质量问题时，项目经理部应及时将有关情况以书面上报指挥部。供货商接到指挥部的通知后必须在24小时内到达现场进行处理。

第三，供货商必须确保所供产品能满足有关国家、行业标准及招标文件技术规范要求，若因所提供的产品质量问题造成指挥部或项目经理部损失的，除赔偿损失外指挥部将按合同有关约定追究供货商的违约责任。

第四，对于施工现场的各种物资，各项目经理部必须对其加强管理，切实做好防潮、防水、防火、防盗工作，防止浪费，减少损失。项目经理部工地现场的物资储存必须按有关国家及行业要求执行，水泥、锚杆、锚具、防水板、桥梁支座等按规定需入库的物资必须入库堆放，钢材必须做到下垫上盖。指挥部有关部门对施工现场进行检查，若发现因管理不善而造成物资损失的，项目经理部将承担损失物资总金额1～5

倍违约罚金，并对该项目部直接责任人员处以1 000～5 000元的违约罚金。

三、物资稽查与安全管理标准化

第一，高速公路建设项目实行物资稽查的目的是保证工程质量、避免损失浪费、杜绝偷工减料及私自采购现象、保证工程物资的安全有序供应。

第二，凡由高速公路统一采购供应的物资，任何项目经理部都不得擅自采购和倒卖。若项目经理部擅自购买，或转手倒卖，或私运到其他项目使用，对项目经理部处以该物资总金额2～5倍的违约处罚。凡所计量工程中涉及统供物资的，其工程用量与实际提货量不符（超出合理损耗）的部分，视同于擅自采购或倒卖，处罚同上。

第五节　高速公路信息管理标准化

一、项目管理系统建设标准化

（一）总体目标

高速公路项目管理系统（以下简称"系统"）按照统一授权、分级管理的指导思想建立，使"系统"的应用与管理更加规范化、标准化和制度化，确保"系统"在高速公路建设中得到安全、稳定、可靠和全面应用。明确业务处理权限，提高业务管理的透明度，杜绝不良现象的发生。按照建设项目全面"五控两管"（投资、进度、质量、安全、技术"五控制"与合同、信息"两管理"）的要求，实现全过程的动态管理和实时监控。提高项目建设管理工作效率，降低管理成本，提高管理水平，增强核心竞争力，从而创造良好的经济效益和社会效益。实现各项业务数据处理的高度自动化，用户只需填写最原始的数据，其他相关数据和表格自动生成。自动进行竣工文件的收集、整理和归档工作，缩短竣工文件编制周期。

（二）系统应用环境

使用"系统"的各单位，必须配置计算机及相关的附属设备（如打印机、扫描仪、网络设备）等硬件环境，其互联网网络环境条件也应达到"系统"正常使用的标准，互联网网络接入速率不应低于8M/s，要使用光纤或宽带接入方式。

（三）人员要求和权限管理

每个使用单位应至少配备1名专职的各级管理及业务操作人员，专门负责本单位的"系统"应用管理，具备一定的业务水平，熟悉计算机操作，上岗前必须参加过"系统"的培训工作且通过考核。应用"系统"的人员宜保持稳定，如发生人员更换，由此产生对工作的耽误、增加的培训费用及其他相关损失，由该单位自行负责。按照系统的权限管理规定，为每个使用"系统"的人员设置了登录账号（均采用实名制）和密码，并进行区别授权，用户只能在权限范围内进行操作。

（四）系统数据业务处理

①项目建设期系统业务的操作流程按各高速公路建设管理业务实际操作流程执行，由指挥部各职能部门负责统一设定和管理。②系统根据实际操作方便性进行网签业务和手签业务，登录系统平台，录入数据，并按照相关要求进行上报，在网上审批签字确认后再由各个单位将审批后的资料进行打印手签并上报，需在通过系统打印的纸质文件上进行手签和盖章的报表是根据当前公路工程项目建设竣工验收档案管理办法进行的，该手签不允许否定系统中通过密码签字生效的业务报表。手签资料是否与系统中的资料一致，由各业务的主办部门负责校对确认，包括质量管理、变更管理、计量支付管理、竣工文件管理等。③应用"系统"的各方及各级业务人员应在规定时间内登录（或提交）、审核（或核准）、审定（或批复）相关业务数据。④计量数据：承包人应于每月25日之前将中间计量、材料到场和其他计量录入系统，将完整的计量申报材料确认和提交；监理单位于每月28日之前将审核结果及审核意见连同计量文件材料确认和提交；指挥部职能部门各环节审批时间主要根据自身管理流程制定，最终审定审批时间不得超过次月3日。计量报表在系统数据审批结束后，承包人在次月5日从系统中打印出报表，签字提交。⑤变更管理：变更报表在系统数据审批结束后，再从系统中打印出报表，签字提交。⑥计划进度数据：指挥部下达年度计划必须在每年的12月15日之前完成，承包人的年度计划必须在每年的12月25日之前完成并上报审批。季度计划必须在本季度结束前编制下季度计划并上报审批，次月月度计划必须在每月25日之前完成并上报审批，月进度必须在次月5日之前完成并上报审批一每年、季、月需要上报的书面计划进度报表在系统数据审批结束后，再从系统中打印出报表，签字提交。⑦质量管理：报表在系统数据审批结束后，再从系统中打印出报表，签字提交。⑧月报信息的上传时间规定为：施工月报在每月28日之前，监理月报在每月30日之前，工程月报在每月2日之前。⑨其他业务数据：严格按照指挥部相关管理办法执行，相关报表在系统数据审批结束后，再从系统中打印出报表，签字提交。⑩系统中完成的各种数据及报表，任何人不得泄露，严禁盗用其他岗位密码，修改业务数据。⑪系统管理员负责"系统"服务器端网络数据的备份。数据备份的主要内容为：应用服务器端操作系统的日志文档、数据库信息、业务信息、数据库服务器数据信息备份的时间为：应用系统每次修改后备份一次，并保留最新的版本。数据系统每月计量数据审核完成后备份一次。

（五）操作责任人制度

相关操作人员在初次登录系统时必须对自己密码进行修改，有责任对自己的账号管理负责，严格保密自己的账号密码，严禁通过任何方式的表示方法向他人泄露有关系统账号的信息。操作人员凭本人密码在网上签名的效力等同于本人的亲笔签名，在各项业务处理中同时生效，系统中每一道程序、每一个关口的相关负责人要对自己的数据负责，"系统"对每一次处理都留有痕迹（处理时间及内容），对查出的错误违规操作的责任人，将采取相关的经济处罚。各承包人、监理单位、指挥部各职能部门根据人员岗位职责划分，对应地将系统中的各模块的业务数据的填报工作划分到各岗位负责人，落实到人。

（六）奖惩办法

各承包人、监理单位必须严格按照有关操作流程进行数据录入及报表打印工作，严禁在系统外使用打印体模仿管理系统中的业务报表，一经查出，对责任单位及个人进行通报批评及经济处罚，并纳入信息化管理考核，情节严重者报公安机关追究其刑事责任。蓄意使用各种手段破解密码的，一经查实，取消其操作人员资格，情节严重、致使数据库数据丢失或损坏的，由责任单位承担数据丢失的后果，对责任单位在全线进行通报，并纳入信息化管理考核。各监理单位、施工单位应避免未经指挥部授权的人员操作管理系统或查阅有关通讯设置。擅自允许外来人员操作本系统，造成网络崩溃、数据丢失的将追究其经济、法律责任。

二、OA办公自动化系统建设标准化

（一）安全保障

各参建单位拥有唯一账号，请妥善保管自己的密码，用户取得账户和初始密码后应立即修改密码。若因保管不当，导致公文泄密、被窃取、或者被人利用进行冒名操作的，责任自负。各单位要加强计算机网络安全保密知识教育，严格遵守国家相关的法律法规，定期检查、维护接入OA系统的计算机网络，发现问题要及时解决，确保系统正常运行。使用人员必须对文件资料的保密性、正确性、完整性、发布范围负责，不得将涉密信息、带毒文档录入OA系统。各单位信息员必须向指挥部综合处提供准确的手机号码，供有新文件发送时，作为手机短信提醒之用。如手机换号或信息员更换时要及时告知指挥部综合处。

（二）运行要求及惩罚办法

所有信息员必须每个工作日至少登录一次OA系统，并及时处理代办任务。待办任务不能停留超过两个工作日。指挥部综合处每月1日查看一次流程监控，记录并在公告中通报上月未按规范要求进行公文处理的人员名单。所有参与OA系统公文处理的人员必须按规范要求在5个工作H内处理完待办任务。文件发送人员必须随时检查已发送公文的处理情况，最迟不超过4个工作日内以手机短信方式进行催办。未在规定时间内完成待办任务的人员，经通报后必须在2个工作日内提交正当理由至指挥部综合处，经审核认定无正当理由的处以罚款，并纳入信息化管理考核。未按规范要求完整填写文件处理笺和核稿栏处理意见的人员处以罚款，并纳入信息化管理考核。

三、项目管理网站系统建设标准化

（一）职责分配

①项目网站由指定管理员进行日常维护和管理，对指挥部各职能部门人员和各参建单位进行授权，应当定期检查网站，制止不当信息的传播，其他各种反馈信息也应及时进行处理，必要时告知相关部门，由相关部门提供处理意见。每月按文章的发布时间、作者、栏目、单位等要素进行备案。②指挥部各职能部门人员和各参建单位均

指定1名通讯员，及时采写反映各部门或各参建单位的工作规划、生产管理情况、重大事件、重要举措、典型事例、经验教训、文化建设等工作以及员工的思想动态方面的相关信息，负责做好稿件的收集、整理、报送工作。③指挥部指定人员为编辑人员，负责修改信息员提交的文章，对文章格式进行规范，对内容进行审核。④指挥部职能部门各领导设定为签发人员，负责签发编辑审核过的文章。⑤各参建单位的所有部门的所有人员都必须积极协助通讯员工作，踊跃投稿。

（二）信息处理流程

通讯员提交文章—编辑人员进行格式规范和内容审核—签发人员进行签发。

（三）考评办法

1.考核—通讯员

各参建单位每月至少提交三篇文章，且保证每季度里每个栏目至少投一篇文章，每篇文章字数为500字以上。编辑：编辑应督促通讯员积极提交文章，每个栏目每月至少要有三篇文章。

2.激励与惩罚

考核时间：每年四次，分别于每季度末进行，具体说明如下：得以签发的文章，给予作者稿费。由管理员统计出各参建单位得以签发的文章数量，并对其进行排名。对每月未能完成考核指标的参建单位，将对其警告，并纳入信息化管理考核。对每季度排名倒数三位的参建单位分别处以现金处罚，并纳入信息化管理考核。对每季度排名前三位的参建单位分别处以现金奖励，并纳入信息化管理考核。

四、局域网及互联网管理标准化

（一）为规范局域网的管理和接入服务、信息服务

保障工程项目建设中各信息化系统的正常运行和健康发展，结合指挥部以及各参建单位实际情况，有关局域网及互联网管理执行本章办法。

（二）职责分工

指挥部综合处为局域网管理责任科室，并指定专门人员负责指挥部局域网的管理、接入、应用、安全和维护工作，负责与各参建单位网络办进行相关对接工作。各参建单位指定专门人员负责参建单位局域网的管理、接入、应用、安全和维护工作，负责与指挥部综合处进行相关对接工作。

（三）网络管理

局域网内相关网络设备（如VPN设备、路由设备、交换机、运营商接入的光端机、转换器等）必须存放在室内或楼道机柜，并能提供安全供电。未经许可，任何人不得占用、更换、损毁网络设备，不得改变其物理的位置、形态、性能，不得改变其连接关系、运行状态、系统配置，不得登录网络设备，每月进行一次局域网网络硬件和网络指标方面的检修、维护为了网络的安全，网内用户在使用外来存储设备时必须进行病毒检查并清除病毒，定期对所使用电脑进行病毒检查。每周至少进行一次全盘杀毒和数据备份。

（四）网络使用及安全

①上网时，禁止浏览与工作无关的内容；禁止浏览色情、反动及与工作无关的网页。浏览信息时，不要随便下载网页的信息，特别是不要随便打开不明来历的邮件及附件，以免网上病毒入侵。禁止进行与工作无关的各种网上活动。②各级用户禁止与外网联结时进行在线游戏、使用BT类占用大量带宽的软件下载电影、游戏、音乐、电视剧等，同时，将对流量异常用户进行监测，并区分情况予以经济处罚。③各级用户不得随意下载大型软件及数据（＞20M）。确因工作需要，下载时尽量利用晚上的网络空闲时间，工作时间随意下载视情节给予部门经济罚款。④用户不得使用局域网或通过局域网制造或故意传播计算机病毒，不得故意在网上发布、传播依附有计算机病毒的信息。⑤用户不得使用局域网或通过局域网，应用或传播破坏网络和联网计算机的方法。不得使用信息炸弹，不得致他人网络系统或联网计算机系统发生阻塞、溢出、资源异常消耗、死锁、瘫痪等运行异常；不得私自切断他人的网络连接。

（五）相关责任

①用户必须对其使用网络的行为所产生的后果承担法律责任。②局域网使用人违反本办法对他人构成侵害的，必须补偿其给被侵害人所造成的直接和间接经济损失。③指挥部对于违反本办法的局域网用户可直接根据情况给予有关责任人以下处理：A.警告；B.勒令改正；C.取消联网资格3～60天；D.终止相应网络服务；E.处以经济处罚。

五、机房安全管理标准化

（1）机房管理人员进入机房必须在机房出入管理登记簿签字登记，其他人员进入机房必须经机房管理部门许可，并由有关人员陪同（特殊情况除外）。机房当日值班人员必须如实记录来访人员名单、进出机房时间、来访内容等。非机房管理部门工作人员原则上不得进入机房对系统进行操作，如遇特殊情况必须操作时，经部门负责人批准同意后在有关人员陪同情况下进行。对操作内容进行记录，由操作人和监督人签字后备案。及时发现和排除主机故障，根据业务应用要求及运行操作规范，确保业务系统的正常工作。每天应实行机房例行检查制度，并就机房设备运行及其他情况做好值日记录。（2）保持机房整齐清洁，各种中心设备按维护计划定期进行保养。计算机机房中要保持恒温、恒湿、电压稳定，做好静电防护、防雷、防尘等各项工作，保证主机系统的平稳运行。定期对机房运行的各项环境指标（如温度、洁净度、温度上升率等）进行测试，并做好记录，通过实际测量各项参数发现问题及时解决，保证机房各项设备的正常运行。（3）机房内严禁吸烟、进食、会客、聊天等与业务无关的活动。严禁携带液体和食品进入机房，严禁携带与上机无关的物品，特别是易燃、易爆、有腐蚀等危险品进入机房。其他部门如因需要携入移动计算机入机房需报经机房管理部门批准方可携入。（4）机房工作人员严禁违章操作，严禁私自将外来软件带入机房使用。（5）严禁在未采取安全措施或通电的情况下拆卸，移动机房内等相关设备、部件及网络。在进行机房硬件更换或维修时，必须进行静电释放方可进行。（6）机房内不准随意丢弃存储介质和有关业务保密数据资料，对废弃存储介质和业务保密资料要及时销毁（碎纸），不得作为普通垃圾处理。严禁机房内的设备、存储介质、资料、工具等私自出借或带出。（7）服务器等所在的中心机房后备电源（UPS）除了电池自动检测外，每年必须深充放电一次到两次。

六、信息化培训、考核及检查管理标准化

（1）各指挥部可视情况制定信息化管理实施细则和相关规范，并监督、考核参建单位的执行。（2）指挥部应组织各个参建单位的负责人以及业务操作人员进行培训考核，对不能通过考试的单位通报批评、罚款并限期补考，对补考不能通过的单位，给予罚款，并勒令更换相关业务处理人员。（3）指挥部不定期对参建单位的信息化建设、运行和管理进行巡查，巡查结果给予通报。

七、信息化组织结构设置标准化

信息化领导小组及职责：指挥部组建信息化领导小组，由指挥长任组长，党总支书记任副组长，成员包括各职能部门负责人以及专职的业务操作人员，该小组的职能主要包括：制定信息化管理规章制度及相关规范；相互协调配合，共同完成项目管理信息化的实施；定期考核各职能部门以及所有参建单位信息化的执行情况，其中包含对项目管理系统的考核、对网站建设的考核、网络办公的考核、信息化建设的考核；相关业务操作人员负责电子公文、工程联系单的接收、流转以及发送；相关业务操作人员负责整个项目物理网络、软件的情况调查、了解，并与指挥部综合处一起做好信息化的维护、运行和管理工作。

指挥部各个职能部门、监理单位、施工单位需要设置固定的、专职的业务操作人员，并直接对该部门或单位的最高领导负责，其工作职责是：负责本部门或单位局域网的网络和信息化设备管理；负责电子公文、工程联系单的流转、接收和发送；负责本部门或单位网站信息的组织和更新；负责配合上级部门展开本部门或单位信息化工作；负责项目管理系统、OA办公自动化的使用；负责监督实施本单位信息化管理的规章制度。

第五章　高速公路建设项目成本与进度管理

第一节　高速公路成本管理

推行施工标准化的根本目的是要实现建设项目的综合效益最优，因此推行施工标准化管理的首要任务就是控制好项目的成本。

为提高高速公路的项目管理水平，高速公路建设指挥部结合具体高速公路工程的特点，制定了施工标准化成本管理办法，严格控制工程施工成本，把各项施工费用控制在成本方案的范围之内，最大限度地合理使用人力、物力、财力，从而取得较好的投资效益和社会效益。施工标准化成本管理办法主要内容包括：成本管理主要手段、目标成本制定、成本核算、成本分析与考核、成本控制和成本档案管理等。

一、成本管理主要手段

（一）严把合同关

建设工程的施工合同是施工阶段造价控制的依据，它作为工程实施阶段造价控制的主线条贯穿于该阶段的始末。因此，指挥部在合同订立时，必须对合同的合法性、合理性、严谨性、准确性、完整性进行全面审核，使工程造价在竞争中实现合理确定，避免产生疏漏，造成后续索赔。指挥部组织对各工区项目部所签订合同进行检查，对合同文本的规范性、实施性、准确性以及归集整理、合同台账建立等逐一检查落实，对合同签订存在的问题和风险督促整改到位，最大限度防范工程结算审计和合同争议法律风险。

（二）竞争性谈判选定供货商

指挥部紧紧围绕项目施工工期，根据项目施工推进进度，为严格控制施工成本，以"统一采购、降低成本"的原则择优确定供应商，统筹项目管理和成本控制。一是坚持公开、公平、公正的原则，加强对物资采购竞争性谈判的实施和监督；二是不断提高竞争性谈判文件评审和合同谈判人员的业务素质，切实防止合同执行风险；三是严格禁止利用供货单位"量大"找活心切的特点，人为地要求供货单位压价让利和提出垫资施工等条件；四是在评标过程中，应在合理低价中标的基础上，充分考虑投标单位的社会信誉、资质情况、施工能力、设备状况、业绩等进行综合评定，以便选择一个既能降低工程造价成本，又能保证工程按质按时完成的供货单位。

竞争性谈判文件由合同计量部或物质部牵头，各相关部门配合，经内部评审后由常务副指挥长批准发布。对本项目利用量较大，如高标号混凝土河沙、土工材料、路面碎石、燃油、炸材等材料，指挥部采取市场询价，报价比选，入厂调查，价格竞争，合同谈判的方式，遵循"价格低廉，供应及时"的原则确定材料供应。

对质量控制影响较大的非统供物资，如混凝土外加剂和钢模板，根据招标文件规定和业主确定的准入制材料供货单位，加强准入制物资材料采购的合同谈判和合同签订，并先后选定了钢模板和外加剂供应单位。

（三）组织工区项目部做好成本分析

工程项目的中标价是该工程成本分析的基础，是工程造价的上限，无特殊情况，不得突破此限。指挥部根据中标价，分析研究降低成本的措施，对各单位工程列出成本预测值，以此控制成本的支出。工区项目部施工成本是与工程施工活动直接相关的成本。预测项目部施工成本，一般根据工程量清单或工程的报价计算该工程完成本工程需要消耗的人工、材料、机械数量和现场管理费。

（四）工程款拨付

工程款拨付包括业主对指挥部的资金支付和指挥部对工区项目部的工程款拨付；合同约定有预付款或需要预支付时，指挥部对业主和工区项目部对指挥部提出预付预支申请，预付款应严格按合同约定执行，保证时效性足额支付。预付款一般不超过合同价款的5%～10%；合同约定按工程计量支付进度款的，付款时，工区项目部计量支付报表应经业主指挥部审核签署完成，具备经建设单位指挥长签署完全的中期支付证书；劳务合同约定按验工计价付款的，付款时工区项目部应有验工计价单和付款申请。验工计价单应与业主签认的中期支付报表相对滞后或同步；合同约定为结算付款的，各类合同付款时，必须先做出结算分析，付款时工区项目部应出具结算书及付款申请，结算书内容与合同一致，并经合同计量部门审核，经常务副指挥长审批。

（五）工程造价管理

组织工区项目部计量人员学习工程计量规范和技术规范，学习部颁公路定额和补充定额，提高工程造价业务能力。建立工程量台账，计量支付台账和设计变更台账，及时更新台账数据，保持各台账的统一性，为经济分析工作做好基础工作；认真分析合同单价组成，分析各直接费、间接费、利润和税金的组成，结合实际情况对影响造价较大的内容进行对比和研究，对照合同文件和规范、设计等文件，积极妥善处理造价增加内容，争取更大的经济效益；合理编制和配合审定有利的新增单价，跟踪业主指挥部和审计部门审定合理的价格，争取新增项目更大的利润空间。

二、目标成本制定

（一）工程开工前

在工程现场进行施工复测的同时，指挥部合同计量部门组织各工区项目部相关部门认真复核施工图纸，重新计算设计工程数量，以合同固化工程量清单细目建立准确的工程量台账。分析施工图预算和合同单价，采用正确方法，对工程项目的总成本水平和降低成本的可能性进行分析预测，制定出项目的目标成本。

①首先进行施工图预算。根据已有投标、预算资料，确定中标合同价与施工预算的总价格差。从中标额中减掉间接费用、利润等项目；现场经费中的临时设施费根据实际需要进行调整，先将中标价中的临时设施费减掉，再将施工现场实际产生的费用计入预算成本。分别控制定出材料费、机械费、人工费及数量比较大的材料单价控制表，并制定出各分部分项工程的责任预算。②对施工预算未能包容的项目，包括与施工有关的项目及其现场经费，参照定额加以估算。③对实际成本可能明显超出或低于定额的主要子项，按实际支出水平估算出其实际支出与定额水平之差。④考虑到不可预见因素、工期制约因素以及风险因素、价格因素，加以测算调整。⑤综合计算整个项目的目标成本，预算成本是项目部成本的最高限额，严防突破。

（二）指挥部主持召开工作会议

为了确定成本降低目标，指挥部在各工区项目部法人公司内部成本管控分析的基础上主持召开由各工区项目经理、项目总工、主管成本的相关人员参加的成本工作会议。

①首先向与会人员介绍工程业主中标合同价与施工预算的总价格差，并根据各工区的投标报价分析项目合理的目标利润。②根据目标利润推算出项目成本降低指标。③技术、工程、材料各业务部门具体分析本专业在节约成本上有多大的潜力。

（三）制订成本计划

工程项目成本费用计划可以从以下几个方面进行编制：

①总则：包括工程项目概况、项目管理机构及层次、工程进度、外部环境特点，对合同中有关经济问题的责任归属，成本与费用计划编制中依据的其他文件及规则的介绍。②经济目标内容及核算原则。经济目标包括：制造成本的降低额、降低率，人工、物资、能源节约额等。③成本与费用计划总表和支出总控方案。计划总表和支出总控方案以项目收入为基础，分别列示计划收入、计划支出和计划节超额。项目经理部要编制自开工至竣工全过程的施工成本计划，按材料费、人工费、机械费、其他直接费、现场经费等成本项目分别列示预算成本、计划实际成本和计划降低额。为了便于控制，生产副经理应根据施工组织设计的总进度安排，编制月份成本计划。④对项目成本计划中计划支出数估算过程的说明。施工部分要对材料费、人工费、机械费、运费等主要支出项目加以分解。⑤计划降低成本的来源分析。成本计划应反映出项目管理过程中计划采取的增产节约、增收节支的各项措施及预期效果。⑥项目成本计划中风险因素的说明。风险因素是指成本计划中尚存在哪些不稳定因素可能导致成本支

出加大，甚至形成亏损。指挥部制定针对各工区完成成本降低和工程造价增加指标情况的奖惩措施。

三、成本核算

（一）项目成本核算

是指以工程项目为对象，对施工生产过程中的各项耗费进行审核、记录、汇集和计算。通过如实反映实际生产耗费，控制各项生产性支出。

（二）成本核算应坚持权责发生制的原则

对各种成本支出按照实际受益时间进行待摊和预提。凡是当月已经使用而尚未支付的费用，应作为预提费用计入当月成本；凡是当月已支出，应由本月和以后一段时间内共同负担的费用，应作为待摊费用，分期摊入成本。

（三）加强基础工作

保证成本计算资料的质量是做好成本核算工作的基础。

①加强凭证控制。②健全原始成本支出台账。项目必须健全的台账有以下几类：A. 完成工程量逐月登记台账；B. 分包单位预结算台账；C. 月份材料消耗汇总表台账；D. 月份中小型机具、周转料租赁摊销台账；E. 大型机械月份使用台账。月份材料消耗汇总表台账根据指挥部物资部制定的"物资报表分类目录"，从建材类、地材类、周转材料类、其他类等科目进行统计汇总。③成本核算工作中人工费、材料费和机械使用费的支出情况需要工区分管生产副经理、物资部负责人核实提供。做好成本核算工作需要各相关岗位人员的密切配合。由于此项工作涉及人员多，工作量大，因此应由工区项目经理亲自主持进行，项目应明确规定，月份成本核算时，各责任人员提供相关台账的时间和编制台账的要求。④材料成本核算是指以实物量为基础，借助价值形式反映和计算工程项目材料消耗过程的经济效果，主要包括工程材料费、二次搬运费、生产工具费和水电费四项核算内容。其中工程材料费为核算的重点，它包括构成工程实体的主要材料、其他材料、构配件和周转料费用。材料成本核算包括材料价差和材料量差两方面，侧重于量差的核算。

四、成本分析与考核

第一，工程项目成本分析是指通过把本期实际成本与计划成本相比较，发现成本超支的重点因素，以便制定措施，予以整改，同时检查各业务部门的成本降低指标的完成情况，为实施奖惩措施提供依据。

第二，为了便于成本分析，要求成本计划与成本核算应采取一致的会计科目在进行成本比较时，应从施工成本构成的各个环节求出实际成本偏离计划成本的差异。成本分析应坚持关键因素重点控制的原则。对差异比较大，超过规定限制的现象，及时进行调查分析，找出原因拿出整改措施和处理意见。

第三，成本分析执行月度分析、季度分析和年度分析相结合的方式。成本分析工作应由项目经理主持，各业务部门主管协调配合，分担有关分项的分析工作，做到成本分析与业务专题分析相结合。成本分析完成后，应提出书面分析报告。

第四，工程项目成本考核是指通过检查成本目标和成本降低指标的完成情况，检验项目经理部的经济效益，以及各业务部门、各岗位人员的工作绩效。

第五，成本核算应贯彻于整个施工生产过程中，可以考核某一阶段或某一期间的成本，也可以考核某个成本分项的支出状况。在项目完工后，则要考核整个工程项目的总成本、总费用。

第六，工程项目成本考核的内容：

①考核降低成本目标的完成情况：检查成本报表的降低额、降低率是否达到预定目标，完成或超额的幅度怎样。同时，还应检查辅助考核指标，如三材节约率、人工费节约率、能源节约率等指标的完成情况。②考核核算工作是否符合财务会计制度的规定。③与其他专业考核相结合：项目成本考核是个综合性很强的工作，成本考核要和其他专业考核相结合，从而考察项目的技术、经济总成效。主要结合质量考核、生产计划考核、技术方案与节约措施实施情况考核、安全考核、材料与能源节约考核、机械利用率考核等，明确上列业务核算方面的经济盈亏，为全面进行项目成本分析打基础。

第七，工程项目成本考核工作由项目经理主持，项目技术负责人和生产副经理具体负责。成本考核完成后，生产副经理拿出书面考核结论，报项目经理，作为落实奖惩措施的主要依据。

五、成本控制

（一）工程项目成本控制

是指在施工生产中，对项目成本形成过程中发生的偏差进行持续的预防、督促和纠正，使项目成本费用限制在计划成本的范围内，以达到控制成本提高效益的目的，工程项目成本控制通常采用组织措施、技术措施和经济措施三种方式。

（二）采取组织措施控制项目成本的核心内容是落实成本责任制

通过界定项目各岗位人员在成本工作中应担负的责任，明确各业务部门所承担的降低成本指标，并加强考核工作来落实成本责任制。此项工作由项目总工和生产副经理负责。

（三）采取技术措施控制项目成本的工作由项目总工主持

①在施工准备阶段，做出多种施工方案，进行技术经济比较，然后确定利于缩短工期、提高质量、降低成本的最佳方案。②在施工过程中，贯彻执行各种降低消耗、提高工效的新工艺、新技术、新材料等技术措施。③在竣工验收阶段，注意保护成品，缩短验收时间，提高交付使用效率。

（四）采取经济措施控制项目成本，此项工作由项目经理负责

①抓好计划成本的贯彻实施工作，努力将实际成本控制在计划成本之内。②以合同的形式加强对分包单位的经济约束。分包合同应明确规定分包工程完成后，应通过

项目质检员验收，方能结算工费，出现返工返修时，浪费的材料费、机械台班费应由负责任的分包单位承担。如果该分包单位不能在规定的时间内返工返修到位，项目可安排别的单位处理，工费从原责任单位工费中扣减支出

（五）材料费成本支出控制

①物资部负责将材料费成本降低指标从材料采购成本、材料使用成本、库存损耗等方面进行分解，制定措施，实现各项分解后的具体指标。②材料采购时，做好询价工作，坚持"货比三家"的原则。在保证产品质量的前提下，尽量降低采购成本。平均材料费用支出应低于市场价格，具体单项材料费用支出不应高于同类产品市价的5%。③严格执行定额发料制度，施工队不能超量存料，以防材料外流。④周转料不用时，应及时组织退场，以减少无用的租金支出。⑤做好库存物资的盘点工作，加强材料的月份核算，及时发现问题，堵塞漏洞。

（六）机械费成本支出控制

①对塔吊、升降机等大型机械设备进行租赁使用时，项目技术负责人应组织技术人员和机械管理人员对设备进行考察，检查其各项技术指标是否满足施工要求，确保进场设备的使用可靠性。②中小型机械设备应注重结合工程进度，合理调配以提高机械的使用率，尽量做到不停机不闲置。③机械设备不用时，应及时组织退场，以减少无用的租赁费用支出。

六、成本档案管理

①成本档案包括各种原始凭证、各种费用支出台账、统计图表、计算底稿和相关文字资料。做好成本档案管理工作需要各业务部门的配合。②项目合同计量部负责成本档案管理工作，编制卷内目录，归集整理档案分类，便于查找和翻阅。③项目经理定期对项目成本档案工作进行检查。

第二节　高速公路建设项目进度管理系统

一、公路工程项目进度管理概述

（一）项目进度管理的主要内容

项目进度管理是根据工程项目的进度目标，编制经济合理的进度计划，并据以检查工程项目进度计划的执行情况，若发现实际执行情况与计划进度不一致，就及时分析原因，并采取必要的措施对原工程进度计划进行调整或修正的过程。工程项目进度管理的目的就是实现最优工期，多快好省地完成任务。项目前期处于论证阶段，项目是否可行的不可控因素众多，只有进入设计阶段、施工阶段后工程项目进度管理才具有意义。

项目进度管理是一个动态、循环、复杂的过程，也是一项效益显著的工作。

（二）项目进度管理的原理

公路工程项目进度管理是以现代科学管理原理作为其理论基础的，主要有系统控制原理、动态控制原理、弹性原理和封闭循环原理、信息反馈原理等。

1. 系统控制原理

该原理认为，公路工程项目施工进度管理本身是一个系统工程，它包括项目施工进度计划系统和项目施工进度实施系统两部分内容。项目经理必须按照系统控制原理，强化其控制全过程。

（1）项目进度计划系统

为做好项目施工进度管理工作，必须根据项目施工进度管理目标要求，制订出项目施工进度计划系统。根据需要，计划系统一般包括：施工项目总进度计划，单位工程进度计划，分部、分项工程进度计划和季、月、旬等作业计划。这些计划的编制对象由大到小，内容由粗到细，将进度管理目标逐层分解，保证了计划控制目标的落实。在执行项目施工进度计划时，应以局部计划保证整体计划，最终达到工程项目进度管理目标。

（2）项目进度实施组织系统

施工项目实施全过程的各专业队伍都是遵照计划规定的目标去努力完成一个个任务的。施工项目经理和有关劳动调配、材料设备、采购运输等各职能部门都按照施工进度规定的要求进行严格管理，落实和完成各自的任务。施工组织各级负责人，从项目经理到施工队长、班组长及其所属全体成员组成了施工项目实施的完整组织系统。

（3）项目进度管理组织系统

为了保证施工项目按进度实施，还要有一个项目进度的检查控制系统。自公司经理、项目经理，一直到作业班组都设有专门职能部门或人员负责检查汇报，统计整理实际施工进度的资料，并与计划进度比较分析和进行调整。当然，不同层次人员负有不同进度管理职责，分工协作，形成一个纵横连接的施工项目控制组织系统。事实上，有的领导可能是计划的实施者，又是计划的控制者。实施是计划控制的落实，控制是计划按期实施的保证。

2. 动态控制原理

项目进度管理随着施工活动向前推进，根据各方面的变化情况，应进行适时的动态控制，以保证计划符合变化的情况。同时，这种动态控制又是按照计划、实施、检查、调整这四个不断循环的过程进行控制的。在项目实施过程中，可分别以整个施工项目、单位工程、分部工程或分项工程为对象，建立不同层次的循环控制系统，并使其循环下去。这样每循环一次，其项目管理水平就会提高一步。

3. 弹性原理

项目进度计划工期长、影响进度的原因多，其中有的已被人们掌握，因此要根据统计经验估计出影响的程度和出现的可能性，并在确定进度目标时，进行实现目标的风险分析。在计划编制者具备了这些知识和实践经验之后，编制施工项目进度计划时就会留有余地，使施工进度计划具有弹性。在进行工程项目进度管理时，便可以利用这些弹性，缩短有关工作的时间，或者改变它们之间的搭接关系，如检查之前拖延的工期，通过缩短剩余计划工期的方法，仍能达到预期的计划目标。这就是工程项目进度管理中弹性原理的应用。

4. 封闭循环原理

项目进度管理是从编制项目施工进度计划开始的，由于影响因素的复杂和不确定性，在计划实施的全过程中，需要连续跟踪检查，不断地将实际进度与计划进度进行比较。如果运行正常可继续执行原计划；如果发生偏差，应在分析其产生的原因后，采取相应的解决措施和办法，对原进度计划进行调整和修订，然后再进入一个新的计划执行过程。这个由计划、实施、检查、比较、分析、纠偏等环节组成的过程就形成了一个封闭循环回路。而公路工程项目进度管理的全过程就是在许多这样的封闭循环中得到有效的不断调整、修正与纠偏，最终实现总目标的。

5. 信息反馈原理

反馈是指控制系统把信息输送出去，又把其作用结果返送回来，并对信息的再输出施加影响、起到控制作用，以达到预期目的。公路工程项目进度管理的过程实质上就是对有关施工活动和进度信息的不断搜集、加工、汇总、反馈的过程。施工项目信息管理中心要对搜集的施工进度和相关影响因素的资料进行加工分析，由领导作出决策后，向下发出指令，指导施工或对原计划作出新的调整、部署；基层作业组织根据计划和指令安排施工活动，并将实际进度和遇到的问题随时上报。每天都有大量的内外部信息、纵横向信息流进流出，因而必须建立健全工程项目进度管理的信息网络，使信息准确、及时、畅通，反馈灵敏、有力，以便能正确运用信息对施工活动进行有效控制，从而确保施工项目的顺利实施和如期完成。

（三）项目进度管理的程序

1. 进度目标的分析、分解

项目进度管理目标在确定施工进度管理目标时，必须全面细致地分析与公路工程进度有关的各种有利因素和不利因素，只有这样，才能定出一个科学、合理的进度管理目标。确定工程进度管理目标的主要依据有：公路工程总进度目标对各阶段工期的要求；工期定额、类似工程项目的实际进度；工程难易程度和工程条件的落实情况等。

在确定施工进度分解目标时，还要考虑以下各个方面：

（1）对于大型公路工程项目，应根据尽早提供可动用单元的原则，集中力量分期分批建设，以便尽早投入使用，尽快发挥投资效益。这时，为保证每一动用单元能形成完整的生产能力，就要考虑这些动用单元交付使用时所必需的全部配套项目。因此，要处理好前期动用和后期建设的关系、每期工程中主体工程与辅助及附属工程之间的关系等。（2）结合本工程的特点，参考同类公路工程的经验来确定施工进度目标，避免只按主观愿望盲目确定进度目标，从而在实施过程中造成进度失控。（3）合理安排土建与设备的综合施工。要按照它们各自的特点，合理安排土建施工与设备基础、设备安装的先后顺序及搭接、交叉或平行作业，明确设备工程对土建工程的要求和土建工程为设备工程提供施工条件的内容及时间。（4）做好资金供应能力、施工力量配备、物资（材料、构配件、设备）供应能力与施工进度的平衡工作，确保工程进度目标的要求而不使其落空。（5）考虑外部协作条件的配合情况，包括施工过程中及项目竣工所使用的水、电、气、通信、道路及其他社会服务项目的满足程度和满足时间。它们必须与有关项目的进度目标相协调。（6）考虑工程项目所在地区地形、地质、水文、气象等方面的限制条件。

2. 公路工程进度计划的编制

公路工程进度管理的核心是施工阶段的进度管理。编制、审核进度计划时，应按照以下程序进行进度管理：

（1）根据施工合同的要求确定施工进度目标，明确计划开工日期、计划总工期和计划竣工日期，确定项目分期分批的开竣工日期。（2）编制施工进度计划，具体安排实现计划目标的工艺关系、组织关系、搭接关系、起止时间、劳动力计划、材料计划、机械计划及其他保证性计划。分包人负责根据项目施工进度计划编制分包工程施工进度计划。（3）进行计划交底，落实责任，并向监理工程师提出开工申请报告，按监理工程师开工令确定的日期开工。（4）实施施工进度计划。项目经理应通过施工部署、组织协调、生产调度和指挥、改善施工程序和方法的决策等，应用技术、经济和管理手段实现有效的进度管理。项目经理部首先要建立进度实施、控制的科学组织系统和严密的工作制度，然后依据工程项目进度管理目标体系，对施工的全过程进行系统控制。正常情况下，进度实施系统应发挥监测、分析职能并循环运行，即随着施工活动的进行，信息管理系统会不断地将施工实际进度信息，按信息流动程序反馈给进度管理者，经过统计整理，比较分析后，确认进度无偏差，则系统继续运行；一旦发现实际进度与计划进度有偏差，系统将发挥调控职能，分析偏差产生的原因，及对后续施工和总工期的影响。必要时，可对原计划进度作出相应的调整，提出纠正偏差方案和实施技术、经济、合同保证措施，以及取得相关单位支持与配合的协调措施，确认切实可行后，将调整后的新进度计划输入到进度实施系统中，施工活动继续在新的控制下运行。当新的偏差出现后，再重复上述过程，直到施工项目全部完成。进度管理系统也可以处理由于合同变更而需要进行的进度调整。（5）全部任务完成后，进行进度管理总结并编写进度管理报告。

（四）影响工程项目进度的因素

公路工程项目的施工特点，尤其是较大和复杂的施工项目工期较长，决定了影响进度的因素较多。编制计划和执行控制施工进度计划时必须充分认识和估计这些因素，才能克服其影响，使施工进度尽可能按计划进行。当出现偏差时，应考虑有关影响因素，分析产生的原因。

（五）项目进度管理的方法

项目进度管理方法主要是规划、控制和协调。规划是指确定施工项目总进度管理目标和分进度管理目标，并编制其进度计划。控制是指在施工项目实施的全过程中，进行施工实际进度与施工计划进度的比较，出现偏差及时采取措施调整。协调是指协调与施工进度有关的单位、部门和工作队组之间的进度关系。

（六）项目进度管理的主要措施

项目进度管理采取的主要措施有组织措施、技术措施、合同措施、经济措施、管理措施。组织措施主要是指落实各层次进度管理的人员、具体任务和工作责任；建立进度管理的组织系统；按照施工项目的结构、进展阶段或合同结构等进行项目分解，确定其进度目标，建立控制目标体系；确定进度管理工作制度，如检查时间、方法、协调会议时间、参加人等；对影响进度的因素进行分析和预测。技术措施主要是采取加快施工进度的技术方法。合同措施是指与分包单位签订施工合同的合同工期与有关进度计划目标相协调。经济措施是指实现进度计划的资金保证措施。

二、高速公路项目进度管理体系规划及应用

（一）项目进度管理体系规划

建设单位以"科学组织、合理投入、促进进度"为原则，进行项目规划，合理确定各阶段进度目标和制订进度计划，充分运用组织、管理、技术、经济手段，通过监理督促各施工单位加强内部控制来保证进度计划系统的正常工作状态，将工程进度控制在目标计划内，实现进度目标受控，确保工程按期完成。

1. 根据项目建设目标，精心规划、科学组织

（1）精心规划，逐层细化

项目建设进度计划系统是一个从粗到细的计划层次，建设单位按照项目建设目标，对进度目标进行分析和论证，在收集资料和调查研究的基础上编制各阶段的进度目标和关键节点，根据项目的特点和施工进度控制需要编制深度不同的控制性、指导性和实施性的进度计划，以及按不同计划周期（年度、季度、月度和旬）的计划。为此，建设单位根据合同工期，一开始就要建立本项目的总体进度目标，细化年度、月度计划，确定主要总产值计划，明确细部计划；与土建工程各承包人协商，确定总体、年度计划以及路基土石方、小型结构物等关键节点计划；对进度计划做到由总到分（各承包人总体计划），再从分（各承包人细部计划）到总。建设单位才能对进度进行跟踪检查与调整，为进度控制提供决策基础，并作为年度、月度考核及劳动竞赛评比的依据。

（2）落实各项组织措施，及时为工程进度扫除障碍

组织是目标能否实现的决定性因素，为实现进度目标，首先健全建设单位管理的组织体系，由建设单位明确管理职能和分工，派经验丰富的人员负责进度控制日常工作，主要有：进度目标分析和论证、编制进度计划、定期跟踪、采取纠偏措施、调整进度计划和进度控制工作流程运行等日常工作。其次是进度控制涉及组织、协调、决策工作，建设单位通过专门会议和其他措施进行解决。对不同阶段的目标和对象，灵活采用有效措施，如对本项目的高液限土改良方案、碎石桩等技术难点，建设单位组织现场考察、试验路段、专家会等进行解决；对在施工阶段前期开工点涉及的红线内土地征用和临时用地租用、五线迁移、便道便桥建设等，采取建设单位跟踪、逐点攻坚，并实行开工点日报制，报送当地政府分管领导和建设单位。

2. 合理投入，确保进度

（1）以项目进度目标、合同工期为基准点，以合理投入为原则

做好施工组织设计方案编审工作。进度控制的首要条件是一个符合客观条件、合理的施工组织设计方案，以便根据进度计算确定施工方案，安排设计单位的出图进度，协调人力、物力，评价在施工过程中气候变化、工作失误、资源变化以及有关方面的人为因素产生的影响。编制、审查过程中要依据设计图、水文、地质、气象和其他社会经济资料、合同工期主要工程的施工方案、工序作业能力、人员、机械设备、实施施工定额水平等因素确定施工顺序，合理安排各分项工程作业期，并充分考虑作业期所处季节、质量、安全以及各生产要素的制约。因此，针对本项目小型结构物多、路基多、地质差、工期紧等特点，要求建设单位、施工、监理等参建方在土建工程合同段编审时，以合理投入为原则，方案可靠可控，要突出工程特点的施工方案、特殊工程专项施工方案及不利季节施工预案等。

（2）落实施工组织方案，控制进度

落实施工组织方案，主要是：

①按施工阶段分解，突出控制节点。在不同施工阶段确定重点控制对象，制定施工细则，达到保证控制节点的实现。②按工程单位分解，明确各分部（或单位元）目标。以总进度计划为依据，明确各个单位的工作目标，通过合同责任书落实责任，分头实现各自的分部目标，以确保总目标的实现。③按专业工种分解，确定交接时间。在不同专业和不同工种任务之间，要进行综合平衡，并强调相互间衔接配合，确定相互交接的日期，强化工期的严肃性，保证工程进度不在本工序造成延误。④由于气候、季节、地质、作业面等各方面的影响，各分项工程的进度都不能如工厂流水线一样稳定。因此，按施工组织设计要求，合理组织各种生产要素及时到位，技术、安全、资金供应、质量管理要密切配合，高度重视并防范组织、管理、技术、合同、资源（人、物、财力）等方面的风险，以达到保证计划执行的正常工作状态，确保进度目标的实现。⑤督促各承包人在施工过程中对工程项目的进度控制，在限定的工期内，以合理投入为核心，编制出最佳的施工进度计划及在进度控制措施的基础上，实行动态管理。在执行该计划的施工过程中，要经常检查实际施工进度，收集、统计、整理施工现场的进度信息，并不断用实际进度与计划进度相比较，确定两者是否相符。若出现偏差，便及时分析产生偏差的原因和对后续工作的影响程度，采取必要的补救措施或调整修改进度计划及相关计划，并再次付诸实施。如此不断地循环，直至最终实现项目进度目标。

3. 综合管理，促进进度

（1）加强合同管理。督促各监理、承包人，按合同文件要求，认真履行合同要求，人员、机械设备、原材料、资金及时到位，在人力、物力、财力方面提供良好保障；建设单位做好计量支付工作，及时将资金拨付给承包人。（2）开展劳动竞赛活动。以"安全、优质、廉洁、和谐"为主题，牢固树立"质量是生命、质量是责任、质量是财富""安全第一"的理念，进一步激发参建人员的积极性、创造性和主人翁责任感，增强质量和安全意识，进一步稳定和谐的劳动关系，通过竞赛活动，进一步

促进、提高工程安全质量管理水平，保证工程进度。（3）落实"首件制"。通过本制度的实施，各分项工程形成规则、稳定的作业状态，提高工序作业水平和能力，从而加快施工进度。（4）实行工程进度日报制度。每日上报工程进度，与计划比较，及时掌握进度状况，便于动态管理。（5）由监理工程师主持参建各方参加每月工地例会，对每月完成任务计划的情况进行检查和评价，分析有关问题，提出整改措施，督促施工落实。（6）责成施工单位法人代表到现场组织施工。对工程进度管理不力、进度明显滞后的施工单位，要求公司领导到场，共同分析、科学合理调整工程进度计划，增加人力、资金、设备投入，确保按合同工期完成。（7）建立联系蹲点制度，明确分工，责任到人。若工程到了高峰期，发现对工程进度有明显影响的施工单位，建设单位应组织人员蹲点到相关施工点，及时协调解决工程施工中出现的各种难题。

（二）项目进度管理模块及其应用

根据工程建设情况，对周期长、施工难度大、干扰因素多的土建工程建立了工程进度模块；根据路基基本完成，路面、绿化、房建、绿化、交安受施工期较短、专业化强等因素影响的情况，建立单独的子模块进行管理。

土建工程按标段、各标段的进度总目标、各主要单位工程、主要分部、分项工程设置专门的子模块或栏目进行管理。路基主要是每公里的填、挖方，桥梁覆盖到每座桥的每根桩、柱、梁，隧道覆盖每座隧道的毛洞开挖、初支、二衬、路面全过程，对上述实行每日一报，以柱状图、网络图、横道图、表格等进行表示，从而对工程进度进行实时对比，动态跟踪，掌握工程实际情况。

1. 工程进度

系统进度计划共分为产值进度、形象进度、网络图三种表现形式，从三个方面诠释进度的情况，为业主提供多层次、多角度的参考。

（1）产值表现形式

产值采用进度周报表，按照建设单位下发表格样式，在系统中做成网页格式，要求施工单位每周填报，系统自动汇总、计算，生成进度柱状图、工程管理曲线图。每周进行产值评比，并形成历史数据，方便业主统筹分析进度因素。

工程管理曲线包括每周完成产值（柱）和累计完成产值（粗线），可纵向比较每周的完成情况。

操作说明：

第一步：施工单位每周填写。

进入【后台管理】→【工程建设管理】→【土建施工】→【进度周报表】。

第二步：监理办审核，并修改工程变更金额。

施工单位填报完后，【提交】所有数据，通知监理办审核。如工程量发生变更，由监理办在系统中修改变更工程金额。

进度周报表要求施工单位每周三17：00前填报，监理办每周四12：00前审核，未按期填报的，在前台显示施工单位缺报或监理未审核。

（2）形象表现形式

形象采用日进度报表形式，对于一些重点结构物实行每日一报，施工单位在第一时间填写完成量，监理工程师审核后，系统按照结构物分项生成汇总表、柱状图，并作为基础数据，与施工单位上报的阶段目标结合，生成工程竞赛考核数据，各管理阶层可以随时查看目标阶段的工程完成情况，做到心中有数，适时调整管理策略。

系统可根据业主关于进度管理的需要生成符合标准的上报表格，通过调用基础数据，自动汇总、计算，提高报表的准确度，减少重复上报数据。

操作流程：【首页】→【后台管理】→【工程建设管理】→【土建施工】→【进度日报】。

要求施工单位每天 8：30 前填写前一天的完成情况，监理办每天 9：00 前审核完毕。

（3）网络图形式

工程进度分为横道图、双代号网络图、单代号网络图、信息跟踪表四种表现形式。为使网络图更贴近施工现场，符合施工组织设计的要求，网络图的编制由施工单位按照施工组织设计进行分项，动态管理项目组人员利用专业项目管理软件绘制网络图，由业主主持，动态管理项目组、监理办、施工单位共同参与，依照合同工期、施工组织设计以及施工单位已有的劳动力、设备、资金等资源，以座谈会形式编制网络计划。讨论确定的网络计划作为对施工单位的考核依据，并以此生成网络报表，每周由监理填写完成情况，并进行滞后因素分析，再由动态管理项目组制作成直观、形象的横道图、双代号网络图、单代号网络图以及信息跟踪表上传网站，各参建单位及管理层通过网络图可了解施工单位计划情况和实际完成情况，较好地掌握现场进度。

网络图编制完成后，动态系统项目组根据网络图中的分项，做成网络计划报表，每周二 12：00 前上传空表，监理办每周三填写进度，17：00 前上传报表，工程处审核，动态系统项目组依据进度数据，每周更新网络图。

网络计划报表下载、上传位置：

【后台管理】→【工程建设管理】→【土建施工】→【网络计划报表】。

（4）隧道形象进度图

由施工单位每日填写隧道形象进度，监理办审核。

操作说明：

【后台管理】→【工程建设管理】→【土建施工】→【隧道形象进度图】。

有多座隧道时，进入相应的隧道栏目。

（5）桥梁形象进度图

由施工单位每日填写桥梁形象进度，监理办审核。

【后台管理】→【工程建设管理】→【土建施工】→【梁板形象进度图】。

桩、柱、盖梁等进入相应的栏目进行填写。

2.后续工程专业模块

由施工单位每日填写隧道形象进度，监理办审核。

【后台管理】→【工程建设管理】→【路面施工】→【填写路面有关报表】。

第六章 高速公路质量与合同管理

第一节 高速公路质量管理

保证和提高工程质量，运用一整套质量管理体系、手段和方法进行系统管理活动。确保工程质量达到合同条款约定的质量标准和工程建设标准强制性条文要求，确保工程质量达到标准要求，达到管理目标。

一、质量体系建立

（一）质量目标

为确保合同段工程的优质建设，全面贯彻国家和交通部现行的工程质量验收标准。满足业主工程施工质量要求，在施工中做到管理科学、工艺先进。严格按照国家标准和设计要求，一丝不苟、精益求精，以严格的工程质量管理、精良的施工技术确保工程建设的顺利进行，确保分项工程一次施工合格率达100%，从而确保单位工程合格率达100%，最终确保合同段工程总体合格率达100%。杜绝重大质量事故，避免普通质量事故，减少质量通病。

（二）质量管理体系

为确保质量体系持续有效运行，保证工程质量，实现工程质量目标，项目部建立质量管理体系，负责工程质量管理工作。

（三）质量管理组织机构

项目经理对合同工程的施工质量、进度、安全负全面责任，直接向发包人和公司总部负责。项目总工程师负责质量保证体系的建立，施工技术管理工作，主持制订工程总体施工技术方案、重大施工技术措施、施工总进度计划及质量、安全技术措施等，对工程质量负直接责任。成立工程技术部、质量管理部、物资设备部、试验室和测量队等相关质量管理检测部门，项目部根据施工需要设立相关工区、厂、队。保证工程质量管理体系有效运行。

（四）质量管理职责

1. 项目经理

（1）项目经理是工程项目质量工作的第一责任人，对项目工程质量负全面责任。（2）坚持质量第一的原则，正确处理质量与进度、效益的关系。组织好均衡施工，保证在生产经营和各类目标考核中，落实质量否决权。（3）负责质量体系运行的现场实施工作，组织生产过程中的各种原始记录及统计工作，确保各项技术资料真实、完整、准确、可追溯。（4）主持质量事故的初步调查、分析和处理，及时向上级部门反馈质量信息，对质量问题的纠正和改进实施落实责任。（5）带领项目部成员对项目工程质量实行全员、全方位、全过程的管理监控，严格执行上级有关法令、法规、标准和规章制度、操作规程，全面履行合同条款，满足顾客要求。（6）接受上级及监理部门的质量监督，对存在的问题认真组织整改。严格执行"三检制"，强化专检，侧重预检、隐检和质量通病防治，切实加强工序管理，确保实现项目质量目标。（7）经常对职工进行质量教育，负责对协作队伍进行质量体系方面的教育。

2. 项目总工程师

（1）对工程项目的施工质量负技术责任。（2）负责主持项目的施工组织设计、施工方案，新技术、新工艺、新材料的实施方案，技术措施和作业文件的制订，并按权限审批。（3）负责主持项目的施工组织设计实施、督促检查项目施工组织设计的实施情况。（4）组织实施工程项目的内部竣工验收，参加竣工交付，对竣工工程资料负责。

3. 工程技术部

负责施工图纸的绘审、质量计划、施工组织设计、施工措施的制订编写，负责技术交底、工序管理点的确定，以及现场的施工技术指导，对技术措施的文字和因措施产生的质量问题负责。

4. 质量管理部

负责工程质量管理制度的制订、施工现场工程质量的监督检查、工程质量的评定、质量体系运行的落实检查、统计表的公报、组织质量事故的调查分析处理等，对工程质量检查的错检、漏检负责。

5. 测量队

负责工程施工测量控制、施工放样、测量检查，提供最终的测量成果，对测量成果的错误负责。

6. 试验室

负责用于工程各种原材料的检验、混凝土配合比的设计、现场土方回填和混凝土质量的控制，对检验和控制中的错验、漏控负责。

7. 物资设备部

负责提供工程所需各种合格原材料和设备，对因原材料和设备问题发生的问题负责。

在施工过程中各部门、各单位（包括领导）的任何口头通知不能作为施工依据，所有需修改的部分必须以书面形式通知有关单位和部门，否则质检部门拒绝检查验收。

8. 施工作业队

负责所承担任务的组织施工，应按图纸、设计要求、技术措施、合同规定和监理要求进行施工，无权改变施工方法和放宽各种标准，对由于错误施工所造成的质量问题负责。

项目开工前，各施工队与项目经理签订质量责任书。

二、质量管理制度与措施

（一）工程质量管理办法

1. 落实工程质量终身负责制

建立工程质量终身负责制档案，将质量目标责任层层分解，终身负责，签订横向到边，纵向到底的工程质量终身负责制包保责任书，一级包一级，一级保一级。

2. 签订质量责任书

为加强工程质量的宏观控制，促进工程质量向良性方面发展，项目经理同各工点负责人签订质量责任书，明确职责和目标。

3. 签订技术责任书

施工技术在工程质量控制方面，起着关键性的作用，加强技术交底、技术指导是施工中的重要环节。项目部总工程师同工程部和各工点技术负责人签订技术责任书，明确职责、分工和各自工作重点，强化技术管理。

4. 签订安全责任书

安全是施工生产的重要保证，没有安全，就谈不上工程质量和效益。项目经理同各工点负责人签订安全责任书，分级布控，确保安全生产。

5. 实行全面质量管理

从技术控制、施工检测、质量检查和施工过程控制入手，建立全面质量管理体系及工程质量流程，在确保质量的前提下，加快工程建设，努力创造一流的质量、一流的速度。在关键工序和特殊过程上，选择课题，设置质量管理点，编制工艺标准，组织开展QC小组活动。

6. 工程质量检查评比制度

（1）开工前检查

开工前检查的内容及要求：

①符合基建程序，已签订承包合同。②设计文件、施工图纸经审核并满足开工需要。③施工前的工地调查和复测已进行，并符合要求。④各种技术交底工作已进行，特殊作业、关键工序要有作业指导书。⑤采用的新技术、机具设备、原材料必须满足工程质量需要。⑥施工人员、质量管理人员必须满足工程质量要求。

（2）施工过程中检查

施工过程中应对以下工作经常进行抽查和重点检查：

①施工测量及放线要正确，精度要达到要求。②要按照图纸施工，操作方法要正确，质量符合验收标准。③施工原始记录填写要完善，记载要真实。④有关保证工程

质量的措施和管理制度是否落实。⑤原材料、成品、半成品要按规定提交实验报告，设备要有产品合格证和出厂说明书。⑥工班自检、互检、交接检要严格执行，并有交接记录。⑦施工日志的填写要符合实际。

（3）隐蔽工程检查制度

①工程检查签证，除执行国家、部颁的规定外，还应执行建设项目的有关规定并与建设单位和建立单位协商，明确职责分工，由指定质量检查人员办理。②隐蔽工程未经质量检查人员签认而自行覆盖的，应揭盖补验，由此产生的全部损失由相关责任人负责。③隐蔽工程先由施工单位主管技术人员自检合格后，邀请有权签证的质量检查人员复查签认，地质不良的基础或暴露时间不宜过长的工程签证后应尽快封闭，以免风化破坏。④发现与设计不符，本级质检人员无权处理者，应及时呈报上级解决，必要时可邀请建设、监理、设计单位共同研究处理。⑤质量检查人员因故缺席，可委托同级技术人员代检签证，并做好记录。必要时，事后应请质量检查人员补签认可。

（4）定期质量检查评比制度

采取重点检查与一般例行检查相结合、定期检查与抽查相结合的方式，加大质量检查监督力度，使工程施工全过程处于受控状态。

每季度由项目部项目经理，或总工程师组织各部室进行一次全面的质量大检查，召开一次工程质量总结分析会。项目部工程部每月组织一次质量大检查，现场施工队每周组织一次质量检查，班组每天进行质量检查。对违反施工程序、不按设计图纸和规范施工、使用不符合质量要求的原材料、成品或设备等，严格按照"四不放过"事故（原因没有分析清楚不放过；事故责任者和群众没有受到教育不放过；没有采取切实可行的预防措施不放过；相关责任人没有处理不放过。）的原则处理。根据评比结果，奖优罚劣。

7. 实行创优风险抵押制度

为调动职工工作积极性，增强施工质量责任感，最终实现创优目标，项目部从项目经理到各部室负责人、普通正式、聘用职工，都须交纳创优风险抵押金，数量从3 000元到10 000元，单位工程竣工后视工程创优评选情况扣除或双倍返还抵押金。

8. 验工签证制度

为确保工程创优目标的实现，项目部的每次验工计量都必须由工程部人员对其所计量的工程质量进行验收。验收不合格，不予计量。

9. 工程质量事故处理

（1）申报制度

①建立工程质量事故逐级报告制度，坚决杜绝隐瞒不报、擅自处理事故。②工程质量重大事故发生后，事故工点或单位应采取有效措施，抢救人员，防止事故扩大，并保护施工现场。③工程重大质量事故发生后，事故工点必须在第一时间通知项目部工程部，由项目部工程部报告项目部领导并以电话或电传、电报上报公司机关，电话或其他形式报告高速公路建设指挥部。

（2）事故调查处理

发生质量事故由公司机关会同项目部组织调查处理，处理事故按"四不放过"的原则。

10. 奖罚制度

（1）奖惩原则

①质量奖励贯彻"精神奖励和物质奖励"相结合的原则，贡献大的多奖励，贡献小的少奖励，杜绝平均分配，严禁将质量奖励资金改作他用。②质量处罚以教育为主。对质量事故按"四不放过"原则严肃处理。质量处罚还应本着预防为主的原则，对违反规章制度和操作标准，有危害工程质量行为的单位和个人酌情处罚。

（2）施奖规定

对获得优质工程的单位，按有关文件规定施奖，对优质工程的奖励按公司有关规定组织实施。

（3）质量奖

对在施工中，严格质量管理，精心指导，精心施工，在提高工程质量方面取得突出成绩的单位和个人，由项目部酌情给予奖励。

（4）质量保证金

①项目部按照建安投资1.5%的资金，作为工程质量奖励专项基金。②工程质量奖励专项基金由财务部从每次验工计价划拨的工程款中扣出。

（5）处罚

①对质量事故的处罚

a. 发生一般质量事故，对事故单位（施工架子队）按直接经济损失金额的10%处以罚款；对事故直接责任者，按事故直接经济损失3%罚款。b. 发生四级重大质量事故，对事故单位按事故直接经济损失金额的10%处以罚款，对事故直接责任者、技术领导责任者、主要领导责任者、重要领导责任者，分别按事故直接经济损失金额的2%、1.2%、1%、0.5%罚款。c. 发生三级重大质量事故，对事故单位按事故直接经济损失金额总值的5%罚款（但不低于3万元）；对事故直接责任者、技术领导责任者、主要领导责任者、重要领导责任者和单位分管领导按事故直接经济损失的1%、0.85%、0.8%、0.6%、0.4%罚款。d. 发生一、二级重大事故，对事故单位按直接经济损失金额的3%罚款（但不低于5万元）；对事故直接责任者、技术领导责任者、主要领导责任者、重要领导责任者和单位分管领导、单位党政主管领导，分别按事故直接经济损失金额的1%、0.85%、0.8%、0.6%、0.4%、0.2%罚款。e. 对负有质量监督责任的人员，视情节轻重给予200～20 000元的罚款。f. 除对责任人进行经济处罚之外，建议有关部门对其进行党纪或行政处分。对因失职、渎职行为造成重大质量事故者，依法追究责任人的法律责任。g. 凡发生重大质量事故，在本地区给单位造成恶劣影响和严重后果，给予加重处分、处罚。对个人罚款超过2万元时，按2万元罚款。h、对工程质量事故隐瞒不报、擅自处理的，对事故责任单位和领导要加重处罚。

②对未完工程质量计划处罚

分项工程一次检查合格率、优良率，单位工程优良率，混凝土、砂浆试件合格率，土方密实度等质量控制指标，一项达不到计划指标的，罚违规单位5000元，二项达不到计划指标的，罚10 000元，依此类推。发现质量报表失实，加倍罚款。

③质量处罚

项目部工程部配合业主安质部组织检查，如每次检查排名倒数后两名中有本项目部所属施工队的，则分别罚款 10 000 元（其中含队长、副队长各 500 元，技术负责人 100 元）和 8 000 元（其中含队长、副队长各 300 元，技术负责人 100 元）。

④对违反质量管理制度的处罚

对违反质量管理制度的行为，分别给予违规单位 1 000～2 000 元罚款。

a.有一个月不按规定上报质量报表。b.质量评定指标与现场实际不符且相差在20% 以上者（抽查考核）。c.不执行定期质量检查制度，不按时上报质量情况者。d."三检制"不落实，不填写检查记录者。e.不按规定下达质量计划者。

⑤对违反作业标准的处罚

违反以下作业标准之一，对工程质量造成严重危害的行为，分别给予违规单位 1 000～5 000 元罚款。

a.技术复杂的分部、分项、单位工程，不按技术交底进行施工者。b.严重违反操作规程者。c.隐蔽工程未经检查、签证而擅自回填者。

⑥有下列行为的，对违规单位处以该项工程造价 2%～4% 的罚款

施工单位在施工中偷工减料的，使用不合格的建筑材料、建筑构配件和设备的，或者有不按照工程设计图纸施工和不执行施工技术标准的其他行为的。

⑦质量奖惩的实施

质量奖励、处罚除正式行文公布（或通报）外，均以"质量奖励（处罚）通知单"的形式通知奖励（处罚）单位。质量奖励（处罚）通知单一式三份（签发单位、受罚单位、项目部财务部门各一份），质量监察（检查）人员在施工现场发现严重违反作业标准的行为，可直接签发"工程质量问题通知单"，按罚款权限处以罚款，再由财务部门实施。

（二）质量保证措施

1. 推进质量管理工作的程序化、标准化和规范化

（1）施工管理程序化：各项工序施工前审查设计文件、制订实施性施工组织设计；提出技术要求、质量标准交底。（2）施工管理标准化：以设计图纸、招标文件、变更洽商为技术指导依据，进行工程质量标准设计。（3）施工管理规范化：按"工艺操作规程"指导施工；按工程质量目标措施及其他质量管理制度管理施工；各种任务书、交底、通知书及各种表格填写和签证，语言文字严密、清楚、准确，填写及时，项目齐全。

2. 加强质量教育

（1）通过对广大职工进行"以质创誉，以优取胜"、"质量重于泰山"的宣传教育。增强广大职工为国为民的高度责任感，进一步强化员工的质量意识。（2）深入开展"一学、五严、一追查"（学法规；严守设计标准、严格操作规程、严用合格产品、严格程序办事、严格履行合同；追查责任者）和"质量月"活动，增强全员的法制观念和执法、守法、抓好工程质量的自觉性。（3）以创优为共同目标，各级各部门齐抓共管，形成合力，对广大职工进行深入的思想教育，为创优活动的深入开展和实现总

体质量目标打下良好的思想基础。

3. 加强技术培训

（1）对主要施工管理人员、技术人员组织技术培训，考核后上岗。（2）定期或不定期地组织参建员工进行岗位技能培训，对专业性较强的工种如测量工、实验员、质检员等，实施集中培训；对作业量较大的工种如混凝土工、电焊工等实施分散培训。确保操作者经考试合格后，持证上岗。

4. 建立质量情报信息网络

对能反映工程项目在施工过程中各个环节的工程质量和工作情况，如各种原材料、成品、半成品的产品合格证及质量检查验收情况；施工组织设计或施工方案、技术交底、图纸会审、变更、隐蔽工程和有关质量的记录情况；历次质量检查、各种验收检查的记录情况，质量事故调查记录和处理情况；新材料、新技术、新工艺、新标准等信息的收集整理情况；国内外同行业和其他兄弟单位有关工程质量的管理办法和手段，以及发展方向等情况，做到及时收集、及时反馈、及时分析、及时应用，使质量管理信息化，以便更好地保证工程质量。

5. 投入高素质的人才群体

抽调施工技术骨干（包括主要管理干部、专业工程师、高级技师、熟练工人等），抽调多年从事桥涵、路基工程、隧道工程且有丰富施工经验的高级专业技术人员，配备一批近几年毕业的大学生，组成人才群体，确保项目工程优质、安全、高效、按期完成。

6. 选用高效先进的设备

（1）配备精良的施工设备，广泛应用成套的机具，充分发挥机械效能。根据本项目段的特点，配备性能良好、高效先进的隧道、桥涵及路基施工机械。（2）在施工中加强保养，保证机械的完好率和利用率，实行机械化作业。重要设备及易损设备应有一定的储备，作为设备损坏及维修时的替代，保证施工的连续性。

7. 完善计量、检测手段

为确保现场工程质量检测需要，项目部须建立能满足工地各种试验要求的工地试验室。

8. 建立严格的质量检测制度

（1）把对质量具有重要影响的工作程序用制度的形式固定下来，建立一套工作程序管理制度和专项质量检验、验收制度。按照"跟踪检测""复检""抽检"三个等级进行。（2）加强质量检查，对违反施工程序，不按设计图纸、规范、规程施工，使用不符合质量要求的原材料、成品或设备等违规行为，严格按照"四不放过"的原则进行处理。

9. 重视测量工作

（1）各单位要抽调技术水平高、操作熟练的测量工程师、测量工组成测量队、测量班，并在上场前对各成员进行测量知识培训。（2）装备全站仪、电子水准仪、精密水准仪等先进的测量仪器，以保证测量精度，加快施测速度。

10. 加强图纸审核、优化施工方案

接到施工图纸后，由项目部总工组织技术人员进行图纸审核，现场放样核对后提出审图优化意见上报；施工方案、施工组织设计项目部编制完成后上报驻地监理办公室。

11. 加强对原材料把关

凡施工中所有使用的原材料、半成品、成品和设备，必须具有出厂合格证和质量报告单，并取样检验，做到先检后用；地材先调查料源，取样试验，试验合格经监理工程师认可后进料；并在现场设专人收料，不合格的材料拒收。施工过程中若发现不合格材料及时清理出现场。

12. 严格程序控制

在施工中加大检查力度，坚持"三检"制度，即自检、互检、交接检；牢固树立"上道工序为下道工序服务"和"下道工序就是客户"的思想，坚持做到不合格的工序不交工。用工序质量保证分项工程质量，用分项工程质量保证分部工程质量，用分部工程质量保证单位工程质量。

13. 隐蔽工程质量控制措施

（1）隐蔽工程施工完毕后，由工班长在隐蔽验收记录中填写工程的基本情况，由项目部技术负责人签字，并邀请项目工程技术负责人、质量检查员和监理单位现场代表，共同对隐蔽工程进行检查验收。（2）参加检查的人员按隐检单的内容进行检查验收后，提出检查意见，由质量检查员在隐检单上填写工况，然后交参加检查人员签证。若检查中存在问题需要进行整改时，施工工长在整改后，再次邀请有关各方进行复查，达到要求后，方可办理签证手续。经复严符合要求后，方可办理签证手续，进行下道工序施工。（3）项目部技术负责人在隐蔽工程验收后，做好隐蔽验收记录，及时将验收记录送项目部内业技术人员审核无误后归档。

14. 验工签证制度

验工计价是控制工程质量的重要手段，未经质量检查或检查不合格的项目，不予计价、拨款，并追究相关责任人的责任。

15. 突出重点，狠抓关键环节

加大对工程质量通病的技术攻关和检查力度，针对施工过程中易出现的通病，制定标准，改进施工工艺，努力消除质量通病。

16. 积极开展QC小组活动

结合项目段施工特点，从现场实际情况出发，成立提高工序质量和工程质量的QC小组，做到有计划、有注册、有课题、有经费、有检查、有成果。真正解决项目段路基、桥涵、隧道等施工中的关键质量问题，降低物能消耗，提高经济效益。

17. 样板引路，全面创优

在工程全面开工初期，抓典型，树样板，着重抓样本墩、样板涵、样板路基、样板附属工程等，以样板引路全面提高工程质量，实现全面创优。

18. 制定重点项目重点控制程序

（1）钢筋工程量控制程序

为确保对钢筋工程加工制作的质量控制、焊接的质量控制、绑扎的质量控制。

（2）混凝土工程质量控制程序

为确保混凝土的配合比、拌制、运输、灌注、养护、拆模满足设计和规范要求。

（3）模板工程质量控制程序

为保证混凝土结构、构件的位置、形状、尺寸符合要求，保证工程结构和构件各部分形状尺寸和相互位置的正确，满足混凝土具有设计要求的强度和密实度，模板接缝不漏浆。

19. 质量预控措施

（1）隧道工程质量保证措施

按隧道工程地质及断面大小及时做好开挖，装渣运输设计。

钢架、网、喷支护要紧跟开挖进行，以利于发挥围岩的自承能力，保证施工安全。

超前支护按设计间距、长度设置，方向要保证符合设计要求。

隧道超欠挖和坍塌在规范允许的范围内采用同级别的混凝土回填，超出部分除边墙跟拱顶外可用浆砌片石混凝土回填（由现场监理工程师根据规范要求决定）。

在初期支护中，一定要控制好锚杆的数量和长度，钢拱架的制作和安装以及喷射混凝土的厚度等一些规范要求的硬性指标。初期支护完成后的仰拱开挖一定要遵循跳槽预留马口的办法，以利于初期支护上半断面的稳定。

防水板的安设一定要由有经验的队伍完成，对焊缝的检查一定要严格要求，防止漏水。

模筑混凝土施工前要将仰拱按设计要求做完，待达到混凝土设计强度后铺设模板台车轨道，要求固定牢固，标高误差控制在±10mm以内，保证模板台车能顺利就位。台车就位前应进行模板的除锈和涂刷脱模剂，脱模剂不得用废机油。模板台车与边墙的结合部位要用砂浆填充密实，防止漏浆。模板台车的固定要有专人把关。浇筑时两侧对称分层浇筑，混凝土落差不得大于规范要求，混凝土振捣密实，要注意浇筑速度，防止衬砌台车的上浮或偏移。施工过程中要严格控制配合比，尤其是添加剂的使用一定要足质足量。

（2）桥梁工程质量保证措施

按桥梁工程的设计以及地质情况，做好桩基础和承台施工，保证基础的稳定性。桩基础的施工要注意提管的长度和方法，避免出现断桩和扩大桩。

墩台身施工注意模板的平整度和稳定性，中线的控制，浇筑混凝土时严格按照配合比进行施工，捣固要按要求操作，防止漏振出现蜂窝麻面的情况，影响工程质量。

预制梁施工时，注意模板的平整度，钢筋的绑扎，由于梁的钢筋多，浇筑混凝土时一定要注意不要漏振，要按照分层浇筑、分层捣固的方法进行，浇筑混凝土后，派专人负责养护。

（3）路基工程质量保证体系

路基工程地基处理时，基底清理要彻底，如果进行换填施工，要先测定土的各项指标，再根据测定的数据采取相应的换填方法。

路基施工时，严格按照"四区段、八流程"的控制程序进行施工，同时做好沉降观测记录，做好地表水的疏通排放设施，防止雨水冲刷和施工用水浸泡的情况出现。

在环保方面，一定要按照交通部典型示范工程的要求进行施工，把影响减小到最低。

20. 质量保证措施

针对具体工程项目制订详细的有针对性的质量保证措施。把对质量措施的审查作为施组审查的一项重要内容。

21. 质量通病防止措施

（1）成立以总工程师为组长，安质部长、各级主管工程师、专职质检员为组员的治理质量通病专项小组。（2）治理质量通病小组根据以往施工中常见质量通病，制订相应的有针对性的预防措施，装订成册，在工前的技术交底时作为一重点，专项交底。（3）各施工队在施工中，根据针对性的预防质量通病措施，严格按施工规范要求及技术交底操作，坚决防止质量通病发生。（4）治理质量通病专项小组定期或不定期对各工点质量及预防措施的实施情况进行检查，并统计分析，判断质量发展的趋势和预防质量通病措施的有效性，将有效的部分纳入相应的管理制度和技术标准中；对效果不明显的，进一步进行原因分析，并制订相应的纠正和预防措施。（5）已组建能涵盖所有施工检测项目的项目部试验室，试验人员全部持证上岗，试验仪器已由国家指定部门标定认可。（6）已组建精干的精测队伍，配备先进的测量仪器，确保工程几何尺寸符合规范要求，达到优良标准。（7）加大装备投入，根据工程的实际需要，投入先进的机械设备用于工程施工，并拿出部分资金用于更新周转材料，确保混凝土工程内实外美，一次达标，路基工程碾压密实，边坡平整圆顺。（8）以主攻质量通病为重点，积极开展QC小组活动，有预见性地采取预防措施，不断改进施工工艺，克服和控制质量通病。

三、工程创优规划

在进行工程前期策划时，若有创优计划，需进行所要达到目标、标准的规划，明确实施创优措施。

（一）创优目标

在项目部的领导下，以科技兴局，强化管理，建造满意工程，提供优质服务为宗旨，强化施工技术管理，推广应用新技术、新工艺、新材料、新设备，采用竞争上岗，奖优罚劣的激励机制，保证质量目标的实现。

（1）确保全部工程达到国家和行业现行工程质量验收标准。工程质量一次验收合格率100%，确保质量优良。（2）杜绝质量事故，消灭质量通病。（3）杜绝职工因公亡人事故。（4）实行定额管理，开展成本核算，节省资源，各项经济指标达到规定要求。（5）场地整洁、文明施工、环保施工。

（二）创优要求

（1）工程质量符合设计要求和规范标准，内实外美。验收评定达到优良标准。（2）成立各级创优领导小组，建立各种规章制度，做到有计划、有目标、有步骤，全面系统地开展创优活动。（3）有完整准确、齐全的内业资料，工程签证手续齐全，竣工资料内容翔实，完整规范。（4）有QC小组及开展活动的记录。（5）重点工程、关键工序有书面的作业指导书。（6）按设计和规范标准施工，精心组织，精心施工。

（三）创优保证体系

针对标段的特点和创优目标，对各管理部门及作业层的工作进行分解，建立"横向到边，纵向到底"的质量保证体系。

（四）创优制度

1. 建立质量创优责任制

在明确项目经理对工程质量终身负责的前提下，建立健全各级人员的质量责任，责任到人，逐层包保，充分发挥项目整体的质量保证职能。

2. 开工前的技术交底制度

开工前，由主管工程师向全体施工人员进行技术交底，使全体人员明确标准，做到心中有数地投入施工。

3. 工序"三检"制度

"三检"即"自检、互检、交接检"制度。上道工序不合格，不准进入下道工序。确保各道工序的工程质量。

4. 隐蔽工程检查签证制度

凡属隐蔽工程项目，严格执行合同条款"隐蔽工程检查和签证"有关规定，首先由工班、队、项目部逐级进行自检，自检合格后报监理工程师复检，经签证合格后，方可隐蔽。

5. 工序交接制度

实行"五不施工"和"三不交接"制度。"五不施工"即未进行技术交底不施工；图纸及技术要求不清楚不施工；测量桩位和资料未经换手复核不施工；材料无合格证或试验不合格者不施工；上道工序不经检查签证不施工。"三不交接"即无自检记录不交接；未经专业人员验收合格不交接；施工记录不全不交接。

6. 测量资料换手复核制度

测量资料必须换手复核无误，再报监理工程师审查认可后，方可用于施工。

7. 原材料、成品、半成品检查制度

原材料、成品和半成品要有出厂合格证，并经抽检合格，监理工程师复检认可后，方可用于施工。

8. 仪器、设备的标定制度

各种仪器仪表、设备均按计量法的规定进行标定。

9. 施工资料管理制度

施工原始资料的积累和保存由分管人员负责，分类归档管理。

（五）工艺流程规范操作制度

为了确保各项施工工艺流程得到规范操作，建立以下制度：

（1）建立以工班长为责任人的工艺流程负责制，使每一工序的工艺流程有专人负责，确保流程有效。（2）在每道工序实施前，由施工技术负责人对施工人员进行工艺流程交底，交底内容为流程程序、达到的标准等。真正使每个施工人员心中有数。（3）建立流程图标示制度，每一工序施工前，施工队应对工序流程挂牌标示，使全体人员明知，不能盲目施工。（4）对每一工序流程完成后，认真总结施工经验，不断提高操作水平，尤其是使用新材料时，不断提出改进措施，使其达到最佳流程工艺。（5）施工队应建立流程奖罚制度，明确凡不按工艺流程操作时，应予处罚，凡按工艺流程规范操作，确保质量安全者应予奖励。（6）把规范操作与环保、文明施工、劳动保护等紧密结合起来，凡工艺流程与其相违背时，应修改工艺流程，使其科学合理适用。

（六）试验室检测制度

（1）试验人员均应持证上岗。（2）现场检测前，试验人员必须熟练掌握试验规范、规程及标准。（3）对检测时发现的问题，查明原因，及时处理。（4）检测结束后，认真复核试验及检测过程是否正确，数据是否完整无缺，及时出具试验报告。（5）试验室内的试验，应严格按国家和行业标准进行，不得出现违规操作。（6）各种仪器必须指定专人负责管理，定期检定。（7）在填筑路基和浇筑混凝土时，试验人员必须在场监督。（8）及时按规定对原材料取样试验，把好原材料质量关。（9）发现违反操作规程，影响质量时，及时作出处理，并向上级报告做好记录。（10）各项试验报告，必须严格执行复核制度。

（七）创优措施

（1）开展创优宣传教育活动提高全员创优意识，确保创优工作具有广泛的群众基础。（2）建立创优组织，从组织上保证创优活动的开展。（3）质检人员在创优领导小组的领导下，按职责行使权力。（4）实行工程质量终身负责制和工程质量一票否决权制度，建立创优责任制，严格奖罚。（5）推行精品引路，样板先行，实现开工必优，施工一次成优。开工初期，项目部先树立一批分项、分部及单位工程样板，以带动整个工程创优工作的实施。（6）加大管理力度，主攻质量通病。针对以往工程质量通病，组织进行技术攻关，有预见性地采取防范措施，把质量管理由事后检查变为事前预防和过程控制中，使质量通病得到有效克服及控制，确保全标段创优目标的实现。

第二节　高速公路合同管理

合同管理是工程项目管理的一个重要组成部分，贯穿于工程建设的全过程，涉及工程的招投标、合同的履行、变更索赔、争议处理等诸多方面。合同管理和工程计量的好坏，对整个工程产生着重要的影响。施工索赔是在履行工程合同过程中，工程承包商对由于业主方面或其他方面原因增加施工费用或蒙受损失的索赔行为。对出现问题较多的合同管理进行问题分析，提供相应的解决方案，做好工程的合同管理和工程计量工作，是提高工程索赔成功的基础和保障。

一、合同管理

合同管理对工程的完成发挥着极其重要的作用，建立专门的合同管理机构，是工程项目合同管理的一个重要组成部分。

公路工程的施工合同主要包括投标书、招标文件以及被合同双方认可的招标中的来往信件等。合同管理是一种管理职能，在进行合同管理时，签订前的管理和签订后的管理同等重要。在管理时要注意系统性，涉及的各个方面都要加强监督和管理，同时还要注意动态性，根据实际情况的变化，对合同进行适当的变更，在特殊情况下也可提前终止合同。对于公路工程来说，进行合同管理是为了能够更好地对投资进行控制。所以，只有在有详细的施工原始资料和证明材料，并且严格按照规定进行上报时才能进行项目的支付与计量，同时还要求施工单位要对施工原始记录进行详细的记录，对原始记录进行保存。

公路工程最显著的特点就是投资大，它是一个国家的基本建设项目。所以，工程顺利进行的前提就是要有充足的资金，这就要求承包人要科学地组织施工，相关单位要提前筹集工程款，同时要严格遵守法律规范和相关制度，保证施工的质量和进度。所以，施工单位要做好公路工程的合同管理如下工作。

（一）加强合同管理知识培训

合同管理需要具有各方面知识的综合性人才。施工企业应该针对公路工程的特点，采取外培、内训相结合的方式，加强企业职工施工技术、工程造价以及财税法律等相关知识的培训，培养一批具有较高政策观念、通晓合同管理理论、具备较多实践经验的合同管理人员，并在实践中锻炼和提高他们的综合素质，并且应当建立专门的合同管理机构，规范合同管理工作，确保合同管理工作有序、协调进行。

（二）加强合同文件和条款的学习

认真审核招标文件、仔细分析学习合同条款。在公路工程投标签约阶段，合同管理人员应该认真钻研招标文件及其合同条款，在商签合同过程中，应对明显重大风险转嫁给承包商的合同条件提出修改的要求，对达成修改的协议以"谈判纪要"形式写出，作为该合同条件的有效组成部分。

（三）严格遵照合同条款履行合同职责

公路工程施工合同与其他建设合同一样，是施工阶段合同管理的依据，是施工企业与业主和监理的唯一纽带。合同一经签订，即对双方具有约束力，履约责任单位或责任人应切实维护企业的合法权益，履行合同义务。施工企业为了严格履行合同应该做好以下几个方面的工作：

（1）按照合同要求进度组织施工，保质保量按时向业主移交工程。（2）工程发生变更时，及时向业主提出索赔报告，取得相应的工期延长及经济补偿。（3）根据合同规定进行工程计量，按时提出中期支付证书，并且按照合同规定程序进行催款工作，确保适时得到工程款。施工企业应该认真组织施工，保证按期按质竣工，全面实际的履行合同，由此才能全部结算工程价款，从而实现自身的经济效益，并赢得良好的信誉。

二、计量管理

工程计量的范围主要是工程量清单中的各种项目，工程变更项目以及合同中规定的项目。

做好工程量清单复核，严格履行合同公路工程招标阶段的工程量清单一般是根据初步设计图纸统计计算，与施工阶段的设计图纸有一定出入。另外，由于公路工程战线长，地质条件复杂多变，工程变更较多，竣工工程量清单与招标工程量清单可能有较大出入。一般在公路工程施工过程中，单项工程量累计计量一旦超过招标清单工程量后，业主均开始停止支付该项工程款，待清单复查工作完成确保无误后才开始继续计量支付所增加的工程量，致使一般公路工程中后期均有大量工程量得不到及时计量，造成资金积压。因此，施工企业应该根据施工阶段发放的图纸，及时复核工程量清单，对变更工程量及单价及时申报，使已完工程能得到及时计量，从而缓解施工企业中后期资金压力，增加工程现值。公路工程工期时间跨度较长，按月计量期数较多，清单项目也较多。由于合同管理人员与施工人员的脱节，很容易造成已完工程量漏计。做好计量台账，可以很好地防止工程量漏计，也可以为清单工程量复核提供依据。

（一）计量基本原则

1. 公路工程计量原则

（1）对于达不到合同文件要求的工程，不能进行计量。（2）要严格按照合同中所规定的内容、方法、范围等进行计量。（3）依照监理工程师认可的计量方法进行计量。

设计变更的工程必须在完成工程变更手续后方可计量。按技术规范规定，虽已实施但被认为已包含在本合同的其他清单细目的单价或总额中的工程内容，将不另行计量与支付。工程计量应坚持实事求是原则，严格按照合同文件要求办理，做到既不超计、也不漏计、更不错计。工程施工达到设计图纸要求并经检验合格才能计量，未经质量验收或验收不合格的工程、有质量缺陷或隐患的工程，均不能办理计量。

2. 工程中间计量

工程计量以分项工程为单位办理，原则上要求分项工程中间交工后才能申请中间计量。特殊情况对分项工程分次计量按以下原则办理：

（1）路基开挖和填筑可分层分段计量。（2）现浇连续梁、高度20m以上的桥墩和大型挡土墙分段施工部分完成，混凝土强度满足要求的，可办理已完成工程中间计量。分项工程完工检验合格后，补齐中间交工及质量评定等资料。（3）桥梁梁板预制完成，混凝土强度满足要求的，按梁板工程数量的75%办理中间计量，剩余数量待梁板架设检验合格后办理中间计量。

3. 暂计量

对符合以下条件之一的工程，经监理、业主审批同意，可以申报暂计量。

（1）因变更尚未完成手续且已经实施完成的合格工程。（2）其他已批准变更立项，由于非承包人原因造成变更令审批手续滞后但已实施完成的合格工程。

（二）公路工程计量的程序

在需要对工程进行计量时，首先施工单位要提出计量申请，并下发通知，监管人员对计量申请进行认真审查，审查通过后方可告知申请人进行计量。监管人员还要对相关的资料进行审查，根据实际情况，审查计量申请人为计量工作准备的各种资料。在审查中如果出现问题，则将材料退回给申请人，并告知其不能进行计量。此外，还要认真完成计量表的填写，根据真实情况进行填写，针对承包人提出的问题，认真检查计量记录。

（三）工程计量计算方法

工程计量方式按照实地勘测和实地测量。要根据施工的具体要求，对所需数据进行实地勘测和测量，在测量时要做到精确严谨，并要认真地做好记录工作。注意在室内和室外测量勘测时，选用不同的方法，用最简单的方式，测量出最精确的结果，并要根据特定的计算规则对其进行计算。在工程计量方面要严格按照各个步骤，规范地操作。

（1）路基土石方工程实行累减计量方法，即按每个断面的设计值或确认值减去尚未完成的标准断面值来分层计量，当路基土石方计量累计达到变更后清单中数量的95%后就暂停计量，剩余的5%必须在路基工程中间交工验收合格、边坡处理达到监理工程师和业主要求后一次性计量与支付。（2）路面工程、结构工程及结构工程的钢材、交通安全设施及通信管道等计量应按完成工程的施工设计图中相应的尺寸或重量计算式进行计算后计量，并应附相应的施工设计图复印件。如果原图纸中计算有误，应及时申报工程变更修正工程量清单，待变更令下达后方可计量。（3）总额包干费用的计量。按合同条款及技术规范的规定办理计量和支付，包干使用。（4）保险费的计量。承包人应按合同约定的建筑工程一切险、第三方责任险等险种和保额等要求投保，并办理设备险和员工意外伤害险。业主根据承包人提供的合格保单予以支付，但最高支付额不超过合同约定的保险费金额。（5）专项暂定金额计量。专项暂定金额由业主按照有关规定根据工程需要统一安排使用，承包人根据实际使用金额申请计量。（6）计日工计量。承包人以独立实施的计日工事项为单位，申报工程变更，然后以批准的变更令增减工程量清单，申请中间计量，并附相关记录、检查表、照片等证明文件。（7）工程计量的计算结果数据应四舍五入。金额以元为单位取整数；面积以平方米为单位取两位小数；结构物体积以立方米为单位取两位小数，土石方体积以立方米为单位取整数；重量以吨为单位取三位小数或以千克为单位取一位小数；长度、宽度、高度以米为单位取两位小数。（8）工程数量及清单数量的计算应符合设计与技术规范要求，申请计量的工程清单数量不得大于设计与变更增减数量之和。（9）当工程完工后，进行终期计量与支付时，应对合同工程量清单、已批复的工程变更和各期中计量与支付证书进行清理，确保资料完整。对未实施的工程项目，应办理变更核减其清单数量，以使最终的变更后合同总额与最终的计量支付总额完全相等。终期计量的最终工程量清单应与经监理工程师、业主审查合格的竣工图纸中数量完全相等。

（四）计量附件要求

（1）工程中间计量应附完整施工设计图纸、变更令、工程开工报告和各种测量、试验、检测资料，以及中间交工文件、工程隐蔽前后的照片等证明文件。（2）计量附件中的所有文件均使用复印件。承包人应将原件提交计量监理工程师核对。（3）费用项目的计量应在中间计量表后附相关费用支出的发票、协议等证明文件的复印件。（4）隧道工程中间计量应附具有断面采集功能的测量软件绘制的断面图及其计算结果。（5）材料预付款计量应填写本期到场材料统计表，按材料类别和规格分类统计本期到场的永久性工程材料，注明材料名称、规格、购买单价、数量、金额、来源、票据编号、材质证明文件等，与供销合同、购货发票等证明文件的复印件一起构成计量附件。（6）为保证材料预付款支付合理，期中计量申报材料预付款支付时，承包人应按业主指定格式填报工程材料统计表和已完工程数量统计表，准确反映材料实际库存数量和工程完成情况，报监理单位和业主代表处签认。工程材料统计表和已完工程数量统计表装订于材料预付款计量附件中的本期到场材料统计表之后。

（五）工程计量

1. 计量周期

工程计量以一个日历月为一个计量周期。每月25日为当月截止计量截止日期，年底以12月31日为截止日期，在计量截止日期之前完成的合格工程才能纳入当期计量。计量截止日期前完成的符合计量条件的工程及费用金额达到合同约定的最小计量支付金额时，方可申请支付。

2. 计量依据

工程计量的依据是合同工程量清单及其说明、设计图纸、工程变更令及增减清单数量、合同条款及补充协议、技术规范、有关计量的补充文件、工程材料和工程质量检验证明文件、现场验收记录、费用增减的审批文件、经批准的索赔审批表及业主的其他有关文件、指令。

3. 工程量清单

（1）工程量清单是计量支付的主要依据，相关人员应认真理解工程量清单及其说明的内容，熟悉合同文件中技术规范、合同条款，准确地掌握清单工程项目计量的范围和计量的方法。（2）合同工程量清单中的数量是工程招标时给定的预计数量，不能作为最终结算和支付的依据。（3）由于施工图设计文件与招标文件不一致或施工现场自然条件与施工图设计图纸不一致，业主工程部组织对工程量清单进行复核，并以0#变更令修订合同工程量清单，0#变更后的工程量清单作为计量支付的原始工程量清单。（4）清单数量的任何变动都必须以业主批复的工程变更令为依据。根据变更令修订后的工程量清单是工程计量支付和工程结算的依据。

三、索赔管理

施工索赔是公路工程合同管理的重要环节，是施工企业保护自身正当权益、弥补工程损失、提高经济效益的重要和有效的手段。收集索赔资料，及时进行施工索赔是合同管理的重要职责。建筑市场是买方市场，低价中标屡见不鲜。此时，变更与索赔的成立与否是施工企业合同管理的关键所在。施工企业想要搞好施工索赔工作，需要各级领导的充分重视，相关部门的协调与配合。在公路工程施工过程中，合同管理人员应该经常深入施工现场，了解和收集施工有关资料，及时掌握现场施工动态，协助业主及时审核因设计变更、现场签证等发生的费用，为最终的工程总结算提供依据和做好必要的准备工作。

参与索赔工作的承包商人员必须熟悉施工中的各个环节，通晓各种建筑合约及建筑法律，且具有一定的财会知识。索赔工作很重要的一点是证明承包商有挽回自己损失的权力，并证明承包商提出的索赔要求是合理的。但仅仅证明自己索赔的合理性，还不能全部收回已发生的损失费用，还要按照正确的程序精确地计算出索赔数额，提供有力的依据以证明此数额合情合理，索赔工作才会产生应有的价值。

（一）索赔意向

当发现索赔机会或意识到潜在的索赔机会后，承包商要做的第一件事就是要将自己的索赔意向书面通知给监理工程师（业主）。这种意向通知是非常重要的，它标志着一项索赔工作的开始。事先向监理工程师（业主）提交索赔通知意向，是承包商要取得补偿并在整个合同实施期间应保持的良好索赔意识的体现。

索赔意向通知一般包括以下四个方面的内容：

（1）事件发生的时间和情况的简单描述。（2）依据的合同条款和理由。（3）有关后续资料的提供，包括及时记录和提供事件发展的动态。（4）对工程成本和工期产生不利影响的程度，以期引起监理工程师（业主）的重视。

一般索赔意向通知仅仅表明意向，书面应简明扼要，初步涉及索赔内容但暂不涉及索赔数额。

（二）索赔依据

项目的资料是索赔的主要依据，资料不完备索赔难以顺利进行。为了确保索赔成功的概率，承包商必须保存一套完整的工程项目资料，这是索赔工作的第一步，也是搞好索赔工作的基础。为了搞好索赔，承包商应责成专人负责工程资料的收集、保管和整理。基础资料主要包括：

1. 定期与业主雇请人员（多指监理人员）谈话的记录

业主的雇请人员对合约和工程实际情况掌握着第一手资料，与他们接触的目的是摸清施工中可能发生的意外情况，以便做到事前心中有数，一旦发生延误，承包商即可提出延误的原因，说明该原因系业主造成的，为将来索赔奠定基础。

2. 各种施工进度计划表

开工前和施工中编制的所有工程进度表均应妥善保存。

3. 来往文件、信件

有关工程的来往文件或信件必须全部保存妥当，直至合约全部履行完毕，所有索赔均获得解决为止。这些文件或信件内容常常是包括某一时期工程发展情况的总结，以及与工程有关的当事人情况，对后续索赔费用或延期的计算具有较大的参考价值。

4. 气象资料

在分析进度安排和施工条件时，当地气象部门的气象资料是重要的考虑因素之一。

5. 施工记录

承包商对监理工程师和业主的口头指示应作好详细记录并以书面形式请求其确认，它是事件发生和持续过程中重要情况的记录。

6. 会议纪要

是业主、监理和承包商定期或临时召开现场会，讨论工程情况的会议记录。它能追溯项目的执行情况，查阅业主或监理签发某项工程变更通知的背景和日期，且能查阅施工中最早发现某一重情况的确切时间。另外，这些纪要也能反映承包商对有关情况所采取的态度和行动。

7. 工程照片与声像资料

这些资料是反映工程客观情况的真实写照，也是法律承认的有效证据。

8. 工程核算资料，财务单据和专款单据

所有人工、材料、机械设备使用台账，工程成本分析资料，财务单据，财务报表，货币汇率现金流量，物价指数，收付款凭证等内容的增减均能揭示工程内容的增减情况和开始时间。这些资料是承包商对业主提出索赔的重要依据，也是后续索赔额计算的原始基础资料。

9. 工程检测和中期验收报告

由驻地监理工程师签字的工程检测和中期验收报告反映出某一单项工程在某一特定阶段竣工的程度，并记录了该单项工程竣工时间和验收日期。因为工程检测或验收报告是由监理工程师签发，向业主索赔时充分利用这些资料往往力度较大。

10. 所有的合同文件

包括招投标书，图纸原件，变更图纸及招投标阶段现场考察，编标资料等。它们之间的某些差异和变化将是承包商索赔的最有力的证据。

11. 施工人员、材料及使用设备的日报表

它是承包商自行完成的表示施工现场管理有序的重要标志，也是索赔的重要佐证。

（三）索赔报告

索赔报告是承包商在索赔事件对工程产生影响结束后，向监理工程师（业主）提出的一份要求业主给予一定经济补偿（或）延长工期的正式报告［当索赔事件影响持续延长，应分阶段向监理工程师（业主）提出］。

承包商索赔报告提出的目的在于要拿到相应的索赔金额，因此索赔报告一定要有令人信服的效力，为了达到这个目的，应注重以下几个方面：

（1）索赔报告必须准确无误，责任分析应清楚明了，特别是在责任区分上不能有含混不清言辞出现。为此，应特别强调指出索赔事件是一个有经验的承包商不可预见的，承包商对它不能有所准备，事发后尽管承包商采取了各种能够采取的措施也无法制止。同时，指出索赔事件使承包商工期延误，费用增加的严重性和索赔值之间的因

果关系。（2）客观地、实事求是地把握索赔计算方法和索赔金额，以赢得业主的同情与理解。索赔金额的计算过程要清晰明了，依据要正确，数据要准确无误。同时，计算过程与证明材料及附件要做到完全统一，不可出现自相矛盾之处。（3）索赔报告的形式和内容应力求做到文字简练，组织严密，资料充足，条理清楚，便于业主由表及里、由浅入深地阅读和了解。同时应注意用词要恰当，避免言词过激或断章取义、牵强附会内容的出现。

索赔在承包工程中总发生，特别是针对索赔这项复杂、细致而艰巨工作的特性，承包商基于其利益所在，应很好地把握住索赔战略和策略的角度，以使其不论在任何情况、任何条件、任何环境下索赔工作均能得到圆满完成。

第七章 高速公路安全、文明施工与环境保护管理

第一节 高速公路安全与文明施工标准化管理

一、路基施工安全

（一）路基填筑安全施工要求

1. 佩戴安全帽和上岗证

进入施工现场的人员应佩戴安全帽和上岗证，现场管理人员和作业人员的安全帽应区分，劳动保护用品穿戴齐全，安全监察人员应佩戴袖标（牌）。

2. 机械设备应符合要求

现场各类机械设备应符合"施工组织设计（方案）"要求，质量证明文件齐全、状态良好。现场各类机械设备停放位置应合理规划，分区布置，摆放整齐。设备安全可靠，运转正常，严禁带病作业。施工单位应定期对施工机械（具）设备进行检查维修、保养清洗。路基施工机械应符合下列要求：

（1）大型机械施工现场必须严格执行一机一人专职防护，做到"五个一"，即：一机、一人（专职防护）、一本（机械施工日志）、一牌（设备标识牌）、一证（机械操作证）。每台机械都必须悬挂机械标识牌。（2）施工现场安装、拆卸大型施工机械时，必须由具有相应资质的单位承担，施工单位负责人、安全部长、安全（设备）主管工程师到场把关。转场时，应有专项方案、专项检测、专项见证、专项放行、专项检查，技术负责人、领工员、安全员、技术员及监理员要现场把关。大型施工机械夜间不得安排转场、移机。大型施工机械作业时现场必须有领工员、安全员、技术员、监理员等有关人员把关。（3）打桩机应取得准用证，安装后验收合格；应有超高限位装置。（4）正在使用的机械设备应在醒目位置悬挂机械操作安全规定公示牌（即安全操作规程）。易发生机械伤害的场所、施工现场出入口应设置禁止和警示标志。（5）机械作业人员进入施工现场前，应按设备操作规程进行检查。作业中严格遵守劳动纪律，不得酒后上岗后连续疲劳作业，应严格执行操作规程和相关安全规章制度，并做好设备使用、维护、保养记录。（6）施工现场各类机具设备应定期检查。线缆接头必

须绑扎牢固，确保不透水、不漏电；对穿越水、泥浆等位置应架空搭设。（7）挖掘机、装载机、吊车等机械作业范围内如有高压线、管线等，应尽可能避免机械化作业或派专人指挥监控作业。挖掘机、装载机作业时，铲斗内、臂杆、履带和机棚上严禁载人，其回转范围内不得有人或机械通过。临近高压电缆以及起重机臂杆的回转半径达到施工现场范围以外的，均应按要求设置安全隔离设施。（8）运输车辆防护应符合当地的相关规定。运输车辆不得超速、超载、超限，不得人货混载，驾驶室不得超定员搭乘；自卸式汽车翻斗内严禁载人。（9）使用提升架运送石料时，应有专人指挥和操作，严禁超负荷运行。严禁使用提升架载人。（10）砂桩、碎石桩、粉煤灰碎石桩、预制桩施工桩机作业时，严禁吊装、吊锤、回转、行走动作同时进行；桩机移动时，必须将桩锤落至最低位置；施打过程中，操作人员必须在桩锤安全距离外监视。（11）施工场地狭小，行人和机械作业繁忙地段应设临时交通指挥员。（12）大型施工机械施工现场必须做到"四严禁"，即：严禁使用没有制造资质的企业生产的设备；严禁使用没有经过专业培训的低素质人员进行大型机械操作；严禁施工现场大型机械违章施工作业；严禁大型机械带故障作业。

3.基底处理应符合要求

（1）地下管线不明时，应挖十字沟进行探测，在显著位置标出管线，加以保护。（2）应及时联系相关部门，对管线、电缆、光缆等进行迁移；无法迁移的，应会同设备管理单位采取防护措施保护。（3）应编制测量控制方案，现场基桩、基线位置正确，埋设良好，并形成记录。（4）进行爆破作业前，应向所在地有关部门办理批准手续，由具备爆破资质的专业机构实施。爆破作业应根据地形、地质和施工地区环境的具体情况，采取相应的防护措施。爆破作业现场应设安全警戒防护，由专人统一指挥。在清方过程中发现有瞎炮、残药、雷管时，必须及时由爆破人员处理。（5）宜避开雨季作业，加强现场排水，防止已处理的地基被水浸泡。

（二）路基填筑安全施工程序

（1）加强各工序间的衔接，各类沟槽基坑开挖后宜尽快封闭，严禁雨水浸泡。（2）路基上的电缆槽、声屏障基础、预埋管线、综合接地等宜与路基同步施工，不得因其施工而损坏、危及路基的稳固与安全。（3）滑坡、崩塌、高陡边坡等高风险路基作业应编制专项安全施工方案，安全措施应符合设计要求，经有关单位审批同意后方可施工。施工过程中应设置明显的禁止、警告标志。（4）路基开挖作业应自上而下进行，严禁掏底开挖，无因开挖不当而造成的堑坡塌滑现象。开挖应与装运作业相互错开进行，严禁双层作业。松动的土、石块应及时清除，弃土下方和滚石危及范围内的道路，应设警示标志。作业时下方严禁通行。（5）相关工程及附属设施施工时，应防止路基污染，做好成品保护。

（三）安全施工标识

（1）施工现场应布置"五牌一图"及各类标识牌、警示牌。（2）路基施工现场宜采用封闭式管理，现场出入口悬挂"施工重地、闲人免进"的禁止标志。

二、路面施工安全

（一）安全生产保证体系

项目以公司管理手册职业安全健康管理体系标准的要求为指导，认真贯彻工程项目安全方针，确保安全目标的实现。项目经理部建立安全保证体系，以项目经理为责任人的安全生产领导机构，配备专职安全员，全面负责工程的安全工作，并做到安全工作有机构、有组织、有制度、有措施，实行工程施工安全一票否决制。

项目部设立以项目经理为第一责任人，项目总工、项目副经理为安全责任人，项目部各科室负责人和各施工队长、厂站长为组员的安全生产领导小组的安全生产管理组织机构。实行安全目标责任制管理，配备专职安全检查人员，班组设置兼职安全员，全面负责工程施工安全管理工作，形成一个健全的安全保证体系组织机构。

安全生产管理应贯穿于整个施工过程，随时随地进行安全教育、安全检查，树立安全第一的观念，严格按规程操作，确保安全生产目标的实现。

（二）安全生产管理措施

（1）项目部成立安全领导小组，使整个施工安全都处于受控状态，安全隐患消除在萌芽之中。（2）建立施工项目安全施工责任保证体系，有组织、有领导开展安全管理活动，建立各级人员安全生产责任制度，明确各级人员安全责任，抓制度落实，抓责任落实，定期检查，特种作业人员坚持持证上岗。（3）项目部、施工队设置专职安全员，关键部位由安全员现场监督，发现有安全隐患，即可提出整改。安全员有权对违章错做人员行使处罚及下达停工令，并且班组安全员在每天上班前，对班组全体人员做3～5分钟安全教育，特别对机械操作手要安全提醒。在拌和站的高空、皮带机转动部位设置安全防护。（4）施工地段设置必要的警示牌（灯）和警戒防护设备以警示来往行人及车辆的安全。在大雾、大雨及夜晚配备专人在施工道路口警戒和防护。（5）现场用电按标准规定要求架设和施用。安全人员与当地气象部门建立工作联系。提供旬、周、日的天气预报，掌握气候变化及降水情况，项目部每日定时通知各施工点天气预报，各施工点必须挂牌提示。（6）施工现场所用的材料管理要规范化、标准化，有专人管理，必须是正规厂家产品，"三证"齐全方可进场。施工现场各工点要有明显的各种提示牌及警示牌，危险部位设栅栏封闭。（7）消防管理：建立消防安全小组，专项负责消防工作。易燃、易爆物品，必须隔离存放。生活区与作业区要有安全隔离距离，在生产区禁止施用明火照明及抽烟。现场配备足够的灭火器、防火锹、防火沙，沥青混凝土拌和站应装有警报器。（8）施工用电管理：架设动力线路，采用较大截面的地下电缆通过，确保安全，架设用电线路要规范化，保证架设高度满足车辆安全通过。电气设备必须安装漏电保护器。设置专业电器工程师，配备强、弱电技术员各一名，严禁无证操作。施工间隙或夜间大型专用设备均要集中，并有保护措施设专人看护。

（三）安全生产保证措施

（1）建立健全各级各部门安全生产责任制，责任落实到人。各施工队有明确的安全考核指标和包括奖惩办法在内的保证措施，有安全生产协议书。（2）所有工作人员必须进行安全技术培训。工人应掌握本工种操作技能，熟悉本工种安全技术操作规程，进行全面的针对性的交底，接受交底者履行签字手续。特种作业人员必须经培训考试合格持证上岗，操作证必须按期复审不得超期使用。（3）建立定期安全检查制度。有时间、有要求，明确重点部位、危险岗位。安全检查有记录，对查出的隐患应及时整改，做到定人、定时间、定措施。班组在班前须进行上岗交底、上岗检查、上岗记录的"三上岗"和每周一次"一讲评"的安全活动。对班组的安全活动，要有考核措施。在主要施工部位、作业点、危险区、主要通道口都要挂有安全宣传标语或交通安全警告牌。

（四）森林、草原防火

（1）项目部必须严格执行国家、地方有关森林、草原防火的法律、法规、规章制度的规定，认真落实有关消防安全管理工作。大力开展群防群治工作，按照"谁主管、谁负责、谁在岗、谁负责"的原则将防火安全工作落实到每一个员工。确实做到防火安全、人人有责，杜绝火灾发生。（2）项目部必须组建义务消防队，负责施工标段的防火安全工作，落实防火措施。必须建立完善的消防管理规章制度，层层落实防火责任制，开展经常性的消防法规和防火安全教育，制订防火应急预案，实时进行防火演练，不断提高施工管理人员的消防意识和能力。（3）项目部必须配备常规器材，实行责任制管理，定期进行消防安全检查，及时整改火灾隐患，非特殊施工需要，禁止野外施用明火，杜绝火灾的发生。（4）项目部与下属的各施工班组必须签订防火安全责任书，明确落实防火安全责任人，若发生火灾事故，必须追究当事人的责任。（5）项目部将认真执行防火安全各项规定，服从指挥，确保防火、灭火工作效果。

三、桥梁施工安全要求

（一）桥梁基础施工安全要求

（1）遵守水上作业操作规程，戴安全帽、穿救生衣、系安全带、穿防滑鞋。（2）桩基作业区域应平整，必须采取安全防护措施，并设立警示标志，非工作人员未经批准不得入内。在钻机安装时，机架应垫平，保持稳定，不得产生位移或沉陷，钻机顶端应用缆风绳对称张拉，地锚应牢固。钻机需设工程标识牌，标明所施工桥名、墩台及桩位编号、护筒顶高程、设计桩长及桩底高程等，施工中要做好详细钻孔记录，保持好样渣。（3）禁止随地排放泥浆和钻渣，应外运到指定弃土场，水上桩基应配备专用的泥浆船和泥浆输送管泵，用来造浆循环及运送废弃泥浆。所有制浆池、储浆池和沉淀池周围应设立安全防护设施和安全指令标志，制浆材料的堆放地应有防水、防雨和防风措施，弃渣泥浆应及时外运，废弃后应回填处理，防止人员落入池内。（4）沉淀池禁止设在正线路基上，其开挖深度不得超过2m，以便晾晒处理。循环池位置选择应在征地线以内，且不得影响施工便道。桩基施工完毕后，施工现场的循环池和沉淀池应清淤回填，分层碾压。（5）对起吊设备应经常进行安全检查，对破损部件应及时更换，确保安全。旋转钻机进钻时，高压胶管下不得站人。钻孔施工设备停放地点应平整、夯实，并避开高压线。（6）在有通航要求的水域施工时，应按要求做好通航导航标志。

（二）挖孔灌注桩施工要求

（1）桩孔内应有足够的照明、通风、排气设施，同时备有逃生安全爬梯，随桩孔深放长至作业面，不得用人工拉绳运送作业人员或踩护壁凸缘上下桩孔。尺寸在50cm以上的孔口必须设置钢筋防护网，规格间距不得大于20cm。（2）孔位处应按要求设置标志牌，在孔边安设警铃，使井下工人可预报险情进行施救。护圈高度应高于地表高度20cm以上，防止碎石掉落伤人。孔口四周必须搭设防护围栏，围栏应采用钢筋牢固焊制。停止作业时，应派人值班，孔口加盖，并设围栏和警告标志牌，夜间要有照明，防止人员掉入孔中。（3）挖孔桩周边60cm范围内应进行环形硬化，以便于渣土清理及后续钢筋笼、混凝土灌注工作的开展，在桩间系梁安装施工前，应将硬化区域凿除。挖出的土石方应用车集中运送，孔口不得堆集土渣、机具及杂物，严禁随意乱倒土石方。孔口四周应挖排水沟，及时排出地表水，搭好孔口雨篷。（4）爆破开挖时必须设置警报系统，做好爆破前预告、爆破警告、解除爆破工作。紧靠居民区爆破时，孔口应加盖钢板，上堆沙袋，以防飞石伤人。（5）向周边居民做好安全宣传工作，非工作人员施工期间不得进入工地。减少施工中的噪声、粉尘和振动，做到不扰民。（6）出渣应使用安全不漏洒的吊桶，吊钩钢丝绳应经常检查，以防断裂。（7）作业人员必须正确配戴安全防护用品。孔内应设半圆形防护板，并随挖掘深度逐层下移。（8）挖孔时，应经常检查孔内有害气体浓度，当氧气和其他有害气体超过允许值或孔深超过10m、腐殖土层较厚时，应加强通风。

（三）桥梁下部结构施工安全

1．脚手架搭设的有关要求

（1）桥梁墩柱、盖梁施工的脚手架的搭设方案，需经过监理工程师的批准，安装脚手架的单位资质应符合要求，安装脚手架的人员应经过专业培训。（2）脚手架的杆件直径、型钢规格及材质应符合要求，应采用直径48mm钢管脚手架。脚手架基础应坚固平实，设有方木垫板。每隔5m应设置45°斜向剪刀撑，底部纵横连接，脚手板铺满，并用铁丝固定，无探头板。脚手架高度在7m以上，架体与结构物拉结。（3）脚手架搭设应考虑人员上下的扶梯，扶梯设有护栏，扶梯的爬升角度不应超过45°。每个桥墩浇筑混凝土前，顶部应设置不小于3m³的作业平台，下铺不小于5cm厚的木板或竹夹板。作业平台应满足承载力要求，并搭设牢固。平台上应设防护栏杆及步梯。墩台高度超过2m时，应张挂安全网。（4）脚手架荷载不得超过规定，施工荷载应堆放均匀，有积雪或杂物时应及时清理。（5）脚手架施工处所应设置禁止、警告、指令标志。

2．施工现场

施工现场使用的模板、脚手架等周转材料应堆放整齐，以保持施工现场整洁文明。墩柱施工完成后，对于系梁、盖梁及承台四周的建筑垃圾应及时清理，运至弃土场。

3．进入施工现场作业人员

进入施工现场作业人员必须戴安全帽，高处作业人员必须系安全带，穿防滑鞋，且作业人员所用的扳手、锤头等工具必须用绳子挂在工具袋内，防止坠落伤人。

4．模板的吊装

模板的吊装需有专人指挥，吊装作业时，闲杂人员应撤离现场。

5．拆除模板时

应划分作业区，悬挂警示标志，并按规定的拆模程序进行。拆除区域应设置警戒线，由专人监护，留有未拆除的悬空模板及模板工程应经过验收手续。严防因时间控制不当或野蛮操作造成结构物缺棱掉角。

6．桥梁墩柱、盖梁在施工过程中

应设置临时标志牌，标志牌大小为0.3m×0.5m，白底黑字，应包括墩台编号、墩高、结构类型、混凝土强度等级、施工班组等内容。

7．高墩施工安全文明要求

（1）每个墩应设置封闭作业区，派专人对作业区的人员进行安全监督，作业区内应设置安全警示标志。（2）吊装作业时，要有专人指挥，驾驶员要执证上岗，要制定统一的指挥方式。（3）每个高墩应使用专用的配电箱，平台上的振动器、电机等应有相应的接地装置，作业面应配置灭火器材。（4）应验证高墩模板结构设计与施工专项方案说明中的荷载、计算方法、节点构造是否符合实际情况，并有安装拆除方案。（5）应定期对塔吊和吊装补助工具进行检查、维护。应重点检查的项目有：塔吊附着臂的牢固程度、自动报警装置、制动装置、起吊钢丝绳、吊装补助钢绳、卸扣、钢绳卡、吊篮等。（6）应定期对电梯和步行梯进行检查维护。电梯重点检查的项目有：电梯预埋件和支架的稳固性、电梯的紧急制动装置、电梯的定点制动装置等。步行梯重点检查项目有：支架的稳定性、梯子上下端的牢固性、栏杆的牢固性。（7）开工前，应对所有作业人员进行安全常识培训和安全操作技能培训，重点进行高空安全常识、吊装技能和吊装安全的培训。（8）特殊工种必须执证上岗，对专职安全员、班组长、从事特种作业的架子工、起重工、混凝土工、电工、木工、电梯司机、塔吊司机等，必须严格按照特种作业人员安全技术考核管理规则进行安全教育、考核，经过培训，考试合格，获取操作证者才能执证上岗。对从事高处作业人员应定期进行身体检查。（9）现场应悬挂设备安全使用操作规程，大型起吊设备应通过当地技术监督局标定检测。设备使用前，应进行安装、调试，并对各项技术性能指标进行验收，保存好验收记录。（10）提升平台时，爬梯必须与下段大模板临时固接，以减少悬臂长度。平台提升应分段同步提升，每30cm设置一道检查标记。提升前，应对平台配重进行调整。（11）爬架提升前由专人检查所有锚固是否完全解除，提升过程中随时观察上升路径是否有障碍物，必要时可以采取分片对称提升。收坡在提升结束后进行。爬架就位后，必须立即锚固，并有专人检查，确认完全锚固后，方可进行下一道工序。（12）高处作业所用梯子不得缺挡和垫高，同一架梯子不得两人同时上下，在通道或平台处使用的梯子应设置围栏。工作平台上的脚手板，在寒冷季节要钉设防滑条，防止工作人员滑倒坠落。（13）运送人员和物件的各种升降机、吊笼，应有可靠的安全装置，严禁人员乘坐运送物件的吊篮。（14）遇6级或6级以上的大风等恶劣天气时，应停止露天高处作业。在霜冻或雨雪天气进行露天高处作业时，应采取防滑措施。（15）工作平台吊架与墩壁中间设安全网，并应及时结实扎牢，以防人员或大块重物掉落。

（四）桥梁上部施工安全

（1）预制施工现场应封闭管理，与工程建设无关的人员严禁入内。（2）现场应配备简易爬梯，使施工人员上下方便，便于预制梁施工、检查。（3）应严格按照规定期限拆卸模板，不得野蛮拆卸模板。（4）张拉平台及施工架应搭设牢固。在油泵运转不正常的情况下，应立即停止，进行检查。在有压情况下，不得随意拧动油泵或千斤顶各部位螺栓。（5）油管和千斤顶油嘴连接时应擦拭干净，防止砂砾堵管，新油管应检查有无裂纹、接头是否牢靠，高压油管接头应加防护套，以防喷油伤人。（6）千斤顶带压工作时，正面不能站人，不得拆卸液压系统中任何部件。压浆泵使用应严格按操作规程进行。压浆工作人员应穿雨鞋、戴防护眼镜。（7）每次压浆停用时，应及时清洗泵及管道，防止下次使用堵管。（8）已张拉完而尚未压浆的梁，不得剧烈振动，防止预应力钢筋断裂而酿成重大事故。（9）梁的存放：第一，T梁应用木条支撑到位，斜衬应设于翼板根部，不得撑于翼板外缘，或使用特制的钢架支撑，防止倾覆。梁片堆放高度不应超过两层。第二，预制小箱梁及空心板梁堆放，必须采用四点支撑堆放，支撑垫块顶面应位于同一平面内，误差不得大于2mm，支撑中心顺桥向距梁端30cm左右，横向距腹板外缘20cm，支撑垫块平面尺寸为30cm×30cm，板梁堆放不得超过3层。（10）梁的编号：第一，预制完成后，应在各片梁上标注梁的编号，在各片梁腹板侧面的大、小里程端部的一个侧面均应进行标注。应标注桥名、编号、制作日期及施工单位和监理单位名称。第二，编号标识宽度为90cm，高度为48cm，中文字体为印刷黑体，规格为5cm×8cm，采用红色油漆标注于梁片里程增长方向端外侧。

（五）预制梁安装施工要求

（1）提、运、架梁应设专人统一指挥，现场设专职安全员对运架梁进行安全巡视，信号应准确清楚，密切关注各部位的安全状况，发现异常时应立即停止作业。架梁现场应有明显标志，与该工作无关的人员严禁入内。（2）使用钢轨轨道的，钢轨的两端应设置限位装置，并经常检查限位装置的完好性。（3）在滑轮运转不正常的情况下，应立即停止作业并进行检查。对钢丝绳应每天进行检查。（4）作为架梁时工作人员行走的"天桥"，应设置严格、规范的防护栏杆，确保施工安全。（5）加强起重吊装设备检修，对所有起重、运输工具设备，使用前应进行全面的检修，特别是重型吊装机械，必须经过荷重试吊合格后，方可正式使用，并在统一指挥下进行作业。架梁机在使用中，应定期进行检查确认，严禁超范围使用和带病作业。（6）在铺设移跨轨道时，横向坡度应水平，纵向坡度不得超过3%。枕木距离应能确保安全。（7）运梁作业应设专人清理轨道，场地应平整；严格按照安全操作规程操作运梁机械，做到四点同步，行驶平稳。（8）运梁车通道应满足运架梁荷载的要求。运梁应严格按照3～5km/h的速度行驶，做好防碰撞措施。运梁车驮运架桥机在高压输电线路下运行时或架桥机在高压输电线路下架桥作业时，高压输电线路距架桥机的最小安全距离应满足要求。（9）预制梁架设期间，运梁通道上应停止其他施工作业，禁止其他车辆上道。运梁通道上应设置运梁车运行标线、标志、警示牌。（10）桥上进行铺架作业时，桥下严禁车辆、船舶及行人通过，并设有相应的安全禁止标志，派专人值班巡视。（11）夜间、5级及5级以上大风、暴雨时，禁止架梁作业。夜间作业照明应使用安全电压。

（六）支架式现浇安全要求

（1）现浇支架施工为高处、双层作业，必须有完善的安全防护措施。（2）安全防护栏杆、脚手板、爬升梯和安全网等，应经过专门设计，各种安全防护材料要经过检验合格后方可使用。防护设施完成后，须经安全领导小组验收合格后，方可投入使用。（3）施工现场应布置有序、整洁，避免施工废物、噪声污染周围环境。在已浇筑完的梁顶部不得堆放施工垃圾。（4）箱体内杂物、垃圾应清理干净，不得有积水，设好通气孔。

（七）悬臂式现浇安全要求

（1）应根据设计图纸设置安全且便于使用的施工通道及工作平台。以斜托架作施工平台时，平台边缘应设安全防护设施。墩身两侧托架平台之间搭设的人行道必须连接牢固。操作人员必须按规定佩戴安全防护用品，配备救生设施。（2）桥面栏杆应随悬浇段同步延伸设置，设置钢架预应力张拉平台。（3）对0号块托架、挂篮和现浇段支架的设计、施工方案应有技术部门和质监部门的检算和验收，按要求做好预载试验，各安全系数应满足规范和设计要求。（4）钢管架的搭接应严格按照有关安全操作规程操作。使用机具设备（如千斤顶、滑车、手拉葫芦、钢丝绳等）应进行检查，不符合规定的不得使用。（5）挂篮拆除拼装和前移应按有关要求，保持对称同步进行。挂篮两侧前移要对称平衡进行，大风、雷雨天气不得移动挂篮；挂篮移动到位后要检查前后锚点、吊带、零号块临时锚固是否到位；挂篮移动中应设观察哨进行监护，并设限位装置。严格控制荷载，防止过大的冲击和振动。（6）平桁式挂篮配重，宜用混凝土预制或钢件，不宜用水箱压重，以防水箱损坏泄漏，导致挂篮失衡倾覆。（7）滑移斜拉式挂篮安装时或主梁行走到位后，应先安装好后锚固和水平限位装置，方可安装斜拉带悬挂底模平台，严防挂篮倾覆、坍塌。底模和侧模沿滑梁行走前，需将斜拉带和后吊带拆除，用倒链起降和悬吊底模平台，同时，必须在倒链的位置加保险绳。（8）挂篮行走时，要缓慢进行，速度应控制在0.1m/min以内。挂篮后部各设一组溜绳，以保安全。滑道要铺设平整、顺直、不得偏移，并随时注意观察，发现问题应及时处理。（9）起重工作要严格按照《安全规范》进行操作。（10）在底模前移前，必须详细检查挂篮位置，后端压重及后吊杆安装情况是否符合要求。应先将上横梁上吊带与底模下横梁连接好，确认安全后，方可前移。（11）浇筑合龙段混凝土时，随浇筑进程，加载逐步撤出应自上而下进行。撤出重压时，应注意防止砸伤。（12）张拉工作时，千斤顶外不许站人。压浆时，应佩戴防护镜，出浆时应进行收集，不得让浆液直接排到桥面。（13）做好桥面排水工作，确保桥面不积水，排水孔下端应低于混凝土底面1cm以上使排水不污染梁体表面。（14）箱室内的模板及建筑垃圾必须清理。（15）加强天气预报信息收集工作，遇台风来袭应按规定做好防护工作。

（八）桥面铺装安全施工要求

（1）还未设置防撞护栏的在桥梁边缘应设置防护栏、安全网，桥头设安全责任、警示标识牌，施工人员进场必须戴安全帽，在桥梁边缘作业人员必须配备安全带。（2）桥面钢筋多且面广，应设专职电工每天对用电设备、线路进行全面检查。（3）桥头应设置栅栏，非施工人员和外来车辆不得入内，避免压坏已铺好的安全网。（4）混凝土未达到强度前，车辆不得通过。

（九）护栏施工安全要求

（1）桥梁边缘应设置栏杆，挂安全网，施工人员进场必须戴安全帽，在桥梁边缘作业的人员必须系安全带。（2）桥头应设栅栏，非施工人员严禁入内。（3）合理布置施工场地，在左右幅中间应布设引水管道。材料应分类集中堆放，做到场地整齐。施工废料应单独集中堆放，并及时处理。（4）做好临时排水孔，让桥面污水直接排于桥下，避免污染桥面。

（十）伸缩缝施工安全要求

（1）桥面伸缩缝施工时，应封闭，并分左、右幅施工，并做好安全警示标志，注意来往施工和过往车辆的安全。（2）所有伸缩缝材料应放置在封闭区域内，并加强防撞措施。（3）为防止施工污染桥面，从伸缩缝槽口两端沿桥纵向应铺设足够长度的彩条布。伸缩缝完成后，应对污染、损坏的桥面系、盖梁、台帽、桥下进行彻底清理和维修。（4）对已施工完毕的伸缩缝要派专人看护，在伸缩缝装置两侧混凝土强度满足设计要求的条件下，且不小于 7 d 后，方可开放交通。若因条件限制，则必须在缝上设临时行车的钢栈桥。

（十一）搭板和锥坡施工安全文明要求

（1）离搭板施工前后20m应设路障，严禁外来车辆进入，人员进场必须戴安全帽，在坡面上施工需穿防滑鞋，严禁穿拖鞋进入工地。（2）浆砌片石施工时，严禁在坡顶抛扔片石。

四、隧道施工安全要求

（一）安全施工要求

1. 施工前的准备工作

（1）对于长大隧道和地质复杂的隧道，如不良地质隧道、高瓦斯隧道、水底（海底）隧道等，施工单位应组织专家编制、论证、审查专项施工方案，并附安全验算结果，经施工单位技术负责人、监理工程师审查同意签字后实施，由专职安全生产管理人员进行现场监督。（2）施工单位应成立监控量测小组，制订施工全过程监控量测计划，并配备合格的人员及设备。对于长大隧道和地质复杂的隧道，应配备专业人员实施监控量测。

2. 作业人员

作业人员进入施工现场必须有工班长带领。现场管理人员和作业人员的安全帽应区分。

3. 危险源辨识和安全风险评估

隧道施工应进行危险源辨识和安全风险评估，制订有针对性的专项施工方案，并编制应急救援预案，配备报警、救援、逃生等设施和充足的应急救援物资。施工前应组织人员对预案进行演练。

4. 炸药库的设置

（1）炸药库应远离人群集中之地而设，并经公安部门批准，办理相关手续，距离洞口不小于500m。（2）根据施工进度计划安排及月循环进尺核定炸药库库容量。（3）雷管库和炸药库必须分开建造，两者距离不得小于30m，库房四周进行全封闭。

5. 制订超前地质预报实施细则

隧道施工应制订超前地质预报实施细则，配备超前地质预报设备，按有关规定和设计要求认真实施超前地质预报，以预报成果指导施工。

6. 洞内不得存放汽油、煤油等物品

工程采用钻爆法施工时，炸药、雷管等易燃易爆物品应随用随进，不得隔夜存放。

7. 施工供风、供水、供电

（1）施工供风

①压风站应在洞口旁边选址修建，并宜靠近变电站，应有防水、降温、保温和防雷击设施。②压风站供风能力须满足隧道正常施工需要，供风管路布置应尽量避免压力损失，保证工作面使用风压不小于0.5mPa；并配备一定数量的内燃压风机满足隧道前期施工需要。③供风管道前端至开挖面距离不应大于20m。

（2）施工临时供水

①寻找水源，按施工需要的供水压力（水压不小于0.3mPa）合理选址修建高位水池，安装上、下水管路。②供水水池位置不宜设在隧道的顶部，供水管路铺设宜避开交通繁忙地区和地质不良地段，管路铺设不宜采用高架的形式。③对于修建高位水池困难的隧道，宜采用变频高压供水装置满足施工需要。④管道前端至开挖面的距离一般不超过20m。

（3）施工临时供电

①施工单位向业主申请用电应包括以下内容：临时用电负荷的计算；临时用电线路的平面布置图；临时用电的安全使用方案；临时用电的安全组织机构。②变电站宜设在洞口附近，并应靠近负荷集中地点和设在电源来线一侧。③供电、照明线路布置应符合有关规范要求，根据施工需要计算变压器容量、台数。当隧道附近有高压线路通过时，应和当地电力部门协商确定高压电梯接位置。④对于段隧道应采用高压至洞口，再低压进洞；长、特长隧道施工应考虑高中压进洞，以满足施工需要。⑤隧道照明，在成洞地段和不作业地段采用220 V，瓦斯地段不得超过110 V，作业地段一般不大于36 V，动力设备采用三相380 V。漏水地段应采用防水灯头和灯罩。在有瓦斯的隧道内，供电照明及其他电气设备必须是防爆性设施。⑥动力线、照明线安全可靠，不侵限、不漏电。⑦施工临时用电应符合相关要求。

8. 现场机械设备应符合要求

（1）各类进洞车辆应处于完好状态，制动有效，严禁人料混装。车辆行驶中严禁超车，在洞口、平交洞口及施工狭窄地段应设置缓行标志，必要时应设专人指挥交通。（2）车辆在装卸隧道碎渣时应制动停稳，在洞内倒车与转向时，应开灯鸣号或有专人指挥。（3）隧道内施工设备应靠边停放，远离爆破点；停放点处岩石完整性好、无渗水；支护或衬砌作业地段停放设备处应灯光明亮。停放点前后应架设红色警示灯，显示限界。（4）现场机械设备其他要求。

9. 洞口施工应符合要求

（1）施工准备阶段应完成临时施工便道、供电线路、供水管路的铺设。（2）洞口场地开挖完成后，应安装和修建隧道供风、供水、供电、混凝土生产、钢构件加工等设备与设施；砌筑洞顶截、排水沟，进行洞顶地表加固。（3）洞口的排水系统宜在施工期的雨季之前完成。（4）隧道的排水应与路基排水系统合理连接，不得冲刷路基坡面、桥涵锥体护坡、农田房舍。（5）隧道起拱线以上的端墙施工时应设安全网，防止人员、工具和材料坠落。（6）进洞坡道顶与隧道口之间需有一定的安全距离，保证车辆进出安全，最小安全距离不得小于5m。（7）洞门工程完工后，及时对洞口进行绿化。

10. 洞内施工应符合要求

（1）洞身作业面及时做好铺底、排水，确保洞内干燥无积水。（2）洞内运输道路平顺、整洁，排水设施良好，并有人定期维修。各种机械车辆、人员能顺利到达作业面。（3）"三管二线"安全可靠，布局合理，顺直成线，做到"四不"，场地平整。（4）隧道内的台架、工作平台应搭设牢固，留足施工净空。平台上满铺底板，周边应设置栏杆。跳板、梯子应安装牢固并防滑，人、料不得超过承载能力，作业时应设明显的限界及缓行、警示、承载等标志，并宜派专人防护。（5）现场各类通风管路应敷设平顺，接头严密，无扭曲、褶皱、漏风，并有专人负责检查、养护，破损时及时修复。（6）隧道施工应采取综合防尘防毒措施，定期检查粉尘及有害气体浓度，并应保证隧道作业环境空气中含有的有害气体、瓦斯、粉尘等的浓度不超标。

11. 辅助坑道施工应满足要求

（1）斜井、竖井及隧道其他辅助坑道入口的选择应考虑防洪要求。（2）斜井、竖井及隧道施工主要设备（主通风机、竖井提升人员的绞车等），应设置两路电源供电。（3）井口、井下及卷扬机房间应有联络信号，提升、下放与停留应有明确的色灯或音响等信号规定。

12. 安全管理

（1）隧道开工前，项目部应组织事故隐患排查、整治，危险源辨识和确认工作，确定危险源的位置、规模、性质和监控处置措施及处置方案。项目部技术人员应向施工作业人员进行技术和安全交底，详细说明隧道质量和安全的有关技术要求和重大危险源，技术和安全交底台账必须签字确认。（2）按规定上报监理单位，审查施工单位的质量安全保证体系，审查隧道施工组织设计中安全技术措施或者专项施工方案是否符合工程建设强制性标准并监督检查实施情况；对危险性较大的分部分项工程，还应当审查施工单位是否单独编制专项安全施工方案，并按规定组织专家进行论证、审查。（3）监理单位监督检查施工单位的安全生产费用使用情况，监督施工单位是否用于购买和更新合格的安全防护用具和设施，落实安全施工措施，改善安全生产条件。（4）高压气、水钢管应尽可能靠近掌子面；软弱围岩地段应配备可手动拆卸的逃生钢管，钢管壁厚必须不小于10mm，管径必须大于600mm，每节管长150～200mm；钻孔台车应常备卸管头的扳手和应急照明工具。（5）制订应急预案，备好应急抢险物资，组织应急演练。每个建立合同段必须设置一处抢险物资储备点，费用由相关施工单位承担。（6）在隧道所有作业台架上安装防护彩灯，二次衬砌上宜挂灯箱，确保车辆通行安全；在台架底部配置消防器材，便于火灾事故的处理。（7）爆破作业及火药物品的管理，必须遵守现行有关规定。对有瓦斯逸出的隧道，应根据工点的地质情况、瓦斯逸出程度和设备条件，制订适宜的施工方案。（8）运输车辆不得人料混装。洞内运输车辆必须限速行驶（15 km/h）。洞内倒车与转向，必须开灯、鸣笛；洞口、平交道口和狭窄的施工场地，应设置"缓行"标志，必要时宜安排人员指挥交通。

（二）隧道工程安全标识牌

1. 承包人应在施工过程中保证施工场地规范、整洁，应在显著位置悬挂标牌标语

（1）工程简介牌：对工程的主要结构、地质情况、施工方案、分阶段的工期计划等作简要介绍。（2）安全质量保证牌：明确对该项工程的安全质量保证措施。（3）施工场地布置牌：采用电脑绘制，对施工现场的布置采用图示方式表达，注明位置、面积、功能。（4）创优规划标识牌：主要明确该工程的创优目标及创优措施。（5）安全生产操作规程牌：主要明确施工各工序的安全生产操作规程。（6）进洞人员动态告示牌：作业人员必须人手一张卡片，进洞放牌，出洞翻牌。（7）现场各种防火、防高空坠落、安全帽等安全标识牌按照国家有关规定统一制作，悬挂于工地醒目位置。

2. 设置值班室

隧道口应设置值班室，设立人员进洞登记制度，并由专人负责，长大隧道宜配置电子安全监控系统。应在洞口醒目位置设置禁止、指令标志。

3. 成品保护

（1）已完工衬砌段落应及时挂牌标明里程桩号，标志牌按20cm×10cm制作，白底红字。同时加强对成品的保护。（2）对二次衬砌施工环接缝进行处理，采用弧度尺画线，切割机切缝，缝深约2cm，不整齐处进行局部修凿或经砂轮机打磨后，用高强度等级水泥砂浆修饰，使施工缝圆顺整齐。（3）监控量测各预埋测点设置专用标识牌，标明测点的名称、部位、编号、埋设日期等；要加强教育、提高所有进洞人员保护意识，对测点进行妥善保护，不得任意撤换和遭到破坏。

五、文明施工保证体系及措施

（一）文明施工总体要求

（1）项目部做好"文明施工"工作，项目经理部和各类厂、站要有明显标识、简介，工程概况及明确责任人，标明施工进度，施工平面图标牌等质量宣传栏。（2）施

工现场的材料堆放位置合理整齐，收发领用手续完备。（3）做好各作业队之间的合作，确保工地安全，防火、防盗、防打架，处理好当地居民的关系，取得支持和理解，配合当地有关部门做好综合治理工作。（4）对施工所用的机械按五项要求进行管理，确保施工机械的使用和正常操作。（5）注意施工工地和住宿的卫生，保持施工驻地及现场清洁，必须搭设工地临时厕所，尤其夏季防止蚂蚁、蚊虫和食物中毒。（6）大力开展劳动竞赛，保质保量保工期，及时进行总结评比，表彰先进集体个人，办好板报，争创文明施工单位。

（二）文明施工保证体系

项目部建立文明施工组织管理机构。成立以项目经理为组长、生产经理为副组长、生产、技术、质量、安全、消防、保卫、材料、行政卫生和各施工队等管理人员为成员的文明施工管理体系。项目经理对文明施工管理全权负责，各分管副职和科室负责人、施工队（作业班组）长，分别对各自管辖范围内的文明施工工作负责。

文明施工由施工现场管理、事故次序管理、事故安全管理、施工卫生管理、环境和文物保护管理、事故交通队管理、成品保护管理等七个分项组成。文明施工的目标是达到"五化"，即"现场管理标准化、工程质量优良化、安全操作规范化、施工现场整洁化、员工行为文明化"搞好文明施工工作，提高企业综合管理水平，适应激烈的市场竞争，是体现企业良好风貌的重要保证。

（三）文明施工组织机构及制度

（1）建立健全组织管理机构。施工现场成立以项目负责人为组长，生产、技术、质量、安全、消防、保卫、材料、行政卫生等管理人员为成员的文明施工管理组织。（2）健全管理制度，包括：施工质量控制制度，施工安全管理制度，岗位责任制、文明施工现场管理制度，及各项专业管理制度等，并健全资料管理。（3）主要规章制度和总平面图、施工进度图等各类图标，以及各类公告牌、标志牌均应张挂上墙，要求内容齐全、式样标注规范、位置醒目。（4）积极推广应用新技术、新工艺、新设备和现代化隔离方法，提高机械化作业程度。提高质量、功效，全包施工人员健康。

（四）文明施工管理措施

1. 保持卫生

对施工现场各生产、办公和生活场所，要经常整理、清扫，保持清洁、卫生、整齐。职工食堂必须干净、卫生。工作人员必须有健康证，穿戴工作服，餐具严格消毒。对员工不断进行有效教育培训工作，提高员工素质，实现文明施工。

2. 合理布置现场

将工地施工期间所需要的物资在空间上合理布置，实现人与物、物与物之间最佳结合，使施工现场秩序化、标准化、规范化，体现文明施工水平，是实现文明施工的一项重要措施。

3. 目视管理

目视管理贯穿现场管理的各个领域之中。主要内容如下：

（1）项目管理制度、操作规程、工作标准、施工现场管理实施细则等用黑板、挂板或张贴在墙上公布，展示清楚。（2）布置以简洁清晰、标准化的视觉显示信息，落实布置设计，实现合理布置。（3）施工现场的管理岗位责任人采用标牌显示，以更好地落实岗位责任制，激发岗位人员的责任心，并有利于群众监督。

（4）施工现场张贴安全生产和人员安全的各种安全标志等，实现标准化管理。

4. 做好文物保护工作

项目部必须做好文物保护工作，施工现场若发现文物，必须停止施工，及时报各有关单位处理。对已有的文物古迹，要注意保护。项目部要大力宣传文物保护法规，加强教育，严惩破坏文物行为。

5. 废弃物的处理

对于现场液态、固态等各类废弃物要按照规定进行处理，不得排放于生活用水水源附近，禁止擅自掩埋或焚烧。

6. 配备洒水设施

施工现场应配备洒水设施，对施工道路或路基本体进行灭尘，不得出现天晴"扬灰"、下雨"水泥"现象。

第二节　高速公路环境保护管理

一、管理目标

施工单位依据环境法律法规和管理标准，建立环保管理体系，制订环境方针、环境目标和环境指标，配备相应的资源，实现施工与环境的和谐，达到环境管理标准的要求，并最大限度地达到施工环境的美化，选择功能型、环保型、节能型的工程材料设备，不仅在施工过程中达到环保要求，而且要确保整体工程成为使用功能完备的绿色建筑。

严格执行国家、地方政府有关环境保护的法律法规及建设单位有关环境保护要求，建立健全环保措施，坚持做到"少破坏、多保护，少扰动、多防护，少污染、多防治"，使环境保护监控项目与监控结果达到设计文件及有关规定，做到环保设施与工程建设"三同时"，尽量减少环境污染。采取合理施工措施，避免因施工方法不当而引起的环境污染、噪声和其他原因造成的公众和居民生活环境的伤害、妨碍。减少施工引起的扬尘，工程建筑垃圾、生活垃圾，生产、生活废水按规定处理、排放。

二、管理体系

（一）管理体系

成立以项目经理为第一责任人的环保、水保工作管理机构，是施工现场环境保护自我监控体系的领导者和责任者。并以总工程师、副经理、工程管理部、物资设备部、技术质量部、试验室和测量队等管理检测部门及项目相关工区、厂、队等组成环保管理体系。

（二）组织机构

按照高速公路创"精品、典型、示范工程"的要求，为达到路与自然环境、与人文和谐、协调发展的目标，打造一条安全、舒适、环保、和谐的高速精品之路，做好环境保护和水土保持工作，做到组织有力、管理到位、责任到人、取得实效，成立高速公路合同标段项目经理部环保水保专项工作领导小组，下设工程小组和综合小组落实环保水保的各项工作。

三、管理制度

（一）工作制度

项目部建立"施工现场文明施工和环境保护"工作例会制度，总结施工阶段性的现场文明和环境保护管理情况，布置下一阶段的施工现场文明施工和环境保护管理工作。

1. 参加例会人员

项目部领导、项目部环保领导小组成员、部门负责人、单项主管（副主管）、班组长等人。

2. 环保例会内容

通报环保检查结果，提出整改意见及措施。学习、传达上级有关文件精神。总结上月环保工作，部署下月环保工作重点。

3. 环保例会主持

由项目经理主持（或项目经理指定人选）。

4. 例会

每月举行一次，每次例会要有环保会议材料，并将结果进行通报。

（二）检查制度

建立并执行施工现场环境保护管理检查制度。组织施工单位进行文明施工和环境保护联合检查，对检查中所发现的问题，开出隐患问题通知单。各施工单位在收到隐患问题通知单后，应根据具体情况，定时间、定人、定措施予以解决，环保领导小组及各有关部门应监督落实问题的解决情况。

1. 环保检查人员

项目部领导、部门负责人、班组长、协作单位负责人等。

2. 环保检查内容

本着保护和改善生活环境与生态环境，防治污染和其他公害，保障人体健康的思想，认真对思想、制度、管理、隐患、环保设施等方面进行彻底检查，对检查出的问题及时下达整改通知、限期整改，并及时进行复查验收。

3. 环保检查时间

每月月底为项目部环保检查时间。

4. 检查人员高度负责

应本着对项目和职工高度负责的精神，认真检查、严格执法，对各种可能危及环保的行为和隐患要敢于及时制止，并提出整改要求和处罚，防范建议，尽量减少事故隐患，杜绝违章行为。

5. 详细记录

现场检查完毕后进行环保检查总结，通报环保检查结果，并将参加人员，查出的隐患及其整改要求和期限等详细记录。

6. 环保自查

各班组每周进行一次本班内部的环保自查，并及时整改，班组长每天要深入班组作业一线，查隐患，保证班组内部无环境污染事故。

（三）教育制度

（1）环保教育包括思想认识教育、纪律教育、环保技术知识教育和典型事故教育。（2）每月进行一次职工环保教育大会，从思想认识和典型事故方面对职工进行教育。每季度进行一次环保技术知识培训，以增强广大职工的环境保护意识，形成人人重视环保，严格按照环保要求施工。（3）接受环保教育应积极主动，遵守会议纪律，认真学习，努力提高每个员工的文明施工和环保意识，认真吸取典型事故的教训。（4）加强对新工人或更换岗位工人的教育，及时对他们进行国家及地方环保法律、法规、各种规章制度、实际操作过程中注意事项等方面的教育，切实加强环保意识。（5）各班组应坚持每天的班前教育，介绍注意事项和应采取的措施，每周应组织班组成员进行一次环保技术知识方面的学习。（6）每次环保教育和培训的人员、时间、地点和内容均应详细记录在册。

四、管理措施

（一）材料采购环护管理

1. 地材的采购

在进行材料采购的同时，应注意对材料的环保性进行详细的调查，特别是砂、石料的来源，坚决杜绝以损害环保、水保的厂家进行材料的招标采购活动，首先从源头上间接做好环境保护工作。对砂石料的地域、河流、人文等进行细致的调研，对厂家的经营许可证认真核对，确保供应厂家在开采砂、石料的过程中不违反以上规定和要求方可进行质量检验等工作。

2. 其他材料的采购

在对工程其他材料的采购时，应对材料的产品合格证等进行检查，确认材料的有害物质含量在国家或行业规定的范围内，避免放射性超标的材料用于工程中。在采购水土保护的材料时，注意材料对水土有没有污染及采取的防止污染措施是否满足要求。

（二）精细施工、规范管理

在施工过程中，严格执行各种国家、行业的规范、规定和规程，坚持以人为本、人人有责，在施工中的各个环节高度重视环境保护和水土保护工作，从施工细节入手，坚持做到防微杜渐，将环境污染的各种可能性考虑周全，采取必要的甚至强制性的措施将隐患消灭在萌芽状态。

有步骤、有计划地分阶段对环境污染源进行调查和评价，并按照评价结果制订有效的预防措施以消除因施工造成的环境污染。贯彻不破坏就是最大的保护和最小程度的破坏、最大程度的恢复的总体指导思想，做到：不大填大挖，不乱砍风景林、名贵树木和古樟树，不扰乱山洪水系；取土场尽量选用荒山、劣地，并尽量结合改田造地及地方规划，确保沿线生态环境不因本项目建设而遭到破坏。弃土场一般选在山间洼地，并对其排水系统进行高标准施工，进行整平绿化，坡脚处设置挡土墙，以减少水土流失。取土场、弃土场、拌和场、采石场、建筑垃圾场都要隐蔽，具有复耕或绿化措施，切实保护工程范围以外的土地和植被，维护沿线生态环境。

（三）加大检查力度，落实环保政策

坚持按照水土保持法的有关要求，主动并定期开展施工现场的水土保持监督检查工作，并接受地方国土资源部及业主等环境保护部门的检查。同时定期和不定期开展由环保水保领导小组组织的自查自纠工作，并及时督促作业班组整改落实，确保施工与保持并举，防止大的水土流失事件的发生。尤其在每年汛期到来之前，组织对本标段各施工工点进行大检查，采取有效可行的防护措施，确保汛期行洪安全，防止水土流失。

（四）制订详细措施，确保环保做实

在具体的施工作业过程中，必须扎实做好相关环保、水保工作，确保每个环节都能受控，保证每个阶段都能有对应的具体环保水保措施。在实施过程中，不断进行优化方案，确保环保水保工作走在工程的前列。

五、实施细则

（一）临时工程环保实施细则

鉴于临时工程多数位于路线范围以外，工程完工后易出现匆忙撤场，对所占用区域的清理不够彻底，恢复原貌较难，对周边环境影响和破坏比较明显，因此必须从严控制。

应按不同的类型和需要，对临时工程与施工组织进行优化设计，并报监理工程师审批。没有监理工程师的审批，不得在现场开始进行任何临时工程的施工。

各种临时工程开工前，应取得当地有关管理部门及其他当事人的同意，并取得书面协议。并按监理程序要求进行。

在林区（景区）修筑进入施工现场的临时道路，应注意生态保护，尽可能不砍或少砍树木。当永久性工程完工后，应对临时道路进行清理，通过植树等措施恢复原貌。

在施工现场搭设的临时工棚等，除应满足安全要求外，应尽可能选择植被较少且容易恢复原貌的地点。

弃土场应进行详细设计，设置必要的防护、环保设施，经监理工程师审批后，先施工防护设施，然后才能弃土。弃土完后，应进行地表绿化美化，力争与原地貌保持

一致。

取土场应尽可能设在视线以外的隐蔽处，以减少工程完工后因植被差异或裸露而带来的不和谐。

当永久性工程完工后，应要求施工班组移去、拆除和处理好全部临时工程与设施，并将临时工程所占用的区域进行清理、复耕和恢复原地貌后，报监理工程师检查验收。如临时工程所占用区域的清理或恢复原貌工作不能令监理工程师满意，项目部应当无条件按要求执行。

1. 便道工程环保措施

根据标段工程特点和项目便道布置情况，便道设计之初，考虑到环境保护，为保护既有耕地，没有在线外进行临时征地。便道的设计原则为：少占农田、碎石铺面、洒水降尘。

工程便道环保的主要措施如下：

（1）在施工前期做好施工现场的调查工作，充分了解便道周边的水文及地址情况，在场地布置中依据调查资料结合设计图纸、文件对施工场地进行合理布置。（2）对于临时便道的修建，尽可能利用原有道路，对其进行加宽整平，使其路面宽敞、顺通。并结合具体情况修设路边排水设施，做到雨天路面不积水，同时道路排水通畅，不致冲入农田。（3）配备洒水车，经常对便道进行洒水，保持便道整洁，做到晴天不扬尘，防止扬尘对周边环境的污染。（4）便道土质路基地段表层铺设不小于30cm碎石、砂砾或岩渣，石质路基地段路基表面用泥结碎石找平，防止雨水冲刷基层土体，造成水土流失。（5）定期对便道进行修整，对车轮碾压的凹痕进行定期性碎石填补，保持便道表面的平整。（6）定期对运输机械设备进行保养检修，防止油污漏洒，污染地面。（7）便道急弯、陡坡地段设置安全护栏和醒目的安全警示标志、标识，岔路口设置方向指示牌。（8）全标段工程完工后，项目部负责将临时便道拆除恢复原貌，在拆除过程中，应注意对便道的渣土进行集中堆放，或联系当地村民，将渣土利用。

2. 拌和站的环保措施

（1）全面合理规划，搅拌设备和料仓分离距离保持在25m以上，规划好排水方案，做好排水设施。（2）所有废水均通过沉淀池进行沉淀后，循环利用。（3）安排专人经常对机械设备进行检修，防止有漏油、漏水等污染源的发生。并对消声设备进行经常性维修，避免噪声扰民。（4）每个拌和站专门建设厕所和洗漱池，生活污水进行处理后专门排放。设置垃圾池，生活垃圾集中处理。（5）定期对拌和站员工进行环境保护方面的教育和宣传，将环保工作放在首位。（6）搅拌站搭设封闭的搅拌棚，在搅拌机上设置喷淋装置。（7）在搅拌机前台及运输车清洗处设置沉淀池。排放的废水先排入沉淀池，经二次沉淀后，方可排入河沟或回收用于洒水降尘。（8）对于细颗粒散体材料（如水泥、粉煤灰等）的运输、储存要注意遮盖、密封，防止和减少扬尘。（9）石料加工、混合料拌制加工厂地须采取必要的防尘、除尘装置，控制大气粉尘污染。

3. 临时钢筋加工场地环保措施

（1）场地采用碎石铺底，顶面10cm C15混凝土硬化，始终保持场地的整洁。（2）

做好各种材料的标识，材料堆放整齐，严禁不同型号的钢材混堆。（3）对钢筋采取上盖下垫措施。下垫时，保证钢筋原材料离地面25cm以上，防止钢筋锈蚀。（4）对钢筋加工机械注意保养，防止油污渗漏污染地面。（5）钢筋场地周边做好排水沟，有计划地将场地内的废水排入指定的污水池。（6）钢筋在搬运过程中，采取板车等运输方式，不得直接在地上拖拉。（7）对于钢筋加工制作过程中的废料集中处理，防止废铁等其他易污染田地的杂物散落在地上。（8）施工垃圾及时清运，清运时，适量洒水减少扬尘。（9）在施工区禁火焚烧有毒、有恶臭物体。（10）工地上使用的各类柴油、汽油机械应执行相关污染物排放标准，不使用气体排放超标的机械。

4. 水环境保护措施

（1）靠近生活水源施工时，设置同生活水源隔离的设施，避免污染生活水源。（2）施工及生活中产生的污水或废水，设排污井集中处理沉淀后排放，不得直接排放。（3）现场存放油料，必须对库房地面进行防渗处理。如采用防渗混凝土地面、铺油毡等措施。使用时，要采取防止油料跑、冒、滴、漏的措施，以免污染水体。（4）施工机械的废油废水，采用隔离油池等有效措施加以处理，避免超标和随意排放。（5）建设驻地的临时食堂，污水排放时应设置简易有效的隔油池，定期清理，防止污染。施工营地的生活污水化粪处理后用于绿化或农用，不得直接排放地表水体，工地临时厕所，化粪池应采取防渗漏措施。（6）施工现场搅拌站废水或污水，必须经沉淀池沉淀合格后再排放，最好将沉淀水用于工地洒水降尘，严禁将含有污染物质或可见悬浮物质的水直接排入周边水域或排灌体系中。（7）施工垃圾和生活垃圾分别分类集中堆放，定时、定点排弃至监理工程师或当地环保部门指定的位置，同时注意避免污染水源和阻塞河流。如无法及时处理和运走，则必须采取围护措施防止散失。（8）工程完工后及时拆除临时设施，并彻底清理场地，尽可能地恢复原地貌，并符合当地环保、水保的要求和规定。（9）禁止将有毒有害废弃物作土方回填。（10）化学用品，外加剂等要妥善保管，库内存放，防止污染环境。

5. 工程废料和建筑垃圾的处理

（1）清理场地的弃渣及废物处理，不得影响排灌系统及农田水利设施，应按图纸规定或监理人的指示在适当地点设置弃渣场。（2）施工过程中的泥浆及废弃物等，除日常维护性清理措施外，应在工程完工时即时清除干净，以免堵塞河道和妨碍交通。（3）按合同技术条款的规定和监理人指示做好施工弃渣的治理措施，在弃渣场边缘尤其是靠沟一侧采用干砌石挡渣坎或墙防护，防止弃渣冲蚀河沟或淤泥河道。（4）暂时不用的材料、机具、设备等应分类摆放整齐，并用彩条布等覆盖物覆盖。施工过程中产生的废物不能随意乱扔乱放，应派人定期收集并按相关规定处理。（5）施工中废弃的零碎配件、边角料、水泥袋、包装箱等，及时收集并按要求进行掩埋等处理，以保护自然环境不受破坏。（6）将钻孔时的钻渣先用泥浆泵打入或直接排入泥浆池，泥浆池外围挖环流沟以免泥浆溢出，污染环境。泥浆池泥浆沉淀滤水后，装运至经监理工程师同意的地点弃置，水中施工的泥浆直接运至工程师同意的地点弃置；挖孔渣土统一装运至工程师同意的地点弃置。

（二）路基工程环保实施细则

在路基施工中严格贯彻不破坏就是最大的保护思想理念，尊重自然，回归自然，尽量减少人工痕迹，使公路这一人工系统与沿线自然系统和其他人工系统配合协调。高速公路路基施工造成的污染中，路基扬尘和水毁是最主要的，前者发生在旱季，后者发生在雨季。

路基施工前，做好施工现场的规划和平面布置。做好相关的水土保持工作，保证路基土方不流失。在项目路基工程施工过程中，采取如下环境保护措施。

1. 场地清理

（1）在施工前应严格按设计高程和原地面实际高程反算确定现场实际开挖线、坡脚线和征地红线等工作界线，并保护所有规定保留和监理工程师指定要求保留的植物及构造物。挖方地段的工作界线应为实际开挖坡顶线。坡顶线外的植被应保留。（2）表面清理前，路基范围内清理的草皮、表土，尤其是种植土，划出专门的区域对清表土集中堆放，待路基本体填筑完成后用于中央分隔带、边坡表面做边坡植草的基料和弃土场内的回填土等。在选择堆放场地时，注意堆放场不得选在河道和地方排灌水系上，尽量选择在荒地和荒山区域，避免占用农田，影响地方农作物的生长。（3）集中取土场、弃土场应尽量设在公路视线外，选择山包、荒地或监理工程师批准同意的地方。取土场在取土后应整修边坡，坡面平顺，确保边坡稳定，并在周边建立排水系统，采用喷草籽、植草皮或植树等措施恢复取土场的植被，与周边环境相协调。弃土场选择在便于弃土又不易被水冲走的封闭沟、谷中，尽量避免设在山坡上。根据弃方量和堆放坡度，在弃土场下方修建合适的挡土坝或砌石护墙，弃土应层层压实，坡面平顺，弃土后整平场地，同时在周围设置排水沟，场地及坡面进行植草或植树，以绿化环境，避免水土流失。取土场、弃土场的环保、水保处理措施必须符合当地环保、水保方面的要求和规定。（4）路基范围内可移植的树木、灌木等应尽可能移植。（5）路基表面清理时，施工现场垃圾渣土要及时清理出现场，并注意周边水系的影响。表土清除完成后，及时采用压路机进行压实，将松散土层封闭，防止雨水将表土冲刷。需要进行改沟的及时将改沟先做好，以不影响当地水系为主。（6）机械车辆定点停放，划定车辆存放区域，不得乱停乱放。对停车区域设专人进行调度管理，合理安排车辆的运转工作。对故障车辆，要安排在远离河道和农田。维修时应在车辆下铺设隔离物，防止在维修过程中机油等泄露产生污染。

2. 挖方路基

（1）边坡开挖前，根据设计图进行施工，对于个别特殊设计的边坡，严格按照一坡一设计的图纸施工。开挖前请设计代表现场指导，根据指导意见进行精心施工。土质和软土质岩石挖方边坡坡顶、坡脚应取消折角，采用贴切自然的圆弧过渡。对机械不能修整的部位，采取人工修整的办法。边坡开挖后及时进行复绿，安排专人对喷播植草进行维护，保证坡面的稳定和绿色生态。（2）石方爆破作业应以浅眼小型及松动爆破为主，严禁过量爆破。若地质情况适合时（硬质岩石），应采用预裂、光面爆破开挖边坡，边坡开挖距设计坡面2~3m时，采用光面爆破或人工开挖，确保坡面平整、美观、稳定。（3）在路基挖方或填方区内挖除的非适用材料，如属于腐殖土，应集中堆放，以备将来用作绿化的回填土。（4）在自然边坡较陡的山坡修建路基，应注意滚落的土石对路基以下山坡植被的破坏。施工前应当编制详细的专项施工方案并设置能有效拦阻土石的设施（如竹木栅栏、防落网、拦土坝等），报监理工程师批准。未经监理工程师批准，不准动工。（5）选择合适的爆破时间，尽量减少周边居民的影响。石方爆破作业应以小型松动爆破为主，严禁过量爆破。若地质条件允许，尽量采用预裂、光面爆破开挖边坡。采用先进爆破技术，控制产生飞石、冲击波、滑坡、烟尘对周边环境、植被的影响。（6）沿溪水及山坡不能横向弃方的开挖路段，选择其他可行的措施，防止造成弃方侵占良田、河道。

3. 填方路基

（1）填方路段地质情况调查。山区高速公路频繁穿越山壑沟谷，高填深挖路段多，容易碰到地质不良情况时，应在施工前对填方路段的地质情况进行详细调查，查明是否存在地质不良情况，尤其对路线经过沟谷等具有冲积（坡积、残积）层的路段，还应查明基底覆盖土层下的基岩是否存在不利于路基稳定的倾斜面，防止因冲积层岩倾斜面滑移而引起路基失稳。发现不良地质情况后，应及时报告监理工程师，以便采取妥善措施进行处理，确保路基质量，以消除发生路基不均匀沉降、纵向开裂、滑移等质量通病的隐患。（2）防雨措施。施工期间，应采取切实可行的措施并设置临时排灌水系统，防止雨水冲刷路基，避免出现泥沙冲淤农田、阻塞沟渠等现象发生。防雨措施应报监理工程师批准，根据经验，采用土工布、塑料薄膜覆盖边坡，路基两侧外缘用混凝土浇筑临时集水沟以及挡水堤，每隔10～20m设置一道急流槽，在坡脚筑拦浆坝、挖沟，设置沉淀池等，均能起到一定的防雨冲刷作用。（3）路基表面做成2%～4%的路拱防止路基表面积水。（4）运输车辆运送土渣时，车辆要平稳慢行，对便道凸凹不平处及时整修，避免车辆颠簸将土渣随意洒落。在地方道路运输时，如发现运输渣土掉落，及时安排人员对路面进行清理，集中运到弃渣场，不得随意丢弃影响地方交通和污染环境。（5）做好路基边沟的处理工作，个别路段的水沟采取砂浆抹面，保证雨天时路基排水畅通，并能有效防止水土流失。（6）施工过程中，注意对路基外的边沟等其他排水设施进行修建和维护，保证施工期间排水畅通。便道边的排水沟尽量利用当地原水系进行排水，在排水期间要征求当地村民的意见，合理有序地进行集中排放。（7）注意施工噪声控制，应选择低噪声设备，或采取低噪声技术工艺，控制声污染源。大型机械尽量避免夜间施工，避免噪声扰民。确实需要夜间施工的，应加设消声设备，以达到降噪的目的。机械运输车辆途经居住场所时应减速慢行，不鸣喇叭。（8）路基填筑时采取挂线施工的措施，保证路拱和横坡符合规范及设计要求，确保路基每层填筑后排水畅通。（9）路基完工后，及时对边坡及绿化带按照设计要求进行绿化，购买优良的草籽，精选专门的作业班组进行施工，加强绿化的洒水和植草的管理工作。（10）在高大建筑物清理施工垃圾时，要使用封闭式的容器或者采取其他措施处理高空废弃物，严禁凌空随意抛撒。拆除旧建筑物时，应适当洒水，防止扬尘。（11）除没有符合规定的装置外，禁止在施工现场焚烧油毡、橡胶、塑料、皮革、树叶、枯草、各种包装物等废弃物品以及其他会产生有毒、有害烟尘和恶臭气体的物质。（12）施工组织采用三班制作业，并合理安排施工人员在高噪声区和低噪声区的作业时间，使工人每个工作日实际接触噪声的时间符合国家卫生部和劳动总局颁发的允许工人日接触噪声时间标准的规定。（13）凡在人口稠密区进行强噪声作业时，须严格控制作业时间，一般晚10点到次日早6点之间停止强噪声措施，并会同当地政府协调，出安民告示，求得群众谅解。（14）保护林木和野生动物，禁止随意砍伐树木。禁止在林区进行野营活动，不准带明火进入林区，避免发生森林火灾。严禁向林区抛撒垃圾、废弃物等。

4. 排水与防护工程

（1）边沟与涵洞接合处是施工中容易忽视的地方，往往出现连接不顺的情况，施工中应特别注意边沟与涵洞洞口建筑的配合，连接应顺适、自然。（2）边沟、排水沟边缘回填土应略高于沟顶并夯实，以利排除地表水。（3）截水沟的设置。高速公路挖方边坡应设有较完备的坡面防护，能够抵抗雨水对坡面的冲刷。为尽量减少人工痕迹，避免出现明显的"空白带"，挖方坡顶设置截水沟不能一味求大，应当经过不利季节坡面汇水量计算得出截水沟的设置断面，将坡顶水集中引至路外。不得随意进行截水沟施工，施工前必须经监理工程师现场确定同意后才能实施。在满足排水要求的情况下，应尽可能采用小截面截水沟，并种植爬行植物遮盖沟体。（4）挖方路段的护坡、护面墙、挡土墙对视觉的影响较大，施工应精细，尤其对端部的处理，与自然边坡或其他构造物的衔接应自然平顺过渡，避免突兀与生硬。（5）不局限于设计的边沟、防护等形式，根据不同情况适时调整，当地储量较多的鹅卵石，可以考虑作为砌筑材料，在鹅卵石不足的情况下，采用大块的隧道出渣。（6）边沟、排水沟根据地形地貌，在位置、走向、形式上可适当做调整。调整前，争取地方村民的意见，尽量不破坏原有水系，减少对村民的生产和生活造成的影响。（7）高路堑边坡设有多级边坡。坡段之间存在突变，缺少过渡时，两端可采用弧形自然过渡，避免出现一刀切的现象。

（三）桥涵工程环保实施细则

在施工中各施工班组应高度重视桥涵工程施工的各个环节，在开工前和施工过程中严格按照环境保护实施细则进行环境保护工作。现场管理人员加强对作业一线人员的环境保护交底和教育，经常对施工过程中的各项环保措施的落实情况检查，确保在施工过程中安全、环保、舒适、和谐目标的实现。

1. 施工场地

（1）开工前，对施工场地进行全面合理的规划，以不占用良田为准则。场地布设充分考虑施工对周围环境的影响，对环境影响因素进行分析和评价，符合要求后方可进行建设。（2）钢筋存放场地和钢筋加工场地尽量在红线范围内，场地必须进行硬化，硬化采用C20混凝土，厚度不小于20cm。表面设置横向排水坡，场地四周设置排水沟。存放钢筋时，必须采取措施使钢筋等其他原材料和成品、半成品离地面不小于25cm，保证不直接接触地面产生锈蚀。（3）临时驻地建立时，采用无毒无污染的建筑材料，建造过程中的建筑垃圾集中堆放，不得乱扔乱丢，保持建造过程中的环境和现场文明。（4）临时驻地应配备相应的生活设施，设立男女厕所，厕所必须有化粪池等。每天安排专人打扫和清洗，采取措施消灭苍蝇、蚊虫，避免传播疾病。（5）现场油漆时，采取必要的措施对洒落的油漆进行收集，统一处理。不得在现场焚烧含有有毒有害物质的垃圾，现场焚烧其他无害垃圾时应选择在晴天，并注意风向，不得将焚烧垃圾时的烟雾飘向村庄和公路。

2. 桩基础施工

（1）桩基础施工前，根据地质、地形情况确定所采用的施工方案，尽量把对地表的破坏降到最低程度，保持原地表的生态。（2）孔内出渣时应注意：对于土渣，尽量选择在红线范围内的沟凹处，并及时整平压实，避免在雨季时雨水冲刷造成河道和农田污染。对于石渣，应利用于便道表层填筑或与当地村民联系作为房基等的填料。（3）钢筋存放、加工制作场地应符合临时工程中的场地要求和规定。（4）桩基础灌注前，应将护壁漏水点堵实，保证护壁不漏水。灌注前，孔内污水抽排放时，应将污水排放在沉淀池内，沉淀后，清水排放到河道内。（5）罐车灌注混凝土结束后，应及时对罐车进行清洗，应设立专门清洗点，清洗污水净化后集中排放。（6）桩基础灌注结束后，桩顶面浮浆清理的混凝土渣应进行挖坑深埋，不得直接暴露于地表之上，影响地表植被的生长。

3. 墩柱、盖梁施工

（1）墩柱施工需要搭设脚手架的，对脚手架的材料进行检查。严重锈蚀及油污的钢管不得使用，扣件不得乱扔乱放，保持施工现场的有序、整洁。（2）墩柱盖梁钢筋加工场地应符合临时工程中的场地要求和规定。钢筋加工时每天应对现场进行清理，对钢筋头、废焊条等及时收集，集中堆放。（3）模板安排专人进行管理，定点对模板进行除锈，锈渣及时清理深埋。模板采用机油做脱模剂的，在上油前，地面上应铺设塑料布，防止机油洒落地面，污染环境。（4）柱顶外露钢筋待混凝土施工完毕后及时采用彩条布进行包裹，减少锈蚀度。（5）盖梁施工采取包箍法以减少钢管架搭设时对原地面的破坏，包箍与墩柱间采用土工布做夹层，避免包箍的铁锈对混凝土墩柱的污染。（6）混凝土施工前应合理安排，设专人指挥，尽量避免大量混凝土残渣散落地面。（7）养生采用土工布包裹洒水养生，掌握好洒水量和洒水次数，不得将水直接洒在便道和农田上。

4. 高边坡桥台施工

桥隧相连的桥台一般位置较高且位于山坡上，为保证山体的环境，制订如下环保措施：

（1）对地形进行详细的测量和勘察，探明桥台位置的山体情况和地质情况，以指导施工方案的制订。（2）根据现场调查结果，合理制订施工方案，最大限度地减少边坡的开挖，对能不砍的树木绝对不砍，能不破坏的原地面坚决不破坏。（3）高桥台混凝土施工采用汽车泵或地泵，避免汽车吊施工时混凝土散落于山坡上。模板严格按规范进行安装，接缝紧密，防止混凝土施工过程中漏浆污染山体。

5. 预制梁施工

（1）预制场地必须按照要求进行规划和建设，预制场地全部进行混凝土硬化。预制场地必须有良好的排水系统，避免施工用水四处漫溢，冲毁路堤边坡，形成自然径流从而造成污染。（2）各种材料堆放地设置合理，不形成乱弃、乱堆的局面，避免给周边环境带来污染。（3）生活区和工作场所分开布置，生活区设立生活垃圾池，有利于垃圾集中处理。工作场所内不得乱丢垃圾，临时小机具施工完后集中到工具房，保证施工场所的有序和整洁。（4）设置专门的洗鞋区，雨天及便道泥泞时，雨鞋必须在洗鞋区洗干净后方可进入预制场地。（5）施工完毕后的场地必须平整绿化，预制场一般为临时用地，完工后一定要恢复至施工前自然状态。

（四）隧道工程环保实施细则

1.隧道洞门及边仰坡施工

（1）隧道施工前对隧道洞口段进行详细的测量和细致的勘察，绘制洞口的平面地形图及纵横向断面图，仔细审核施工图纸和设计提供的地质资料，根据现场调查结果进行比对，发现问题及时提报驻地办、业主及设计单位。（2）根据调查结果，制订符合工程实际的边仰坡开挖方案。对边仰坡进行妥善防护或加固，及时做好截、排水沟，洞口施工宜避开雨季和融雪期。（3）做好洞顶、洞门及洞口的防排水系统工程，并妥善处理好陷穴、裂缝，以免地面水侵蚀洞体周围，造成岩体破碎带坍塌。（4）根据业主和设计要求，视洞门地形情况，洞门围岩较好的采取零开挖进洞；洞门围岩较差的土质，采取合适的加固措施后进洞，避免大开大挖造成山体植被大面积破坏和保证洞口土体稳定。（5）隧道施工场地占地为农田时，在隧道施工之前应将表层熟土剥离，堆至临时堆放点，等隧道施工结束，应该重新将表层熟土归还原地，及时恢复农田。

2.隧道洞身开挖及衬砌施工

（1）洞身开挖前，根据地质情况选择最佳的开挖施工方案。合理设计爆破参数，保证爆破的块径在控制范围内，保证光面爆破的实施效果。（2）进洞后按设计要求做好洞内排水沟，沟宽0.8m，深0.5m，并做好纵坡，保证隧道内的渗水能够顺利排到洞外。洞外排水时做好引流设施，尽量在降尘时利用。（3）工程中隧道出渣进行利用时，碎石场选择应距离农田和河流较远的地方。防止石渣破碎时造成的灰尘对农作物和河流水质的影响。（4）工程弃土弃渣要按规定和时序弃于规定的弃渣场内，严禁外弃。弃渣场做到先保存表土并建好防护设施后弃渣。另外隧道开挖的废渣在符合路基填料的技术指标的前提下尽量作为路基填料使用，避免过多的弃渣产生。（5）隧道开挖爆破时，必须按照设计的爆破参数进行施工。爆破后，应采取风筒进行排烟15分钟后方可进入施工现场。洞身较长时，还应采取喷雾洒水等措施进行降尘。（6）现场作业人员进行炮眼钻孔时，必须戴好防尘口罩或防尘面具，并对作业面进行洒水降尘。（7）隧道爆破作业尽量选择在白天进行，降低爆破产生的噪声对周围居民产生的影响。（8）隧道出渣车装车时不宜超过车厢边板，行车时应慢行，避免石渣掉落便道或地方便道上。（9）隧道内作业工人及时倒班，避免人员在洞内工作时间过长，对有害气体及时通过通风设备排放。公路隧道由于开挖断面较大，一般采用无轨运输，这样对施工通风就提出了更高的要求。为了保持洞内良好的施工环境，保护施工人员的身体健康，必须做好施工时的通风工作。在保证安全的前提，适当提高隧道内车辆最高限速，减少车辆通过隧道的时间，减少废气滞留时间。另外为隧道内施工人员配备必要的防尘和防噪声设施。

第八章　高速公路路基工程

第一节　路堤施工

一、路堤施工的施工特点

与路堑开挖相比，路堤工程有以下特点：

（一）路堤基底处理

路堤是在天然地基上人为构筑的土体，是破坏原有状态而以一定要求填堆的土体，并与原面接触而呈结合状态。它对路基质量有着重要的影响，特别是对路基的稳定性影响很大，需要根据地形和土质条件作适当的处理。正式施工前，除了必须进行伐树除根，清除杂草垃圾及不稳定的石块以外，横坡较大时，还需要做表土翻松，开挖台阶或凿毛（石质基底）。特殊土质，如软土，沙滩和有地下水上溢的地段，必须做进一步的稳定处理或换土。

（二）填土要求

路堤对填土要求很严格，使用不适当的土填筑会直接影响路堤的稳定性和强度。例如使用淤泥或腐殖质含量较高的土料填筑的路堤，会产生路堤整段或局部的变形，也可能因自重的原因产生滑坡，严重时将影响道路的使用。因此，一般最好采用强度高、水稳定性好的材料作为填料。另外，即使填土材料良好，但由于其所处状态不同，特别是含水率不同，所表现出的结果往往相差很大，解决填土的含水率问题是填筑路堤中一个很重要的环节，在一定程度上左右着工程的施工作业。

（三）填方压实

路堤的填筑都要通过压实以达到路基土体符合要求的密实度，所以填筑必须是分层作业。同时，由于土的种类，以及所处状态不同，使施工的作业程序、环节变得复杂，铺填土料厚度、填土方式、层间结合及压实机械和压实工艺，都成为施工中必须认真对待的问题，这是路堤填筑的又一特点。

二、基底及填土材料的处理

（一）路堤基底的处理

1. 伐树除根及表土处理

路堤填筑时，如果不清除结合面上的草木残株等有害于路堤稳定的杂物。路堤成形后，一旦杂物腐烂变质，地基将发生松软和不均匀沉降等现象。为了预防这种情况，就必须在填土之前做好伐树、除根和表层土壤处理工作，特别当路基填筑高度小于1.0m时，应注意将路基范围内的树根、草丛全部挖除。伐树、除根和清除草丛作业可采用人工方法或机械方法作业。

2. 耕地、水田的处理

路堤通过耕地时，筑填施工之前，必须预先填平压实，如其中有机质含量和其他杂质较多时，碾压时因弹性过大，不易压实，应换填干土。对于稻田，其表面往往存在一层松软薄层，如果直接填土，不但机械通行性很差，难于作业，而且填土也不能充分压实。若填土厚度大，第一层要填至0.5~1.0m厚，施工机械才能通行，以后可以按规定厚度铺填，能够充分压实时可不必进行其他处理。若填土层较薄时，第一层则不能填得太厚，否则填土无法得以碾压密实。这时，应当在基底挖沟排水，使填土底层保持干燥，再进行填方压实作业。如果水田水位过高，简单地设置排水沟也不能使水充分外排，不能保证机械通行，且由于地下水毛细管作用侵入填土，恶化填土性质，应在原表土和填土之间加砂垫层，以利于水的排出。

3. 坡面基底的处理

填方路堤，如基底为坡面时，在荷载作用下，粒料极易失稳而沿坡面产生滑移。因此在施工前必须注意对基底坡面处理后方能填筑。通过以往的高速公路施工经验表明，当坡度较小，在1:10~1:5之间时，只需清除坡面上的树、草杂物后，将翻松的表层压实后即可保证坡面的稳定。但当坡度较大，在1:5~1:2.5之间时。应将坡面做成台阶形，一般宽度不宜小于2.0m，高度最小为1.0m，而且台阶顶面应做成向堤内倾斜4%~6%的坡度。如果基底坡面超过1:2.5时，则应采用修挡土墙、护脚等措施对外坡脚进行特殊处理。

（二）路堤填料的选择和处理

1. 含水率调节

一般情况下，如料场土料的自然含水率接近最佳含水率时，这时只要对挖出的土料及时装卸上堤，及时摊平碾压即可。如果土料含水率过高，应予以翻晒，最好利用松土机或圆盘耙搂翻，增大曝气面，加速蒸发效果。另外，也可在取土场工作面下面挖沟，使地下水位降低，改变土料含水率，这也是一种有效方法。如含水率过低时，常在材料上人工洒水，洒水率可由自然含水率和最佳含水率之差简单地求出，常用的洒水工具有洒水车和水泵等。在实际工作中，土料的人工湿润可在取土场和堤上进行，由于取土场场地宽阔，工作方便，易控制洒水均匀，如有洒水过度，也不影响堤上已有的土体，因而采用较多。在料场湿润土料，可以采取把取土场用水淹盖起来的方法进行，宜用于黏土层垂直孔隙较大的情况。作业时，应首先除掉表土植物层，并将土面整平，而后灌水淹盖，直至吸够必需水量为止。所需水量由地面至挖深厚度内全部土体计算，淹水后的土壤不宜立即取用，需让水经一定下沉或蒸发后方可使用。

2. 化学稳定处理

即利用石灰或水泥作稳定剂对土壤性质进行改良，达到填土要求，这种方法对含水率大、塑性高的材料（如黏土），或强度不足的其他材料（如含有大量细粒砂的砂质土），都有较好的效果。

化学稳定处理的施工方法，是将土和石灰，水泥等添加材料按一定比例混拌均匀后铺平压实。一般采用路拌式稳定土拌和机（灰土拌和机）和平地机等进行作业，也可由设于专门场地的厂拌设备制备。

三、路堤的填筑作业

（一）路堤填筑方法

路堤填筑是把填料用一定方式运送上堤进行铺平、碾压密实的过程。路堤填筑分为水平分层填筑法、纵坡分层填筑法、横向填筑法和混合填筑法等四种方法。

1. 水平分层填筑法

填筑时按照横断面全宽分成水平层次，逐层向上填筑。若原地面不平，应从最低处分层填起，每填一层经过压实符合规定要求后再填上一层。

2. 纵向分层填筑法

宜用于推土机从路堑取料填筑距离较短的路堤，填方侧应按要求，人工开挖土质台阶后，依纵坡方向分层，逐层向上填筑碾压密实。原地面纵坡大于12%的地段常采用此法。

3. 横向填筑法

从路基一端或两端同时按横断面的全部高度，逐步推进填筑，仅用于无法自下而上填筑的深谷、陡坡、断岩、泥沼等运土和机械无法进场的路堤，横向填筑因填土过厚，不易压实，施工时需采取下列措施：

①选用高效能压实机。②采用沉陷量较小的砂性土或附近开挖路堑的废石方，并一次填足路堤全宽度③在底部进行拔土夯实。

4. 联合填筑法

即路堤下层用横向填筑，而上层用水平分层填筑，使上部填料经分层压实获得需要的压实度。混合填筑法适应于因地形限制或填筑堤身较高，不宜采用水平分层法或横向填筑法自始至终进行填筑的情况。

（二）路堤机械化作业

1. 推土机作业

（1）推土机横向填筑

这是一种水平分层填筑方法。推土机在路堤一侧或两侧取土场取土，一般沿线路分段进行，每段距离以20～40m为宜，可以单机作业，也可多机作业，多在地势平坦或两侧有可利用的山地土场的场合采用。

推土机在路堤单侧取土时，可采用穿梭法进行作业。作业时，推土机铲满土料，推送至路堤的坡脚，卸土后，按原路返回到铲挖位置，如此往复在同一路线上。采用槽式作业法送2～3刀就可挖到0.7～0.8m深，然后作斜线倒退，向一侧移位，同样方法可推送相邻土料。整个作业区段完成后，可以沿作业时相反方向侧移，可推净遗留土坡，整平取土坑。

（2）推土机纵向填筑路堤

用推土机进行移挖填土施工时，多采用这种方法（一般多用在丘陵、山地）。可做纵坡分层，只要挖方土壤符合填土要求，即可采用，但以开挖部分坡度不大于1：2为限。开挖中应随时注意复核路基标高和宽度，避免超挖和欠挖。

（3）综合作业法

这是上述两种方法的综合，即在纵横方向联合作业。沿线路分段进行，每段长60～80m，每段中部设有横向送土道，用横向作业的方式，将两侧土壤送上路堤，再由另外的推土机纵向推送铺平，同时，分层压实。

2. 铲运机作业

利用铲运机填筑路堤，其基本方法与推土机大致类似，仅以作业现场条件不同而有所区别。其最大特点是曲线作业散落料少，故有更灵活的作业路线，并适宜于较远距离取土（一般为100m以外，且填筑高度为2m以上）。其作业的运行路线，在根据地形条件，考虑施工效率时，有以下几种基本方式，可在实际工作中灵活应用。

（1）椭圆形运行路线

此方法适用于填土高度在1.5～2m以内，且工作长度在100m以下的情况。主要缺点是重载上坡转向角大，转弯半径小；每一循环，铲运机需要转两次180°大弯。

（2）"8"字形运行路线

实际上是上述椭圆形路线的组合，每一个作业循环，在同样两次180°大转弯的情况下，可完成两次铲装、运送、卸土的过程。而且可以容纳多机作业，工效比单椭圆形作业路线有一定程度的提高，多用于工作段较长（一般为300～500m）的填筑作业，要求取土场在路堤两侧。作业区段较长时，可以多个"8"形工作面首尾相连，可在整个区段内连续作业，适宜于群机作业。如果各机间隔适当，可使其互相不受干扰，并把每次填挖段与上次的错开，作业均衡，缺点为一次循环的时间较长。

（3）全堤宽循环作业

上述几种方法，均在路堤单侧取土（指一个循环内），对于两侧取土场同时取土作业时，可采取全堤宽循环作业的方法。即铲运机连续相间地在路堤两侧取土场取土，而在路堤全宽上均匀铺散。这种作业方法，适宜于作业区段较长，且宽度较大的路堤填筑，铲运机每次循环中，多次装卸土壤，运行路线可均匀错开，因此碾压质量较好。

3. 挖掘机（或装载机）与运输车辆配合作业

用正铲、反铲和抓斗挖掘机或装载机与运输车辆配合进行路堤填筑施工，适用于取土场较远或特殊地形的施工条件下作业，工作过程比较简单。挖掘机或装载机按其基本作业方法进行挖掘装载，由运输车辆将土料送上路堤，然后由推土机或铲运机按规定厚度铺平并由压实机械压实。采用这种作业方法，影响工效的主要因素是：与一定装载能力的挖掘装载机械相配合的运土车辆数及运行路线。

其他挖掘机和装载机作业时，方法与此相同，仅在于各种挖掘装载机械施工条件不同。如拉铲装车较为困难，要求司机操纵技术熟练，由于抓斗对土壤适应性差，一般不作直接挖土工作，这些类型的工作装置进行填土作业时，效率不及正铲。

四、填土边坡施工

（一）一般规定

路堤边坡施工是路堤作业中的重要环节，如果注意不够，不但延误工期，降低工程质量，造成经济损失，而且也可能给运输安全带来很大的威胁，施工中务必充分重视。

在施工时注意以下几点：

1. 放样

根据线路中桩和设计图表，通过放样，定出边坡的位置和坡度，确定路基轮廓，要求放样准确可靠。

2. 做好坡度式样

按照规定，首先在适当位置做出边坡式样，作为全面施工的参照，以免沿错误边坡延续施工。

3. 随时测量

对高路堤或深路堑，每做一段距离就要抄平打线一次，发现问题应及时纠正，变坡点处更要注意测量检查。

4. 留有余量

路基修筑（包括路堑、路堤）时，边坡部位要留有一定的余量，以方便进一步修正后，达到设计要求的标准，岩石边坡要尽量一次完成。

路基经过填土压实后，要进行整形作业。除路基顶面以外，施工作业较复杂的也是边坡面的整形，可用平地机或推土机进行。

（二）平地机坡面整形作业

由于平地机的性能和刮刀长度的限制，当坡面坡度为1∶1.5～1∶5时，坡面在平地机刮刀宽度以内时，可以用一台平地机在一个平面上行驶作业。如果坡面超过刮刀宽度或坡度较缓时，一台平地机在一个平面上无法完成全坡面整形，可采用两台平地机在上下两个平面上同时进行作业，或一台平地机分两次在上下两个平面内分别作业。对于平地机在上下两平面上仍不能完成整形作业的大坡面，则必须在分层填筑过程中，在适当时候就进行修整。

无论采取何种方式进行坡面整形，施工作业前，都必须在作业段两端做好标准坡面，以便在刮削时有所参照，或者随时用线绳连接两端标准坡面同一位点并指导、检查平地机作业情况，防止超刮及欠刮。对于有找平装置的平地机，也可以用拉线的方式，设置基准进行作业。

（三）推土机坡面整形作业

推土机坡面整形作业，只适应于坡度较小（小于1：2.5）的坡面。一般先用人工做出标准坡面，然后推土机紧靠标准坡面，自下而上或自上而下进行刮削。为了保证推土机不至于远离标准坡面而造成超刮现象，作业段内应有一定数量的标准坡面以对推土机的作业加以控制，标准坡面布设一般为铲刀宽4～6倍为宜，即10～15m。

由于推土机进行整形作业时，是与机车在坡面上行驶同时进行的（而平地机是在平面上行驶）。因此，推土机作业过程中，虽然可以多布设一些标准坡面，以便对照，但仍然比较难于掌握，所以对操作人员的技术水平要求较高。可根据推土机行驶的坡度与铲刀切削坡度一致的程度，采用简易的环形测坡仪进行监测，以便控制。一般而言，推土机进行坡面整形作业的质量远不如平地机容易控制。

第二节　路堑施工

一、路堑施工的特点

从作业程序上说，路堑施工较为简单，按一定要求把土挖掘并运到弃土地点，不像路堤填筑有材料选择，分层碾压密实等问题存在。然而，从以往施工经验和公路使用的角度看，路基上发生的问题，却大多出在路堑上。例如，路堑施工往往成为整个工程的控制工程，影响工期。施工中常发生塌方，落石等事故。在道路使用过程中，路堑地段又是塌方、滑坡、翻浆、冒泥、冻害等路基病害的多发区段，而这些又在很大程度上与路堑施工得当与否有着密切的关系。如由于开挖坡度不合适或弃土太近，使土体失去平衡而发生塌方；由于排水不良造成土体松软发生边坡溜滑；由于没有及时修筑挡土墙等防护工程而发生滑坡现象。因此，在路堑施工中，对采取的作业方式，开挖步骤，弃土位置等应予充分重视，进行全面规划，保证有较高的质量和效率。在挖掘作业特别是深挖掘作业时，应将粗加工和挖掘作业同时进行，使坡面作业尽量减少，并且必须经常不断地检查尺寸。单面挖掘、单面堆土时，应尽量避免土堆太高，即使设计上没有防滑措施，也要将基底面进行阶梯挖掘，才比较合理。

二、路堑的开挖

路堑开挖前，应做好现场伐树除根等清理工作。如果移挖作填时，还需将表层土壤单独掘弃，路堑的开挖方法根据现场施工条件，可采用以下几种基本方法：

（一）全断面开挖法

从开挖路堑的一端或两端按断面全宽一次挖到设计标高，逐渐向纵深挖掘，挖出的土方一般都是向两侧运送。这种方法适用于深度不大，且较短的路堑。

（二）分层横断面挖法

从开挖路堑的一端或两端按横断面分层挖至设计标高，每层都有单独的运土出路和临时排水设施，适用于开挖深而短的路堑。土方工程数量较大时，各层应纵向拉开，做到多层、多方向出土，可安排较多的劳动力和施工机械，以加快施工进度。每层挖掘深度视工作方便和安全而定，一般为 1～2m。

（三）分段纵挖法

当路堑较长，开挖深度不大时，把开挖路堑横断面分成若干段，并沿纵向条形开挖，一般出土于两侧。若是傍山路堑，一侧堑壁不厚，选择一个或几个地方挖穿路堑壁出土。

（四）分层纵挖法

如果路堑宽度及深度都不大，可以纵向分层挖掘。在短距离及大坡度时，可用推土机施工，较长的宽路堑则宜用铲运机作业。

（五）通道纵挖法

在开挖路堑全长上，沿路堑纵向先挖出一通道，然后开挖两旁，这是一种快速施工的有效方法，通道可用于机械通行或运输土料车辆的运土。

三、路堑开挖机械化施工

（一）推土机作业

推土机操纵灵活，运转方便，既可开挖土方，又能短距离运输土料，在路堑开挖作业中被广泛应用。

采用推土机开挖路堑，根据具体情况可有两种施工作业方法。

1. 平地上两侧弃土，横向开挖

用推土机横向开挖路堑，其深度在 2m 以内为宜。开始时，推土机以路堑中线为界，向两侧用横向"穿梭"推土作业法进行，将路堑中挖出的土送至两侧弃土堆，最后再做专门的清理和平整。当开挖深度超过 2m 时，则需与其他机械配合作业。

不论采用何种作业路线进行路堑开挖，都要注意不允许路堑的中部下凹，以免积水。在整个开挖段上，应做出排水方向的坡度以便排除降雨积水。在接近挖至规定断面设计线时，应随时复核路基的标高和宽度，避免出现超挖或欠挖。通常在挖出路堑的粗略外形后，多采用平地机整修边坡和边沟。

2. 纵向开挖山坡路堑

（1）开挖傍山半路堑

一般多用斜铲推土机进行。开挖时首先由路堑边坡的上部开始，沿线路行驶，渐次由上而下，分段、分层将土推送至坡下填筑路堤处。推土机的水平回转角根据土壤的性质来调整，在Ⅰ、Ⅱ级轻质土壤上作业时，可调至 60°；在Ⅲ、Ⅳ级土壤作业时可调至 45°。由于推土机沿山坡施工，要特别注意安全，推土机始终应行驶在坚实稳定的土壤上，填土部保持道路外侧高于内侧，行驶的纵坡角不宜超过推土机最大爬坡角。

（2）开挖深路堑

开挖深路堑运土作为填土路堤作业时，应首先做好准备工作，要在开挖路堑的原地面线顶端各点和填挖之间零点处，设置标记，同时挖半小丘，使推土机能顺利进入作业现场。如果推土机能沿斜坡驶至最高点时，则可以由路堑的所在坡面上顶点处开始，逐层开挖至路堤处，开挖时可用1～2台推土机沿线路中线的平行线进行纵向推填。当路堑挖到设计深度的一半位置时，再用另外1～2台推土机，横向分层推削路堑斜坡。由斜坡上推削下来的土壤，仍由下面的推土机送至填土区段，直至路堑路堤全部完成为止。

（二）铲运机作业

铲运机开挖路堑也有两种作业方法，一是横向弃土开挖；二是纵向移挖作填。路堑应分层开挖，并从两侧开始，每层厚15～20cm。这样做既能控制边坡，又能使取土场保持平整，同时还应沿路堑两侧做出排水纵坡。

路堑在以下情形下，宜采用横向开挖，即：堑顶地面有显著横坡，而上游一侧须设置弃土堆，阻挡地面水流入路堑；路堑中纵向运土距离太长，超过铲运机的经济运距，严重影响工效；不需要利用土方或利用有剩余时；长路堑由于施工条件的限制，机械只承担其中一段，两端又无法纵向送土时。横向开挖路堑的施工运行线路与路堤横向取土填筑类似。

铲运机纵向移挖作填，当路堑须向堑口外相接的路堤处运土填筑时，铲运机应当利用纵坡自路堑端部开始做下坡铲土，适用于并逐渐向堑内段延伸挖土长度，而填筑路堤也应做相应的延伸。

（三）挖掘机作业

用挖掘机开挖路堑，一般是与运输车辆配合作业的。

1. 正铲挖掘机开挖路堑

正铲挖掘机进行路堑开挖作业，可采用全断面开挖和分层开挖两种方法。路堑深度在5m以下时，可采用全断面开挖，挖掘机一次向前开挖路堑全宽至设计标高，运输车辆停在与挖掘机同一平面，且并列布置，或在挖掘机后侧。这种方法施工简单，但挖掘机须横向位移，才能挖到设计标高。

当路堑深度为5m以上时，宜采用分层开挖，即挖掘机在纵向行程中，先把路堑开通一部分，运输车辆在挖掘机一侧布置，并与开挖路线平行，如此往返几个行程，直至将路堑全部开通。第一开挖道高度，应以停在路堑边缘的车辆能够装料为准，其余各次开挖道都可以按要求位于同一水平之上，这样可以利用前次挖好的开挖道作为运输车辆的行驶路线。

2. 反铲挖掘机开挖路堑

由于反铲挖掘机只能挖掘停机面以下的土壤。因此做开挖路堑作业时，是停在路堑顶部两侧进行，一般只适用开挖深度在挖掘范围内的路堑，可视现场情况采用沟端、沟侧的作业方法。

3. 拉铲挖掘机开挖路堑

用拉铲挖掘机开挖路堑作业时，如卸料半径能及至两侧弃土堆位置，则挖掘机可停在路堑中心线上，采取沟端挖掘的方法进行。否则，必须采用双开挖道作业。当弃土堆位于路堑一侧时，挖掘机沿路堑边缘移动，为了保证安全，挖掘机内侧履带应与路堑边沿保持1～1.5m的距离。

4. 推土机和铲运机联合作业

在组织大型土方机械开挖路堑作业时，往往投入作业的机型很多，各自又有不同的运用范围和作业效果，为多机联合作业提供了可能性。其中，不同功率的推土机和不同斗容量的铲运机联合作业最为常见。

在组织推土机与铲运机联合开挖作业时，应根据它们各自的特点将它们安排在最能发挥各自优势的部位进行作业。

在多机联合作业时，可将中型推土机安排在开挖段的上层，大型推土机放在中层，铲运机放在底层。为了便于排除降雨积水，开挖工作应自下而上进行。为了提高推土机的作业效率，在较硬土质区段，最好配备翻松机械或机具协同作业。

四、边坡作业

路堑挖土边坡施工的基本要求基本上与填土边坡类似，除了边坡坡度符合设计规范外，也应做好放样、布设标准坡面等工作。但是，与填方边坡相比又有自己的一些特点，首先表现为作业对象多——土壤土质的多样性。路堤边坡由于是由填土而成，所以，其工程性质差异不大。而路堑边坡则是由自然状态土、石方挖掘形成，随线路经过地带不同而有较大变化，其工程性质不仅不同，有时还差别很大，施工作业难易程度也就有一定的区别。根据以往施工经历，下面介绍路堑开挖边坡的几种类型及其施工要点：

（一）砂土边坡

挖出的斜坡要留有足够的余量，然后打桩定线进行坡面整修。具体做法是，先用机械开挖，留有20～30cm的余量，后用人工修整或用平地机修整，也可用小型反铲挖掘机修整。如果采用挖掘机修整边坡，要求操作人员有较高的技术水平，否则，很容易造成超挖或欠挖。

（二）岩石边坡

如果坡面是软岩，可用镐或风镐开挖；如果是硬质岩石，要用手动冲击式钻机，沿着需要修整的坡面先开炮孔，然后，注意不要使剩下的岩盘松动，装少量炸药进行爆破。在大型工程中，也可直接爆破成斜面，然后进行放坡作业。

（三）碎石类土边坡

影响碎石类土挖方边坡的因素，主要是土体结合的紧密程度。其坡度要结合土壤，地质水文等条件确定。

碎石类土的潮湿程度及边坡高度，对边坡的稳定有较大影响。一般湿度大、边坡高时，宜采用较缓坡度；对密实度差的土体，应避免深挖。同时，要注意到由于边坡过缓，受雨水作用面积增大，故不宜过缓，并根据具体情况采取边坡防护和加固措施，确实做好排水工作，以免影响边坡稳定。

五、石质路堑开挖

（一）爆破法开挖

爆破法是利用炸药爆炸的能量将土石炸碎以利挖运或借助爆炸能量将土石移到预定位置。用这种方法开挖石质路堑具有工效高、速度快、劳动力消耗少、施工成本低等优点。对于岩质坚硬，不可能用人工或机械开挖的石质路堑，通常要采用爆破法开挖。爆破后用机械清方，是非常有效的路堑开挖方法。

根据炸药用量的多少，爆破法分为中小型爆破和大爆破，其中使用频率最高的是中小型爆破，大爆破的应用则受多种因素的限制。例如开挖山岭地带的石方路堑时，若岩层不太破碎，路堑较深且路线通过突出的山嘴时，采用大爆破开挖可有效提高施工效率。但如果路堑位于页岩、片岩、砂岩、砾岩等非整体性岩体时，则不应采用大爆破开挖。尤其是路堑位于岩石倾斜朝向路线且有夹砂层，黏土层的软弱地段及易坍塌的堆积层时，禁止采用大爆破开挖，以免对路基稳定性造成危害。

爆破对山体破坏较大，对周围环境也有较大影响。因此必须按有关施工规定和安全规程进行作业，严格按设计文件实施。通常应作试爆分析，其结果作为指导施工的依据。

（二）松土法开挖

松土法开挖是充分利用岩体的各种裂缝和结构面，先用推土机牵引松土器将岩体翻松，再用推土机或装载机与自卸汽车配合将翻松的岩块搬运到指定地点。松土法开挖避免了爆破作业的危险性，而且有利于挖方边坡的稳定和附近建筑设施的安全。凡能用松土法开挖的石方路堑，应尽量不采用爆破法施工，随着大功率施工机械的使用，松土法愈来愈多地应用于石质路堑的开挖，而且开挖的效率也愈来愈高，能够用松土法施工的范围也不断扩大。

松土法开挖的效率与岩体破裂面情况及风化程度有关，岩体被破碎岩石分隔成较大块体时，松开效率较高。当岩体已裂成小石块或呈粒状时，松土只能劈成沟槽，效率较低。砂岩、石灰岩、页岩等沉积岩有沉积层面，是比较容易松开的岩石，沉积层愈薄愈容易松开。片麻石、片岩、石英岩等变质岩，松开的难易程度要视其破裂面发育程度而定。花岗岩、玄武岩、安山岩等岩浆岩不呈层状或带状时，松开比较困难。

多齿松土器适用于松动较破碎的薄层岩体。单齿松土器则适用于松动较坚硬的厚层岩体。松土器型号及松土间隔应根据岩石的强度、裂隙情况、推土机功率等选择，最好通过现场松土器劈松试验来确定。遇到较坚硬的岩石，松土器难以贯入，引起推土机后部翘起或履带打滑时，可用另一台推土机在松土器后面顶推。坚硬完整的岩石难于翻松，可进行适当的浅孔松动爆破，再进行松土作业。

（三）破碎法开挖

破碎法开挖是利用破碎机凿碎岩块，然后进行挖运等作业。这种方法是将凿子安装在推土机或挖土机上，利用活塞的冲击作用使凿子产生冲击力以凿碎岩石，其破碎岩石的能力取决于活塞的大小。破碎法主要用于岩体裂缝较多、岩块体积小、抗压强度低于100mPa的岩石。由于开挖效率不高，只能用于前述两种方法不能使用的局部场合，作为爆破法和松土法的辅助作业方式。

以上三种开挖方法各有特点，应视施工条件合理选用。

六、深挖路堑的作业

路堑边坡高度等于或大于20m时称为深挖路堑，深挖路堑的施工方法与一般路堑的施工方法基本相同，但有一些特殊问题和要求需要注意。

（一）施工前的准备

深挖路堑因为它的边坡较高，易于坍塌，且工程数量大，常是影响全线按期完工的重点工程。因此，施工前准备工作的一个重要任务，就是要详细复查设计文件所确定的深挖路堑地段的工程地质资料及路堑边坡，并收集了解土石界限、工程等级、岩层风化厚度及破碎程度等岩层工程特征。若路堑为砂类土时，应了解其颗粒级配、密实程度和稳定角；路堑为细粒土时，应了解含水率和物理力学性质，以及不良地质情况，地下水及其存在形式等。根据详细了解的工程地质情况，工程量的大小和工期，编制施工组织设计，确定配备机械设备类型和劳动力，这对保证工程质量和按期完成是非常重要的。

施工前准备工作的另一重要任务是对工程地质进行补探工作，过去有些深挖路堑常缺乏工程地质资料或者仅有地表面1～2m深的探坑地质资料，有些资料只根据天然露头确定工程难易等级，这对保证深挖路堑边坡稳定的论证是不够的，更不能以此编制施工组织设计和指导施工。因此，在施工前，必须进行工程地质补探工作（补做工程地质勘探时应以钻探为主），解决原设计文件中工程地质资料缺乏或严重不足的问题，补做工程地质勘探并验算后，若高路堑边坡难以稳定将造成长期后患，则应按补做的地质资料进行方案的选择，并报请审批后实施。

（二）土质高路堑

深挖路堑边坡是否能够稳定，因素很多，最主要的是边坡坡度大小。若坡度小，边坡平缓，则易于稳定；反之，则不稳定。同时亦与气候有关，因此要求边坡应严格按照设计坡度施工，但遇到土质情况与设计资料不符，特别是土质较设计松散时，应向有关方面提出修改设计的意见，批准后实施，以保证路堑边坡的稳定。

路堑边坡按一定高度设平台与从上至下一个面坡相比，虽然设平台的综合坡度与一面坡的坡度相同，但前者边坡较稳定些。此外，分层设有平台还可起到碎落台作用。因此，在施工高路堑边坡时，应每隔6～10m高度设置一个平台，平台宽度人工施工不应小于2m，机械施工不应小于3m，平台表面横向坡度应向内倾斜，坡度约为0.5%～1%；纵向坡度应与路线平行，平台上的排水设施应与排水系统连通。

施工过程中修建平台后的边坡如果仍然不能稳定，应根据其不稳定因素，如设计边坡过陡、过大造成含水率增加、土的内摩擦角降低、边坡中地下水的影响等，采用修建石砌护坡、边坡上植草皮或做挡墙等防护措施。若边坡上有地下水渗出时，还应根据地下水渗出的位置、流量，修建排水设施将其排走。

土质单边坡和双边坡深挖路堑的施工方法，与一般高度的平边坡路堑的施工方法基本相同，只不过需多分几层施工。

（三）石质高路堑

石质高路堑宜采用中小爆破法施工，只有当路线穿过独山丘，开挖后边坡不高于6m，且根据岩石产状和风化程度，确认开挖后边坡稳定，才可考虑大爆破方案。

单边坡石质深路堑已有一面临空，为了使爆破后的石块较小，便于推土机清方，绝对不能采用松动爆破、减弱松动爆破或药室爆破。前两种爆破方法虽然能节约炸药，但爆破后石块太大，有些大石块还要重新钻眼爆破将石块炸小（二次爆破），或需用人工以撬棍将大石块慢慢移走，无法使用机械施工，导致施工进度太慢。药室爆破虽然爆破方量较大，但可能将边坡炸松，而且构建药室时都是人工操作，花费时间多。正确的做法是采用深粗炮眼、分层、多排、多药量、群炮、光面、微差爆破方法。其原则是打炮眼尽量使用机械，可使爆破后石块小一些，便于机械清除。若最后一排炮眼靠近边坡时，应采用光面爆破设计施工。

双边坡石质深挖路堑的施工较单边坡的困难一些。首先需用纵向挖掘法在横断面中部每层开辟一条较宽的纵向通道，以便运走爆破后的石料，同时成为两侧未炸石方的临空面，然后横断面两侧按单边坡石质路堑的施工方法作业。

第三节　特殊路基处理

一、一般规定及特点

（1）特殊路基施工，应进行必要的基础试验，编制专项施工组织设计，批准后实施。（2）施工中若实际地质情况与设计不符或设计处治方案因故不能实施，应及时向监理、业主、设计院反应，申请设计变更。（3）采用新技术、新工艺、新设备、新材料时，必须制定相应的工艺、质量标准。（4）用湿黏土、红黏土和中、弱膨胀土作为填料直接填筑时，应符合下列规定：第一，液限在40%～70%之间、塑性指数在18～26之间。第二，采用湿土法制作试件，试件的CBR值满足表规范要求。第三，不得作为零填及挖方路基0～0.80m范围内的填料。

二、黏土填筑路基施工

（1）当湿黏土液限不在40%～70%，塑性指数不在18～26之间填筑路基时，应进行处理，处理后CBR值和粒径大小应符合相关要求，且压实质量应符合规范规定。（2）基底为软土时，应按设计要求进行处治。（3）不同类的填料，不得填筑在同一压实层上。（4）路堤填筑时，每层宜设2%～3%的横坡；当天的填土，宜当天完成压实。（5）填筑层压实后，应采取措施防止路基工作面曝晒失水。（6）水稻田地段路基施工，要符合下列规定：第一，水稻田地段路基施工，不得影响农田排灌。第二，施工前应采取措施排除公路用地范围内的地表水。疏干地表水确有困难时，应按设计要求进行处治。第三，二级及二级以上公路路堑段，应在边坡顶适当距离外，筑埋并挖截水沟；

土质、风化岩石边坡，应浆砌护墙或护坡；路堑路段宜加大边沟尺寸并采用浆砌。（7）河、塘、湖地段路堤施工应符合以下规定：第一，受水浸、润作用的路堤部分，宜用水稳性好、塑性指数不大于6、压缩性小、不易风化的透水性填料填筑；第二，在洪水淹没地段的路堤两侧不得取土；三、四级公路，特殊情况下，可在下游侧距路堤安全距离外取土。第三，两侧水位差较大的河滩路堤，根据具体情况，宜放缓下游一侧边坡、设滤水趾和反滤层、在基底设隔渗墙或隔渗层。第四，防洪工程应在洪水期前完成，施工期间应注意防洪。（8）多雨潮湿地区路基施工应符合下列规定：第一，多雨潮湿地区施工，应注意排水。机具停放地、库房、生活区域应选在地势较高不易被水淹的地点，并有完善的排水防洪设施。第二，多雨潮湿地区，应按设计要求对基底过湿土层进行处理。

三、软土地基路基施工

软土一般指淤泥、泥炭土、流泥、沼泽土和湿陷性大的黄土、黑土等。通常其含水率大、承载力小、压缩性高，尤其是沼泽地，水分过多、强度很低，常规施工机械在软土地面上行走和作业都很困难。

（一）软土的工程地质特性

软土的概念，目前尚无统一的定义。一般地，路基工程中软土是指相对密度小于0.33的松砂土和天然含水率大于液限（$\omega_L < 1.0$），孔隙比大于等于1.0的黏性土，由软土作为地基时称软土地基，其具有松软，易于变形的特征。

（二）填土的稳定与沉降

道路工程中，修筑路堤和其他构造物，目的是为上层路面提供一个均匀而坚固的基础，同时保持路面平整及处于良好的状态。在软土地基上筑填路堤或进行开挖作业，除了可能产生不均匀沉陷外，还可能由于软土的蠕变而导致路基或其他构筑物的失稳。

首先，在软土上面填土时，当超过某一高度时，可能使填土的部分发生崩塌，坡脚外侧地基隆起等，这种现象的产生，势必造成工程的大范围返工。如果坡脚附近有房屋、水管或其他工程设施，也将受到严重威胁，甚至被破坏或造成人身伤亡事故。

其次，即使不发生滑塌，但施工过程中，以至填土完成以后，沉降将在相当长的时间内持续发展，即所谓的地基沉降。这种现象严重时，不仅增加填土工程量，而且在靠近填土部位的挡土墙、涵洞等会受到沉降或水平移动的影响。另一方面，完成铺装路面后的沉降，不仅对路面的纵横断面造成影响，不能保证其平整性，而且也会引起路面结构的破坏。边沟等排水设施也将受到不利影响，特别是桥梁、涵洞等结构物与填土相连接部分的不均匀沉陷，成为车辆行驶中的阻碍和发生事故的原因。

（三）软土地基的处理

软土地基施工措施，按照其原理不同，可采取多种不同的方法，各种方法的施工要点如下：

1.表层排水法

这种方法是在路基填筑前，在地面开挖水沟，以排除地表水，同时降低地基表层的含水率，确保施工机械的作业条件。为了使开挖水沟在施工中发挥盲沟作用，常用透水性良好的砂砾回填。

（1）水沟的布置

水沟布设应全面考虑地形与土质情况，使排水畅通。

（2）水沟的构造

水沟尺寸一般可取宽 0.5m，深 0.5～1m 左右，路堤填筑前，宜用砂砾回填成盲沟，若埋设管道，必须用良好的过滤材料保护。

2. 砂垫层法

这种方法是在软土地基上铺设厚度为 0.5～1.2m 左右的砂层（砂垫层），其作用是：作为软土层固结所需要的上部排水层和路堤内的地下排水层以降低堤内水位，改善施工时重型机械的作业条件。

施工时，要设置和砂垫层厚度相同的放样桩，一般用自卸汽车及推土机配合摊铺，应做到摊铺均匀，注意不要有很大的集中载荷作用。当路堤为粉土类土，透水性不好时，路堤坡脚附近砂垫层被路堤覆盖，可能会阻碍侧向排水，必须注意做好砂垫层端部的处理。

3. 稳定剂处治法

即用生石灰、熟石灰、水泥等稳定材料，掺入软弱的表层黏土中，以改善地基的压缩性和强度特性，保证机械作业条件，提高路堤填土稳定及压实效果。

施工中应注意以下几点：

（1）稳定剂贮存

工地存放的水泥、石灰不可太多，以一天使用量为宜，最长不宜超过三天的使用量，应做好防水、防潮措施。

（2）压实与养生

压实要达到规定压实度，用水泥或熟石灰稳定处治土应在最后一次拌和后立即压实；而用生石灰稳定土的压实，必须有拌和时的初碾压和生石灰消解结束后的再次碾压。压实后若能获得足够的强度，可不必进行专门养生，但由于土质与施工条件不同，处治土强度增长不均衡，则应做约一周时间的养生。

4. 开挖换填法

即在一定范围内，把软土挖除，用无侵蚀作用的低压缩散体材料置换，分层夯实。按软土层的分布形态与开挖部位，有全面开挖换填和局部开挖换填两种。

（1）选择良好填料

选择填料时，要考虑路堤高度、软土层厚度及地下水位等因素，宜用排水性能好（即使以后处于地下水位以下应仍能保持足够承载力）的砂、砂砾及其他粗粒料。

（2）开挖边坡

根据开挖的深度与土的抗剪强度确定合理的边坡坡度，开挖时若用水泵排水，边坡容易被破坏，从而增加挖方量。因此如果有不需要压实的良好换填材料（以不排水为宜），为防止边坡塌落，应随时开挖随时填料。

5. 强制换填法

按施工方法分为路堤载荷强制换填和爆破换填法两种。

（1）路堤强制换填法

强制换填法就是依靠路堤载荷将部分软土层强制挤出，用良好的填筑材料置换。施工时，应从中线起逐渐向外侧填筑。但对于宽路堤，由于沉降不一致，从而在路堤下面残留部分软土，完工后会发生不利的不均匀沉降，应注意。

（2）爆破换填法

这种方法就是把炸药装入软土层，通过爆破作用将软土挤出的方法。

这种方法对周围影响很大，只限于爆破对周围构造物或设施没有不良影响的地区使用，并且一般要通过几次爆破使路堤逐渐下沉，两侧挤出隆起的软土要及时挖除，保证爆破效果不致降低。

6. 反压护道法

主要用于当路堤在施工中达不到要求的滑动破坏安全系数时，反压路堤两侧，以期达到路堤稳定的目的。

①避免过高堆填，而应分层铺平，充分压实，并应有一定横坡度，以利于排水。②反压护道的填筑速度不得低于主路堤的。③主路堤在施工中或完工后，如能确定反压护道下面的地基强度已增长到要求的值，则可以将反压护道设计高度以上的部分挖除，利用这些材料填筑主路堤。

7. 慢速加载法

这种方法类似于一般路堤的自然沉降，但要根据土质的剪切破坏情况，控制填土速度，用较长的时间完成填土，无需特殊的施工机械和材料。在工期充裕的情况下，采用此法最为经济。

8. 砂井排水法

这种方法是在软土层设置垂直排水井，一般由中砂或粗砂构成，也有用纸板的。方法是用下端装有埋入式桩靴的钢管打入土中，然后从上端灌入砂子，分层夯实，并同时将管向上拔起，直至桩孔灌满砂，形成砂井。在黏性土中也可先打入木桩，拔出桩后在孔中填砂夯实。

9. 水泥搅拌桩

在一些桥、涵等结构物台背位置处，为加强地基承载力，有时采用水泥搅拌桩的形式进行地基处理加固。水泥土搅拌桩是用于加固饱和软黏土低地基的一种方法，它利用水泥作为固化剂，通过特制的搅拌机械，在地基深处将软土和固化剂强制搅拌，利用固化剂和软土之间所产生的一系列物理化学反应，使软土硬结成具有整体性、水稳定性和一定强度的优质地基。

（四）常规机械开槽施工

软土开挖工程，即要求将软土挖出，达到设计深度、宽度及整出边坡形状，一般采用低比压推土机、水陆两用挖掘机、挖泥船或清淤机进行开挖。但实际施工中，为了充分利用现有机械，降低施工成本，常规土方机械中的推土机、挖掘机可进行部分作业，特别是对小面积、小规模的软土开挖作业，是很有实用意义的，施工方法如下：

1. 推土机作业

以干燥段沟底为起点，采取轻铲小负荷，一铲一趟，斜向推送，类似蚕食桑叶，从软土段边缘开始，逐渐往里，最后将全部软土挖掉。

在软土厚度小于60cm，下层是较密实的硬土，两端干燥的情况下，可采用此种推土机施工，但施工时应注意以下几点：

①推土机行驶中尽量避免停驶、换挡、制动和转向，以免打滑陷车。②铲土量不能贪多，尽量少推快推，边推边清理，保持作业面平整，不留残土淤泥。③作业面不宜太大，集中机械分段施工，做到当日开挖，当日成型。④做好排水工作，将先挖的土修成土围堰以便堵截外水。

2. 挖掘机作业

如施工作业面有硬土层可利用时，常规挖掘机可进行软土开挖，根据硬土层位置可采取沟底开挖或沟边开挖。

如作业剖面土质分布下硬上软，挖掘机可先在相邻干土地段开挖作为基点，采用正铲或拉铲向前开挖，挖土弃于沟的两岸或装车运走。作业时，可先换用较大铲斗，将软土挖掉，然后改用有齿的铲斗挖掘硬土，在工作面高度大于合理挖掘高度时，应分层开挖。同时应避免斗臂水平转角加大。

如作业面土为上硬下软，即软土层表层有足以供机车行驶作业的硬土，则可让挖掘机停在硬土上用反铲、拉铲或抓斗在沟边进行开挖作业，挖掘停车位置可视沟的开挖宽度和硬土层情况设在沟的端部、角部或边侧。

四、膨胀土地区路基施工

（1）在膨胀土地区路基施工前，按图纸和监理工程师的要求，修筑长度不小于200m全副路基宽度的试验段，应确定膨胀土路堤施工中的石灰掺量、松铺厚度、最佳含水率、碾压机具以及全部施工工艺，试验结果应报监理工程师批准。（2）当路堤高度不足1m时，必须挖去地表300～600mm的膨胀土，换填非膨胀土，并按规定压实。当地表潮湿时，必须挖去湿软土层，换填碎砾石土、砂砾或坚硬岩石碎渣，或将土翻开掺石灰稳定并按规定压实，一般换填深度可控制在1.2m左右。（3）填土路堤不得采用强膨胀土填筑。高速公路采用中、弱膨胀土用作路床填料时，应做改性处理。改性处理后要求胀缩总率不超过0.7为宜，并按试验段报告要求施工。弱膨胀土作填料只能填在路堤下层及中层，边坡表面及路基顶面应以非膨胀性土或石灰改性膨胀土包边，包边厚度应符合图纸规定。（4）膨胀土地区的路堑施工，路床应超挖300～500mm，并应立即用非膨胀土或改性土回填，并按规定压实。（5）用改性的膨胀土填筑时，应加强土的粉碎和注意与石灰拌和的均匀性。压实机具应选用重型压路机或振动压路机。碾压时，直线段由两边向中央，超高段由内侧向外侧碾压。考虑到膨胀土路堤的沉降，路堤两侧应各加宽300～500mm。（6）膨胀土地区路基施工，应避开雨季作业，路堤填筑要连续进行。路堤或路堑两侧边坡的防护封闭工程必须及时完成，做好膨胀土路基的防水、排水工作。（7）膨胀土地区路基压实标准，应符合要求。

五、黄土地区路基施工

（1）黄土路堤应分层填筑，分层压实，大于10cm的土块必须打碎，并应在最佳含水率范围时碾压密实。（2）路基范围内的回填及碾压的压实度均应符合土方路基压实度标准。（3）湿陷性黄土路基应采用拦截、排除地表水等措施，并防止地表水下渗。其地下排水构造物及地面排水沟渠必须采取防渗措施。（4）对于Ⅱ级以上湿陷性黄土地基应在填筑前进行碾压或采用强夯石灰桩挤密、填土等加固处理。（5）黄土陷穴地区的路基施工，应将路堤或路堑边坡上侧50m下侧10～20m以内的陷穴进行处理。承包人应将陷穴的位置、埋藏深度及大小、所采取的处理措施报监理工程师批准。（6）对路基路床的陷穴应封堵其进口，引排周围地表水，使其不再流向陷穴，并回填砾石夯实或灌注混凝土等。

六、盐渍土地区路基

（1）盐渍土路基的处理宜在干旱季节施工。施工前应对该地区地表土层1m内的土质含盐性及含盐量进行控制检测，并报监理工程师审查。（2）盐渍土路堤应分层填筑、分层碾压，每层松浦厚度不大于200mm，并严格控制含水率不得大于最佳含水率1个百分点。（3）盐渍土路基的施工，应分段一次完成。自清除基底含盐量较大的表土开始，连续施工，一次做到路床设计标高。（4）当基底含水率超过液限的土层厚度在1m以内时，必须全部换填渗水性土，并应在路堤下部设置封闭隔水层。（5）施工中应首先做好排水系统，不应使路基及其附近有积水。无论是填筑黏性土或换填渗水性土其压实度均应符合土方路基压实度标准。

第四节　路基压实

一、土质路基的压实

土质路基的压实过程，其本质上是土体在压力作用下，克服土颗粒间的内聚力和摩擦力，使原有结构受到破坏，固体颗粒重新排列，大颗粒之间的间隙被小颗粒所填充，变成密实状态，达到新的平衡。在施工作业中，表现为土壤的体积被压缩，而达到一定程度后，这个过程不再持续。这是因为在颗粒重新排列后，土中气体被挤出，由快变缓，最终趋于结束。这时，作用于土体的压力，只能引起弹性变形，而压力过大时，则可能使土壤产生剪切破坏，影响土体强度。

（一）影响压实效果的主要因素

影响路基压实效果的因素是多方面的，有内因也有外因，但与施工作业有关的主要因素有以下几点：

1. 土的含水率

任何有黏结力的土，在不同的湿度下，用同样压实功能来挤压，将获得不同的密实度和不同的强度。土中水在压实过程中的作用。压实开始时，原状土相对湿度低，土颗粒之间的内摩阻力大，因而，外力难于克服，故压实的干密度小，表现出土的强度高，密度低；当相对湿度缓慢增加时，水分在土粒间起润滑作用，压实的结果，使被压材料（土粒）得以重新调整其排列位置，达到较紧密的程度，表现出密度增大，但与此同时，由于水的作用，内摩阻力有所减小，因而强度继续下降。当含水率继续增加，超过图中曲线顶点等最优值时，水的润滑作用已经足够，水分过多，使起润滑作用以外多余水分进入土粒孔隙中，反而促使土粒分离而不易得到良好压实效果，从而降低了土的干密度。又由于土粒间距增大，内摩阻力与黏结力减小，使土的强度也随之减小，在压实曲线中出现驼峰形式。这就是说，在一定功能的压实作用下，含水率的变化会导致土的干密度随之变化，在某一含水率（最佳含水率）下，干密度达到最大值（最大干密度）。

2. 土的性质

不同土质的压实性能差别较大。一般来说非黏性土的压实效果较好，而且最佳含水率较小、最大干密度较大，在静力作用下，压缩性较小，在动力作用下，特别是在振动作用下很容易被压实。黏质土、粉质土等分散性土的压实效果较差，主要是由于这些细分散性的土颗粒的比表面大、黏聚力大、土粒表面水膜需水量大，最佳含水率偏高，而最大干密度反而偏小。

3. 压实功能

压实功能是由碾压（或锤击）的次数及其单位压力（或荷重）所决定的，若在一定限度内增加压实功，则可降低含水率数值，提高最佳密实度的数值。

土在不同压实功能作用下的压实性质，是决定压实工作量和选择机具，选择施工方法的依据。

事实上，对任何一种土，当密实度超过某一限值时，欲继续提高它的密实度，降低含水率值，往往需要增加很大的压实功能。而过分加大压实功能，不仅密实度增加幅度小，还往往因所加荷载超过土的抵抗力，即土受压部位承受压力超过土的极限强度，而导致土体破坏。因此，对路基填土的压实，在工艺方法上要注意不使压实功能太大。

4. 碾压时的温度

在路基碾压过程中，温度升高可使被压土中的水黏滞度降低，从而在土粒间起润滑作用，易于压实，但气温过高时，又会由于水分蒸发太快而不利于压实。温度低于0℃时，因部分水结冰，产生的阻力更大，起润滑作用的水更少，因而也得不到理想的压实效果。

5. 压实土层的厚度

土受压时，能够以均匀变形的深度（即有效压实深度），近似等于两倍的压模直径或两倍的压模与土接触表面的最小横向尺寸，超过这个范围，土受到的压力急剧变小，并逐渐趋于零，可认为此时土的密实度没有变化。

6. 地基或下承层强度

在填筑路堤时，若地基没有足够的强度，路堤的第一层难以达到较高的压实度，即使采用重塑压路机或增加碾压遍数，也只能是事倍功半，甚至使碾压土层起弹簧。因此，对于地基或下承层强度不足的情况，填筑路堤时通常采取以下措施处理：

①填筑路堤之前，应先碾压地基。②若地基有软弱层，则应用砂砾（碎石）层处理地基。③路堑处路槽的碾压，先应铲除30～40cm原状土层并碾压地基后，再分层填筑压实。

7. 碾压机具和方法

压实机具和方法对压实的影响反映在以下几个方面：

（1）压实机具不同

压力传布的有效深度也不同。一般地，夯击式机具的压力传布最深，振动式次之，碾压式最浅。根据这一特性即可确定各种机具的最佳压实度。

（2）压实机具的质量较小时

碾压遍数越多（即时间越长），土的密实度越高。但密实度的增长速度则随碾压遍数的增加而减小，并且密实度的增长有一个限度，达到这个限度后，继续以原来的施压机具对土体增加压实遍数则只能引起弹性变形，而不能进一步提高密实度（一般碾压遍数在小于或等于6遍时，密实度增大明显，6～10遍增长较慢，10遍以后稍有增长，20遍后基本不增长）。压实机具较重时，土的密实度随碾压遍数增加而迅速增加，但超过某一极限后，土的变形即急剧增加而达到破坏，机具过重以至超过土的强度极限时，将立即引起土体破坏。

（3）碾压速度越高

压实效果越差，黏性小，应力作用速度越高，变形量越小，土的黏性越大，影响就越显著。因此，为了提高压实效果，施工时，碾压设备须保持在合适的行驶速度。

（二）压实标准与碾压控制

1. 压实标准

压实标准包括两个方面：一是确定标准干密度的方法；二是要求的压实度。

标准干密度的确定方法，主要是采用重型击实试验法。土的最大干密度是土压实的主要指标，与路基的强度和稳定性有密切的关系，一般作为压实质量评价的依据。在路基压实施工中，由于受各种因素的影响和限制（气候、土的天然含水率等），所施工的路基实际干密度不能达到室内重型击实试验求得的最大干密度。但是为了保证压实质量的基本要求，必须规定压实后土基压实度范围。

2. 路基压实工作的控制与检验

（1）确定不同种类填土的最大干密度和最佳含水率

高速公路系带状构造物，一条公路往往连绵数十公里甚至上百公里。用于填挖路基的沿线土石材料的性质往往发生较大变化。在路基填筑施工之前，必须对主要取土场（包括挖方利用方），采取代表性土样，进行土工试验，用规范规定方法求得各个土场土样的最大干密度和最佳含水率，以便指导路基的压实施工。

（2）正确选择和使用压实机械

①压实机械的选择

压实机械的类型和数量选择是否恰当，直接关系到压实质量和工效，选择时应综

合考虑以下几点:

第一,土的性质、状态。不同的压实机械,对不同的压实机具,不同土质的压实效果不同。如对砂性土,以振动式机械效果最好,夯击式次之,碾压式较差;对黏性土,则以碾压式和夯击式较好,而振动式较差甚至无效。而且,压实机械的单位压力不应超过土的强度极限,否则会立即引起土基破坏。选择机械时,还应考虑土的状态及对压实度的要求。一般地,土的含水率小,压实度要求高,应选择重型机械,反之可选轻型机械。

第二,压实工作面。当工作面较大时,可采用碾压机械,较狭窄时宜用夯实机械。

第三,机械的技术特性与生产率。选择机械类型,确定机械数量,应考虑与其他工序的配合,使机械的生产能力互相适应。

②压实机械的使用

为了能以尽可能小的压实功获得良好的压实效果。在压实机械的使用上应注意以下两点:

第一,压实机械应先轻后重,以便能适应逐渐增长的土基强度。

第二,碾压速度宜先慢后快,以免松土被机械推走,形成不适宜的结构,影响压实质量,尤其是黏性土,高速碾压时,压实效果明显下降。通常压路机进行路基压实作业行驶速度在4 km/h以内为宜。

此外,在路基土的压实中,除了运用不同性能的各种专用压实机械外,还应特别注意尽可能利用其他土方施工机械和运输车辆进行分层压实,有计划、有组织地利用运土车辆碾压填方土料。施工中要注意采用合理的技术措施,一般应控制填土厚度不大于30cm,并用推土机或平地机细致平土,控制合适的含水率;同时,还要在机械的运行线路上使各次行程能大体均匀分布到填土土层表面,保证土层表面全部被压到。

(4)分层填筑、分层碾压

分层填筑。一方面要把握每层填土厚度的大小。填土层厚度过大,其深部不能获得要求的压实度;填土层厚度过小,会影响工作效率和经济效益。一般认为,对于细粒土,用12~15 t光轮压路机时,压实厚度不得超过25cm,用22~25 t振动压路机时(包括液压振动),压实厚度不超过60cm。

分层碾压。碾压前应对填土层的松铺厚度、平整度和含水率进行检查,符合要求后方可进行碾压。分层碾压的关键是控制碾压遍数。在大规模施工前,取100~200m路基填筑做试验段,确定达到要求压实度所需的碾压遍数。

(5)全宽填筑、全宽碾压

填筑路基时,应要求从基底开始在路基全宽度范围分层向上填土和碾压。压实路线为直线段,宜先两侧后中间,小半径曲线段由内侧向外侧,纵向进退式进行;横向接头,对振动压路机一般重叠0.4~0.5m,对三轮压路机一般重叠轮宽的1/2,前后相邻而区段(碾压区段之前的平整,预压区段与其后的检验区段)宜纵向重叠1.0~1.5m,使路基各点都得到压实,避免土基产生不均匀沉陷。以往的施工实例表明,凡不注意全宽碾压的,当路堤填筑到一定高度时,均出现程度不同的纵向裂缝,严重的还影响到路面，使之也出现纵向裂纹。

使用夯锤压实时，第一遍各夯位宜紧靠，如有间隙则不得大于15cm，第二遍夯位应压在第一遍夯位的缝隙上，如此连续夯实，直至达到规定的压实度。

（6）加强质量检查

①填方地段基底

路堤填筑前应对基底进行压实，高速公路路堤基底的压实度不应小于90%，当路堤填土高度小于路床厚度（80cm）时，基底的压实度不宜小于路床的压实度标准。

②路堤

每一压实层均应检验压实度，合格后方可填筑其上一层，否则应查明原因，采取措施进行补压。检验频率为每2 000m²检验8点，不足2 000m²时，至少应检验8点，必要时可根据需要增加检验点，必须每点都符合规定值。

③路堑路床

零填及路堑路床的压实，应符合其压实标准的规定，换填超过3m时，按90%的压实标准控制。

④桥涵处填土

桥台背后、涵洞两侧与顶部、锥坡背后的填土均应分层压实，分层检查，检查频率为每50m²检验1点，不足50m²时至少检验1点，每点都应合格。每一压实层松铺厚度不宜超过15cm。高速公路桥台、涵身背后和涵洞顶部的填土压实度，从填土基底或涵洞顶部至路床顶面均为96%，以确保不因密实度不足而产生错台，影响行车速度与安全。

桥涵处填土的压实采用小型的手扶振动夯或手扶振动压路机，但涵顶填土50cm内，应采用轻型静载压路机压实，以达到规定的压实度为准。

（三）现场压实度的评定

正确评定施工现场路基土的压实度，必须解决现场准确测定密度和含水率的问题，然后根据检测数据利用数理统计方法作出评定。

1. 现场测定土的密度

压实度由标准干密度和现场压实后的干密度所决定。一般来说对某种土类的标准击实密度变化是不大的，由此可知压实度与现场实测的密度有着密切的关系。根据试验资料，一般土的最大干密度介于1.7～1.9 g/cm³，之间。如果以压实度为96%要求值考虑，则压实度差1%时，反映在干密度的绝对值只差0.017～0.019 g/cm³。因此要求准确测定土基的现场压实密度，对正确评定压实度尤为重要。

当前现场测定路基土密度的主要方法有：

（1）环刀法

它是一种破坏性的量测方法。优点是设备简单、使用方便，但此法只适宜于测定不含集料的黏性土密度。

（2）灌砂法

是一种破坏性量测方法，它适宜于细粒土、中粒土的密实度测定。试验时先在拟测量的地点，以层厚为开挖深度，凿一试洞，开挖时仔细将全部土料收集于一个带盖容器中，并采取密封措施使其含水率不致受损失，及时称质量和取有代表性的样品作含水率试验，然后采用灌砂法测定试洞的容积。

（3）利用核子密度计测定

这是一种非破坏测定方法，它利用放射性元素（γ射线和中子射线）测量土的密度和含水率。这些仪器能在现场快速测定土基密度、含水率，满足施工现场土基压实度快速、无破损检测的要求，同时还具有操作方便、明显直观的优点。

2. 压实质量的评定

根据所测的压实度如何评价某一路段的压实效果，规范中提出了压实度要求值，而没有明确提出具体评价的方法。现场测量干密度和实验室条件差别较大，特别是现场土质的变化，即使是小的变化都将导致压实度发生变化，用灌砂法测定现场密度是逐个试洞进行，各试洞都受土质、施工均匀性影响极大。即使试洞布置很密，所得干密度也不可能相同，这主要是由于各层铺筑、碾压及含水率等不均匀性，以及土质的变化引起的。

现场施工质量控制中，主要有如下两种方法。

（1）合格率法

即将各测点所得的干密度与压实度规定的最低干密度进行比较，达到者即为合格，然后计算合格点数的百分比。此法的特点是通俗易懂，易于接受，也能大致看出施工与碾压质量水平；缺点是概念过于简单，当全部合格时，则无法比较不同施工路段的压实质量。这里还应注意的是，现场密度检验的数量，往往是数百米才检验一次，即使每次测量的结果都等于规定的压实度，也并不能肯定整个路段任何部位的压实度都满足了规定值要求。

（2）数理统计法

从某一总体中取出样本进行试验，或对一总体的个别部分进行测量（如采点进行压实干密度测量），可得到测量值总共几个数值，然后通过数理统计求得几个压实度值的平均值和标准偏差（或称均方差）。平均值反映路基压实度的分布位置，而标准偏差的大小就反应几个数据的分散程度，从而可按保证率要求评价该段路基的压实质量。

3. 现场评定压实质量

由于现场压实质量存在不均匀性，即现场密度测定所求出的平均压实度小于标准值时，包含了整体中部分的不合格点在内。检验路段试验资料计算的标准偏差愈小，说明该路基压实质量均匀性愈高，要求的概率愈大，允许的误差范围愈小，则需要的试验数据就愈多。因此利用平均值来评定现场压实度时，尚应考虑一个保证率系数，从而得出某一保证率条件下的变动范围，高速公路保证率系数为95%。

二、填石，土石混填及高填方路堤的压实

（一）填石路堤

在填石路堤施工过程中的每一压实层，可用试验路段确定的工艺流程和工艺参数，控制压实过程，用试验路段确定的沉降差指标检测压实质量。

填石路堤在压实之前，应用大型推土机摊铺平整。个别不平处应用人工配合以细石屑找平，使石块之间无明显高差台阶才便于压路机碾压，或使夯锤下坠到地面时，受力基本均匀，不致使夯锤倾倒。

填石路堤填料石块本身是密实而不能压缩的，压实工作是使各石块之间松散接触状变为紧密咬合状态。由于石块粒径较大，质量较大，必须选用工作质量 18 t 以上的重型振动压路机，工作质量 2.5 t 以上的夯锤或 25 t 以上的轮胎压路机压（夯）实，才能达到规定的紧密状态。用振动压路机或夯锤压实能在压实时产生振动力和冲击力，可使石块产生瞬时振动而向紧密咬合状态移位，其压实厚度可达 1.0m。当缺乏上述两种压实机具，只能采用重型静载光轮压路机或轮胎压路机压实时，应减少每层填筑厚度和石料粒径，其适宜的压实厚度和粒径应通过试验确定，但不应大于 50cm。

填石路堤应先压两侧后压中间，压实路线对于轮碾应纵向互相平行，反复碾压。压实路线对夯锤应成弧形，当夯实密实程度达到要求后，再向后移动一夯锤位置。行与行之间应重叠 40～50cm，前后相邻区段应重叠 1.0～1.5m，其余注意事项与土质路基压实相同。

（二）土石混填路堤

土石混填路堤的压实方法与技术要求，应根据混合料中巨粒土的含量百分比确定。当混合料中巨粒土（粒径大于 200mm 的颗粒）含量多于 70% 时，其压实作业接近于填石路堤，应按填石路堤的方法和要求进行。当混合料中巨粒土的含量低于 50% 时，其压实作业接近于填土路堤，应按前述填土路堤的方法和要求进行。

土石路堤的压实度可采用灌砂法或水袋法检测。其标准干容重应根据每一种填料的不同，含石量的最大干容重作出标准干容重曲线，然后根据试坑挖取试样的含石量，从标准干容重曲线上查出对应的标准干容重。当采用灌砂法或水袋法检验有困难时，可根据填石路堤的方法进行检验，即通过 18 t 以上振动压路机压实试验，当压实层顶面稳定，不再下沉（无轮迹）时，可判定为密实状态。

土石路堤的压实度标准，可采用灌砂法或水袋法检验，并应符合填土路堤的压实度要求，也可按填石路堤的方法检验，并应用灌砂法或水袋法判定压实度是否合格。

（三）高填方路堤

高填方路堤的基底承受路堤土本身的荷载很大，因此对基底应进行场地清理，并按照设计要求的基底承压强度进行压实。设计无要求时，基底的压实度不应小于 90%。当地基松软仅依靠对厚土压实不能满足设计要求的承压强度时，应进行地基加固处理，以达到设计要求。当基底处于陡峻山坡上或谷底时，应作挖台阶处理，并严格分层填筑压实。当场地狭窄时，压实工作应采用小型的手扶式振动压路机或振动夯进行。当场地较宽广时应采用自行式 12 t 以上的振动压路机碾压。

第五节 路基排水施工

一、地面排水

地面排水设施主要有边沟、截水沟、排水沟以及跌水和急流槽等。

（一）边沟（侧沟）

设置在路堑路肩两侧或路堤的坡脚外侧，用以汇集和排除路基范围内及流向路基方向的少量地面水的沟槽叫作边沟。边沟的断面形式，一般有梯形、三角形和矩形。

梯形边沟边坡，靠路基一侧为1：1～1：1.5，另一侧与路堑边坡相同；三角形边沟边坡一般为1：2～1：4；矩形边沟用于石质地段或用块石铺砌时，边坡可以直立，亦可稍有倾斜，边沟深度一般取0.4～0.8m，边沟底宽不应小于0.4m，在水流较多的情况下，需适当加宽或加深。

一般情况下，边沟不宜与其他沟渠合并使用。为控制边沟中的水流不致过多，可以充分利用地形，在较短距离内即将边沟水排至路旁洼地、沟谷或河道内，一般每隔300～500m设涵沟一道，用以及时将边沟水排至路基范围的外侧。

通常，边沟的纵坡与路线纵坡相同，但不宜小于0.2%～0.5%，以免水流阻滞和使边沟淤塞。当纵坡大于3%时，应对边坡进行加固；当纵坡超过7%时，流速变大而冲刷严重，可采用跌水或急流槽的形式缓冲水流。另外在平曲线区段内，应注意使边沟纵坡与平曲线平顺衔接，以保证水流畅通。在路基外侧，边沟开挖深度应适当加大，保证不致因平曲线引起边沟纵坡坡度变小，而妨碍水流畅通。在平曲线段内调整边坡确有困难时，也在平曲线上游段适当增设涵洞，减少曲线段边沟的水流量。

边沟的出水口，必须妥善处理。在路堑路堤结合处，应设排水沟沿路堑山坡将水流引出路基以外，以免冲刷填方边坡；或者用跌水、急流槽把水直接引到填方坡脚外。当边沟的出口与涵洞间高差较大，可以在涵洞进水口前设雨水井，或根据地形情况，急流槽与跌水并用将水流引入涵洞。若边沟出水口有桥头翼墙等建筑物，也可以用急流槽或跌水将水接引入河道。

（二）截水沟

截水沟应设在路基横坡上方的边坡上，垂直于水流方向（大致与线路平行），以拦截外部水流，并引入他处，保证路基不至冲刷。截水沟必须排水迅速，不得在沟内积水或沿沟壁土层渗水，否则，会加剧路基病害，截水沟可能成为边坡塌方的顶边线。所以，截水沟应设有合适的纵坡度，最小不应小于0.2%～0.5%，亦不可超过3%，使截水沟边坡冲刷严重。一般取用1%，沟内应适当加固，以保证不渗水，在转弯处用平顺的曲线相连接，保证水流畅通。

截水沟的横断面形状，一般多为梯形，底宽不应小于0.5m，深度应根据拦截的水流量确定，不宜小于0.5m。边坡坡度视土质而定，一般土质可取1：1～1：1.5。

山坡路堤上方的截水沟，应布置在路堤坡脚以外约2m处，截水沟与路堤之间修筑护坡道，顶面以2%的横坡向截水沟倾斜，如有取土坑，则在坑内挖沟，并加以修整。

如果路堑边坡坡顶边缘至分水岭的山坡不宽，坡度较缓，降雨量也不大，土质良好且植被覆盖茂密，此时也可不设截水沟；反之，如坡面很长，降雨量又大时，根据具体情况，可设一道或几道大致平行的截水沟，以分段拦截地面流水。

截水沟也应设有可靠的出水口，需要时应设排水沟、跌水或急流槽，将水引至自然沟及桥涵水流进口处。

（三）排水沟

·设置排水沟的目的，在于将水流从路基排泄至低洼地或排水设施中。因此，其位置与地形等条件有关，灵活性较大。路堤有取土坑时，应挖成畅通的沟槽，起排水作用；没有取土坑时，应在路基横向坡度上方一侧，或横坡不明显而路堤较低的情况下，在路基的两侧，挖纵向排水沟，用以截引流向路基的地面水流，不使滞积而危害路基。

排水沟一般为梯形断面，底宽不小于0.5m，深度根据流量而定，边坡坡度视土质情况取1：1～1：1.5，排水沟应尽量做成直线，如必须做成较弯时，其曲线半径不宜小于10～20m。排水沟长度根据地形情况视需要而定，当排水沟水流流入河道或其他沟渠时，应使水流平顺流畅。

（四）跌水与急流槽

当排水的高差较大，距离较短或坡度陡峻时，应采用跌水和急流槽的形式，以防止过高流速的水流冲刷。

从水力计算特点出发，跌水和急流槽的构造分为进水、缓冲、出水三部分。跌水和急流槽一般用石砌或混凝土筑成，要求基础牢固，不渗水。

二、地下排水

为了拦截、汇集和排除路基地下水，降低其水位，设置的地下排水设施有暗沟（盲沟）、排水管和排水涵洞几种形式，它们的布置可以在路基的不同部位。

地下水排水设施设置，应分析地下水侵入路基土体的途径，抓住关键性矛盾，针对性地采取措施，路基土渗透水的途径有以下几项。

（1）从与道路相连接的高处向路堤渗透。（2）由地下水通过毛细作用向上渗透。（3）路面水向下渗透。（4）由于路边土和路基土含水率不同，产生的抽吸渗透。（5）路基土对地下水的抽吸。（6）通过土孔隙，地下水蒸汽上升。

针对具体情况，可采用不同形式的排水设施。

暗沟是常用的一种地下排水设施，其设置深度不应小于当地土壤冰冻深度，以保证冬季也起排水作用。填料应选用有较好透水性能的材料，常用的有碎石、砾石、粒砂等，选择时应考虑其级配和形状应有利于增强渗透能力。

总之，排水系统设计根据降雨强度、地下水、地形、地质等情况综合考虑，合理布局，地面排水与地下排水应为一个完整有机的结合体。

第六节 路基防护与加固

一、坡面防护

（一）植被防护

植被工程是指用植物所做的防护工程，其主要方法是铺草皮、种草或植树等，方法简单易行且又经济有效，目的是减缓地面水流速，调节表层土的水温状况，植被根系深入土中，在一定程度对表土层起着固结作用。

1. 种草

种草适用于边坡稳定、坡面冲刷轻微的路堤或路堑边坡，一般要求边坡坡度不陡于1:1，边坡地面水径流速不超过0.6m/s，长期浸水的边坡不宜采用。

采用种草防护时，对草籽的选择应注意当地的土壤和气候条件，通常应以容易生长、根部发达、叶茎低矮或有菊小茎的多年生草种为宜，最好采用几种草籽混合播种，使之生成一个良好的覆盖层。

播种的坡面应平整、密实、湿润，播种方法有撒播法、喷播法和行播法等。采用撒播法时，草籽应均匀撒布在已清理好的土质边坡上，同时做好保护措施。对于不利于草类生长的土质，应在坡面上先铺一层种植土，路堑边坡较陡或较高时，可通过试验采用草籽与含肥料的有机质泥浆混合，用喷播法将混合物喷射于坡面。采用行播法时，草籽埋入深度应不小于5cm，且行距应均匀。

种草应在温度、湿度较大的季节播种，播种前应在路堤的路肩和路堑的堑顶边缘埋入与坡面齐平的宽20～30cm的带状草皮。播种后，应适时进行洒水、施肥、清除杂草等养护管理，直到植物覆盖坡面。

2. 铺草皮

铺草皮适用于各种土质边坡。特别是当坡面冲刷比较严重，边坡较陡（可达60°），径流速度大于0.6m/s时，采用铺草皮防护比较适宜。铺草皮的方式有平行于坡面的平铺、水平叠置、垂直坡面或与坡面成一半坡角的倾斜叠置，以及采用片石铺砌成方格或拱式边框，方格式框内铺草皮等，可根据具体条件（坡度与流速等）选用。

铺草皮需预先备料，草皮可就近培育，切成整齐块状，然后移铺在坡面上。铺时应自下而上，并用竹木小桩将草皮钉在坡面上，使之稳定。草皮根部土应随草切割，坡面要预先整平，必要时还应加铺种植土，草皮应随挖随铺，注意相互贴紧。

铺草皮前，应将边坡表面挖松整平，尽可能在春、秋季或雨季进行，随挖随铺，成活率较高。不宜在冰冻时期或解冰时期施工。路堑边坡铺草皮时，应铺过路堑顶部1m或铺至截水沟边。为提高防护效果，在铺草皮防护坡面上，尽可能植树造林，以形成一个良好覆盖层。

3. 植树

植树适用于各种土质边坡和风化极严重的岩石边坡，边坡坡度不陡于1:1.5。在路基边坡和漫水河滩上植树，对于加固路基与防护河岸均有良好的效果，可以降低水流速度。在河滩上植树，可促使泥沙淤积，防止水流直接冲刷路堤。在风沙和积雪地面、林带植树，可以防沙、防雪，保护路基不受侵蚀。此外还可美化路容，调节气候，改善高速公路的美学效果。

植树防护宜选用在当地土壤与气候条件下能迅速生长、根系发达、枝叶茂密的树种。用于冲刷防护时宜选用生长很快的杨柳类，或不怕水淹的灌木类。种植后在树木未成长前，应防止流速大于3m的水流侵害，必要时应在树前方设置障碍物加以保护。植树防护最好与种草结合使用，使坡面形成一个良好的覆盖层，才能更好地起到防护作用。高速公路边坡上严禁种植乔木。

（二）坡面处治

抹面防护适用于易风化而表面比较完整、尚未剥落的岩石边坡。如页岩、泥岩、泥灰岩或千枚岩等，目的是防止表面风化成害。通常的做法是用石灰炉渣的混合灰浆、三合土或四合土（三合土为石灰、炉渣、黏土按一定比例混合而成，四合土则另加河沙）进行抹面，作业前，应对被处治的边坡加以清理，去掉风化层、浮土、松动石块，并填坑补洞，洒水湿润，以利牢固耐久，抹面后还要进行养生。

喷浆是一种施工简便、效果较好的方法，适用于容易风化和坡面不平的岩石边坡处治，喷射材料可以是水泥砂浆和混凝土，其厚度一般为5～10cm。对于气候条件恶劣或寒冷地区，应适当加厚，喷浆前也应对坡面进行清理，有条件时可将铁丝网固定在边坡上，之后进行喷浆。对于一般不重要的工程，可以采用水泥、石灰、河沙混合浆喷时，比较经济。

勾缝适用于比较坚硬，但节理裂缝多而细的岩石边坡处治，主要为防止水侵入岩层内造成病害。灌浆则适用于坚硬、但裂缝较深和较宽的岩石边坡处治，它借助砂浆或混凝土使坡面表层形成一防水整体。

嵌补主要用于补平坡面岩石中较大凹坑，以防岩面继续破损碎落，以保证整个边坡稳定。

材料多使用浆砌块石，也可根据需要用钢筋穿牢，再灌入水泥混凝土。

（三）结构物防护

即用片石、块石、圆石或水泥混凝土预制块铺砌护坡，其主要目的是为在小于1:10缓坡上防止坡面风化和被侵蚀，用于没有黏结力的砂土、硬土，以及易于崩塌的黏土等地段。

砌石有单层和双层两种形式，方法有干砌或浆砌。

用结构物防护还可采用护面墙的形式，作为浆砌石铺层的覆盖物，多用于封闭各种软质岩层的挖方边坡，以防止严重风化；或设在破碎岩层上，防止碎落；也有设在较软的夹层面上的（如粉砂、细砂或坡积层），防止碎落成凹坑。显然，这种方法比抹面等护坡措施要求更高，作用也更明显，但又不像挡土墙那样能承受压力作用，护面墙只能承受自重作用，所以要求被防护的边坡，必须是稳定的。

二、挡土墙

（一）挡土墙的种类及其适用范围

靠回填土的一面为墙背，暴露在外的一侧为墙面（或称墙胸），墙的基底称为基脚，有时另设基础，基脚或基础外侧前缘部分称为墙趾，内侧外缘为墙踵。

按挡土墙的位置不同，可分为路肩、路堑、路堤和山坡式四种，其中路肩或路堤挡墙，设在较陡山坡上，可保证填方稳定，缩小占地宽度，减少填方量，不拆或少拆原有建筑物。沿河路堤还可少占河床，防止水流冲刷路基。路堑或山坡挡墙，则可以少挖方，避免破坏原地层的天然平衡，降低边坡高度，放缓边坡，并支挡边坡，保证边坡的稳定。

（二）挡土墙构造与布置

重力式挡土墙因其墙背不同，有仰斜式、俯斜式、垂直式几种形式的挡土墙。

仰斜式挡土墙所受土压力较小，墙身断面较为经济，用作路堑挡墙时，墙背与开挖的临时边坡比较吻合，开挖和回填的土石方量较少。但当墙趾处的地面横坡较陡时，如果采用这种形式，则会增高墙身和加大断面尺寸。因此，仰斜式适用于作为路堑挡墙，亦可用作墙趾处地面平坦的路肩挡墙或路堤挡墙。

俯斜式挡土墙所受土压力较大，通常在地面横坡较陡时选用，以利用陡直的墙面与填料之间的摩擦力，有利于减小墙高。如做成台阶式还可提高墙背挡墙的稳定性。俯斜式适用于作路肩或路堑挡墙，是常用的挡墙形式之一。

垂直式挡土墙，在其墙背上设有衡重平台，上墙俯斜，下墙仰斜，适用于作陡坡上的路肩或路堤挡墙，也可用于作路堑挡墙。因为墙身上设有平台，借助于上面填方的垂直压力，有利于墙的稳定，而且下墙仰斜，易与挖方边坡相吻合。上、下墙高比例，与平台宽度以及同上、下墙背斜坡有关，依照断面经济的原则，一般可取 2∶3。

第七节　冬、雨期路基施工

一、一般规定

（1）冬、雨期施工应根据季节特点和施工段的地质地形条件，制订合理的施工方案。（2）冬、雨期施工应做好临时排水，并与永久排水设施衔接顺畅。（3）冬、雨期施工应加强安全管理，制订安全预案，加强气象信息的收集工作，避免灾害和事故发生。（4）冬、雨期施工前必须做好各项准备工作。

二、冬期施工

第一，在反复冻融地区，昼夜平均温度在-3℃以下，且连续 10 d 以上，或者昼夜平均温度虽在-3℃以上，但冻土没有完全融化时，均应按冬期施工办理。

第二，高速公路土质路堤和地质不良地区不宜进行冬期施工；河滩低洼地带，可被水淹没的填土路堤不宜冬期施工；土质路堤路床以下1m范围内，不得进行冬期施工；半填半挖地段，挖填方交界处不得在冬期施工。

第三，冬期路基施工应采取措施，及时排放雨雪水及路堑开挖时出现的地下水。

第四，冬期施工路基基底处理应符合下列规定。

（1）冻结前应完成表层清理，挖好台阶，并应采取保温措施防止冻结。（2）填筑前应将基底范围内的积雪和冰块清除干净。（3）对需要换填土地段或坑洼处需补土的基底应选用适宜的填料回填，并及时进行整平压实。（4）基底处理后应立即采取保温措施防止冻结。

第五，冬期填方路堤应符合下列规定。

（1）路堤填料，应选用未冻结的砂类土、碎石、卵石土、石渣等透水性良好的材料，不得用含水率过大的黏性土。（2）填筑路堤，应按横断面全宽平填，每层松铺厚度应比正常施工减少20%～30%，且松铺厚度不得超过300mm，当天填土应当天完成碾压。（3）中途停止填筑时，应整平填层和边坡并进行覆盖防冻，恢复施工时应将表层冰雪清除，并补充压实。（4）当填筑标高距路床底面1m时，碾压密实后应停止填筑，在顶面覆盖防冻保温层，待冬期过后整理复压，再分层填至设计标高。（5）冬期过后必须对填方路堤进行补充压实，压实度应达到本规范相关要求。

第六，冬期挖方路基施工应符合下列规定。

（1）挖方边坡不得一次挖到设计线，应预留一定厚度的覆盖层，待到正常施工季节后再修整到设计坡面。（2）路基挖至路床顶面以上1m时，完成临时排水沟后，应停止开挖，待冬期过后再施工。

第七，河滩地段可利用冬期水位低，开挖基坑修建防护工程，但应采取措施保证工程质量。

三、雨期施工

（一）路基排水应符合下列规定

（1）雨期施工应综合规划，合理设置现场防排水系统，采取有效措施，及时引排地面水。（2）对施工临时挤占的沟渠、河道应采取措施保证不降低原有的排水能力。（3）路堤填筑的每一层表面应设2%～4%的排水横坡。（4）在已填路堤路肩处，应采取设置纵向临时挡水土，每隔一定距离设出水口和排水槽等措施，引排雨水至排水系统。（5）雨期路堑施工宜分层开挖，每挖一层均应设置纵横排水坡，使水排放畅通。

（二）路基基底处理应符合下列规定

（1）在雨期前应将基底处理好，孔洞、坑洼处填平夯实，整平基底，并设纵横排水坡。（2）低洼地段，应在雨期前将原地面处理好，并将填筑作业面填筑到可能的最高积水位0.5m以上。

（三）填方路堤施工应符合下列规定

（1）填料应选用透水性好的碎（卵）石土、砂砾、石方碎渣和砂类土等，利用挖方土作填料。含水率符合要求时，应随挖随填及时压实，含水率过大难以晾晒的土不得用作雨期施工填料。（2）雨期填筑路堤需借土时，取土坑的设置应满足路基稳定的要求。（3）路堤应分层填筑，当天填筑的土层应当天或雨前完成压实。

（四）挖方路基施工应符合下列规定

（1）挖方边坡不宜一次挖到设计坡面，应预留一定厚度的覆盖层，待雨期过后再修整到设计坡面。（2）雨期开挖路堑，当挖至路床顶面以上300～500mm时应停止开挖，并在两侧挖好临时排水沟，待雨期过后再施工。（3）雨期开挖岩石路基，炮眼宜水平设置。

结构物基坑在雨期开挖后未能及时施工时，应采取防浸泡措施，必要时雨后应对基坑地基承载力再次检测，以确定是否满足设计要求。制订雨期施工安全预案，做好防洪抢险的准备工作。

第九章　高速公路路面工程

第一节　高速公路路面结构的特点

（一）影响结构使用性能的因素

路面结构应坚固耐久，表面应平整、抗滑和耐磨。影响路面结构使用性能的因素很多，其中主要有以下4种。

1. 路基的稳定性

修筑路基，必然会改变原地层所处的状态，破坏原地层固有的稳定状态，且原地层上存在着软弱地层，风化岩层等不良地质水文地段，这就必须采取必要的排水防护和加固措施，保证路基整体结构的稳定性，从而使路面结构具有足够的稳定性。

2. 土基的坚实性

土基位于路面结构层下，直接承受路面结构传递下来的荷载。如果土基过分湿软和水温条件差，在行车荷载作用下就会产生过大的沉陷变形，甚至引起翻浆，产生弹簧路基，使路面失去坚强而均匀的支承，从而引起路面结构过早损坏。因此，土基的坚实与否将直接影响路面结构的使能。

3. 交通量的大小及车辆吨位

交通量的大小及车辆吨位直接影响到路面结构的设计。汽车对路面的作用，包括重力作用和动态影响。

（1）重力作用

重力作用主要是通过轮胎与路面的接触面，将其重力传递给路面，再由路面扩散至路基。

（2）动态影响

动态影响主要指车辆对路面的震动、冲击摩擦作用及紧急制动时产生巨大的水平制动力等。

4. 交通量决定路面的重复荷载

交通量决定了路面的重复荷载作用，路面在重复荷载作用下，路面材料将出现疲劳破坏、变形累积等损坏现象，使路面结构承重能力逐步降低，使用状况不断恶化。我国高速公路的早期损坏，与车辆吨位特别是超载的大量存在具有直接的关系。而车辆的超载包括轮压超载及轴载超载，轮压超限对路面的损坏更为严重，所以对沥青路面来说仅限制轴载是不够的。

（二）路面结构组合及材料

路面结构由面层、基层（上基层、下基层）、底基层（上底基层、下底基层）及垫层组成。

1. 路基路面

路基路面是一个整体结构，各结构层有各自的特性和作用，并相互制约和影响。结构层应组合合理，使路面结构体系既能承受行车荷载和环境因素的作用，又能充分发挥各层次的最大效能。

2. 结构的损坏

路基路面结构的损坏，是因变形过大或应力超过材料强度而引起的，所以要做到根据结构层的受力特性合理地使用材料及其相互间的配合。

3. 路面施工及养护

施工是把设计蓝图变成现实形成使用价值的过程。路面的施工质量是保证路面各结构层正常使用的关键，而施工后的养护又是保证施工质量必不可少的措施。

4. 自然条件

公路是暴露在大自然下的带状工程结构物，它长期经受日晒、雨雪、酷热、严寒、冻融的作用，因而产生低温缩裂和高温车辙及受水流侵害现象，破坏沥青路面的使用性能。

沥青路面损坏类型主要有沉陷、车辙、推移、开裂、低温缩裂、反射裂缝、松散和坑槽等。其中沉陷、车辙、推移、开裂、松散和坑槽主要是土基不坚实引起的。

二、面层各结构层厚度组合特点

沥青路面的面层厚度经过设计计算后，得到面层的整体厚度，在整体厚度的控制下，根据面层各层的功能、气候条件、地质水文情况等综合考虑面层的结构组合。

（一）如何合理地组合结构层

在现有的厚度下，如何合理地组合沥青面层的结构层，使面层体系既能承受行车荷载和自然因素的作用，又能充分发挥各层次的最大效能。

根据面层各结构层的功能及整体厚度的情况，面层结构组合宜采用：4cm厚细粒式改性沥青混凝土表面层+6cm厚中粒式沥青混凝土中面层+5cm厚热拌粗粒式沥青碎石下面层的结构组合模式，其原因为：

1. 满足面层结构层功能的要求

①表面层主要功能是抗滑、耐磨、防渗、防水，并具有平整度，采用4cm厚细粒

式改性沥青混凝土作表面层，能显著提高面层的抗滑能力且密实、平整度好；②6cm厚中粒式沥青混凝土中面层和5cm厚热拌粗粒式沥青碎石下面层是面层的承重层。

2.减少沥青路面的缩裂

由于基层采用半刚性基层，易使路面产生低温缩裂现象，采用改性沥青混凝土作表面层及热拌粗粒式沥青碎石下面层可减少沥青路面的低温缩裂。

3.热拌粗粒式沥青碎石即为下面层

又具有联结层的作用，有利于沥青路面与半刚性基层的黏结。

（二）各结构层的材料要求

1.表面层

表面层采用细粒式改性沥青混凝土，改性沥青混凝土的主要优点是：

抗滑耐磨、密实耐久、抗疲劳、抗车辙，减少低温开裂，采用细粒式改性沥青混凝土，能较好地达到表面层的使用功能。

2.中面层

中面层采用中粒式沥青混凝土，笔者认为没有必要采用改性沥青，可以采用普通沥青，根据其使用功能主要为承重层，沥青只是一种胶结料，它本身不能承受力，它只是把集料黏结成一个整体，集料是受力体，从经济上分析也不合算。沥青混凝土的混合料采用粗集料断级配结构，这样，面层的抗变形、低温缩裂性能更能得到改善。

3.基层

主要承受由面层传下来的行车荷载竖直力的作用，并把它扩散到底基层、垫层和土基，故基层应具有足够的强度和刚度，但可不考虑耐磨性能，起主要承重作用的层次。高速公路基层多采用半刚性水泥稳定碎石基层，其应具有较小的收缩（温缩及干缩）变形和较高的强度，分上、下层，厚度约40cm。

4.底基层

设置在基层之下，并与面层、基层一起承受车轮荷载反复作用，起次要承重作用的层次，现高速公路底基层约为20cm厚级配碎石或水泥稳定碎石（水泥含量3.0%）。

（1）底基层太薄，按路面结构设计的规律，自上而下，其层厚由小到大，这样既满足半刚性沥青路面的受力特点，又节约造价；（2）底基层应加大厚度，分为上底基层，保持原有的结构形式；（3）再设置一层下底基层，其厚为40cm未筛分碎石，这样就提高了整个路面结构的承载能力和刚性，在经济造价略有增大的基础上，路面使用功能得到了较大改善，从价值工程的角度来说更加合理。

5.垫层

设置在底基层与土基之间的结构层，起排水、隔水、防冻、防污等作用，在南方地区较少采用此层，因为在个别土基软弱及有特别排水要求的地段，对路基采用特殊处理。

6.层间结合

沥青路面由各个结构层组成，沥青面层之间，沥青面层与半刚性基层之间，层与层之间的黏结尤为重要，它可使路面各结构层之间形成连续体系，使其使用性能达到设计的要求。在沥青面层与半刚性基层之间设置透层沥青，沥青面层之间设置黏层沥青。

根据价值工程的原理，在确保沥青路面使用性能良好的状态下，延长路面使用年限，尽量降低全寿命成本，从而提高路面的使用价值。路面结构分两次设计及施工，合理地进行路面结构层的组合设计并使各层间的材料搭配合理，达到从根本上消除高速公路沥青路面存在的隐患，提高路面的使用性能，延长路面的使用寿命，大幅度减少路面维修成本，最终达到降低全寿命成本的目的。

第二节　高速公路路面结构类型和选型分析

一、高速公路路面结构

高速公路水泥混凝土路面属于刚性路面，其特点是整体刚度大、路面板强度高，水泥混凝土相对沥青路面黑色路面属于"白色路面"，照度高，同时水泥混凝土路面使用寿命长，现行水泥混凝土路面设计年限一般为30年，属于"长寿命路面"。

（一）高速公路水泥混凝土路面

高速公路水泥混凝土路面在实际使用过程中，考虑道路使用环境条件、超载等不利因素影响，正常情况下一般可以达到10年左右不用大修。维护间隔时间长，因而养护费用少。

设计车速较高的公路隧道采用水泥混凝土路面的交通事故率要比采用沥青路面高得多。

1. 提升抗滑性能

为了提高公路隧道内水泥混凝土路面抗滑性能，目前我国许多地方采用对水泥混凝土路面表面进行刻痕、凿毛等增糙措施，同时，加强路面的排水，取得一定效果。但是，水泥混凝土路面经过增糙措施一般使用一年后由于高速行车的车轮磨耗，很快增糙层就会磨损掉，需要继续增糙处理，大大增加养护成本。

2. 露石水泥混凝土的使用

连续的增糙处理都会削减水泥混凝土路面的有效厚度，给路面结构厚度处理带来难题。在这种情况下提出了用露石水泥混凝土进行长大隧道道面的铺装，目前该技术仍在进一步研究中。露石水泥混凝土在长大隧道路面铺装上的应用，有效地弥补了普通混凝土在长大隧道路面铺装上的不足。尤其是在降噪和抗滑方面改善比较明显，从而提高公路隧道水泥混凝土路面抗滑性能和行车安全性。但在其他方面如行车视觉亮度差异、震动大和行驶条件变化不利行车等方面仍未有改善。

（二）沥青路面

1. 特点

沥青路面结构层属于柔性路面。其特点是路面结构层抗压弹性模量约为水泥混凝土的一半，具有一定的吸收汽车动荷载产生的振动，无伸缩缝，故行车相对平稳，噪声小。设计年限一般为15年，从实际使用情况来看，正常情况下一般可以达到3～5

年不用大修，维护工作方便。

2. 不足之处

沥青路面的不足之处是属于"黑色路面"，其路面有较强的吸收光线作用，降低隧道的光照度，使用寿命比水泥混凝土路面短，需要经常维护。在多水路段，需要做好路面抗水技术处理。

3. 易燃的可能性

由于沥青路面中的沥青存在易燃的可能性，近些年来国内外对隧道是采用水泥混凝土路面还是沥青路面一直存在争议，对隧道沥青路面火灾过程的安全性问题是争议最大的问题。同时，为了降低沥青的可燃性，开发出了阻燃剂，从而大大降低了沥青燃烧的可能性，提高了沥青混凝土在长大隧道铺装中的安全性。

（三）复合路面

随着研究的深入，人们从趋利避害的思路出发，研究能否将两者结合起来，形成复合式路面。这种路面应该是发挥两种路面各自的优势，弥补各自的缺点，并利用对两种路面研究的新技术和新成果，形成优势互补，确保隧道路面功能最大化的路面结构。

1. 路面的要求

具体结构形式为：阻燃反光沥青混凝土（8～10cm）+水泥混凝土（25～30cm）+基层+……这种结构可满足隧道路面的要求：有良好的平整度、抗滑性、低噪声，而且有长期的稳定性和耐久性，并且要便于维护。

2. 发挥各自的优点

设计思路是发挥了两种路面各自的优点。

（1）承担功能性作用

当水泥混凝土路面铺筑在下层时，其缺点如抗滑衰减快、噪声大等缺点被位于其上的沥青混凝土面层"掩埋"了，缺点没了，全剩优点了。而位于其上的沥青混凝土，由于主要承担功能性作用，厚度减小了（8～10cm），所以燃烧的量减少了。

（2）加入阻燃剂

进而为了不让它燃烧，确保安全，要求加入阻燃剂，进一步降低了燃烧的可能性，提升了安全等级。应提高路面的反射率，选择隧道路面类型时，宜选用光反射率较大的材料及结构。

二、高速隧道结构类型和选型分析

在隧道施工技术较发达的地方，主要采用半柔性路面铺装技术，它结合了沥青混凝土和水泥混凝土两方面工艺的半柔性铺装，具有耐油性和阻燃性好的特点，也较适应于隧道的湿润环境。但施工控制不好，易造成抗滑性能低，半柔性路面铺装与其下的水泥混凝土调平层间必须使用界面剂，同时仍然存在灰尘大的问题。

（一）隧道路面

高速公路、一级公路隧道宜采用沥青混合料上面层与混凝土下面层组成的复合式路面。其他等级公路隧道可采用复合式路面或水泥混凝土路面。应根据隧道结构和地质条件确定隧道路面结构，无仰拱隧道路面应设置基层和面层，可根据需要增设整平层；设仰拱的隧道可只设基层和面层。

1. 路面基层设计应符合下列规定

（1）无仰拱隧道路面基层应置于坚实的地基上；（2）基层宜采用素混凝土，厚度宜为120～200mm，抗压强度不应低于C20或弯拉强度不应低于1.8MPa，且应设置与混凝土面层相对应的横向缩缝；（3）一次摊铺宽度大于7.5m时，应设纵向缩缝；（4）增设整平层时，整平层平均厚度不宜小于150mm。

2. 隧道采用水泥混凝土路面面层时设计应符合下列规定

（1）二、三、四级公路宜采用设接缝的普通水泥混凝土面层；水泥混凝土面层厚度。第一，三、四级公路隧道宜为200～220mm，混凝土强度等级宜为C35～C40，抗折强度宜为4.0～4.5MPa；第二，二级公路隧道厚度宜为220～240mm，混凝土强度等级不宜小于C40，抗折强度宜为4.5～5.0MPa。（2）高速公路、一级公路应采用连续配筋混凝土面层或钢纤维混凝土面层。水泥混凝土面层厚度宜为240～260mm，混凝土强度等级宜为C40～C50，抗折强度不宜小于5.0MPa。（3）面层厚度、接缝构造与布设间距、钢纤维混凝土钢纤维掺量、面层特殊部位的配筋均应符合现行的有关规定；洞口段应设胀缝；衬砌结构变化处应结合衬砌变形缝统一设置横向接缝。（4）各级水泥混凝土路面结构可靠度设计标准、材料性能和结构参数及变异水平、设计方法、标准轴载、材料组成和性质参数均应符合现行的有关规定。高速公路、一级公路隧道水泥混凝土路面粗、细集料的级别均宜采用Ⅰ级。（5）路面表面构造应采用刻槽、压槽、拉毛或拉槽等方法制作，构造深度在使用初期应满足要求。表面构造采用刻槽时，宜采用纵向刻槽，进洞口段及坡度较大的隧道宜同时采用纵向和横向刻槽。

多年来，由于在安全性上，水泥混凝土路面明显优于沥青混凝土路面，所以尽管损失了一些功能，但从安全是第一要务出发，还是几乎清一色地选择了水泥混凝土铺装。随着科学技术的发展，尤其是阻燃剂、反光剂的成功开发和应用；复合路面结构设计的成熟，似乎仅就安全方面而言水泥混凝土与半柔性所要求的复合式路面有点难分伯仲了，或者可以用旗鼓相当来形容。

第三节　高速公路水泥混凝土路面性能要求及新技术

一、高速公路水泥混凝土路面长寿命化技术

（一）高速公路水泥混凝土路面的特点

水泥混凝土路面满足不断增长的运输需要的承载能力大，速度快，高流量的要求，并且是强度高，稳定性好，能够有效地减少维修和保养费用的特点。但具体是一个非均匀脆性材料，骨料，水，水泥，其中一些仍然在气体成分和长期荷载作用下的路面条件的外部环境的变化，水泥混凝土路面脆弱。

（二）高速公路水泥混凝土路面的寿命

在中国，水泥混凝土路面公路的设计寿命一般是20~30年，但由于很多交通负荷增加，实际路面寿命只是8~10年，有些高速公路建设2~3年后就出现了不同程度的破坏，导致驾驶时间的增加，燃料消费，浪费时间或重大交通事故等，给国家和社会带来不必要的经济损失，因此，这是很不经济的。如何延长高速公路使用寿命，已成为现今公路建设最为关心的问题。这就使长寿命路面应运而生，与普通的路面相比，初期建设投资大，但从长期的经济利益上看，这无疑是最好的选择。

（三）国内外概况综述及其定义

国内对路面的研究尚处于起步阶段，已有的研究也基本上延续了国外长寿命路面的设计思想，即保证路面不发生结构性破坏，在一定的时期内可以对其表面养护。而国内最可行的方案为复合式路面的结构，它的维修更容易实现，高速路表面的耐磨、抗断裂等性能也得到了一定的优化提高。

1. 路面结构组成

德国的一些科学家提出：长寿命路面设计的关键是保证路面强度满足某一强度与阈值，即满足路面的耐久性要求。一种有效的长寿命路面结构是由很薄的磨耗层、HMB基层和底基层组成的，在有很强的抗变形能力的HMB层上加铺20~30mm的磨耗层可以构成一种抗车辙性能良好的路面结构。

2. 设计标准

对于长寿命水泥混凝土道路的定义没有统一的标准，但一般都认为，长寿命道路使用年限在35年以上，可以进行普通的养护，不需要进行结构性大修且设计年限时间内不发生结构性的破坏，即使损坏也只能是表层，在寿命期内对比其他路面最为经济。因此，在设计上要求也更高，要有一定的结构层厚度，较小的层底应力，并且要与排水相结合以及良好的材料性能。

（四）需要增设表面磨耗功能层

1. 增设磨耗功能层

从整体上来看，高速水泥混凝土道路依然占有主导地位。在通过隧道时，隧道中相对湿度大，温度比较稳定，因此一些路面表面光滑，甚至有些地方出现了镜面，导致了一些交通事故而使路面损坏。因此，需要在水泥混凝土表面增设磨耗功能层。

2. 结构层次

高速公路沥青混凝土一开始便做了这些工作，反观水泥混凝土路面，却毫无此概念，也没有这个结构层次。而我国水泥混凝土路面无此概念和结构层次，厚度是按疲劳应力算满的，完全没有给养护工程以锃、刨、打、磨、冲的任何余地，因此在使用过程中水泥混凝土路面的抗滑功能无法得到有效的多次改进和反复提升。

3. 抗滑构造

水泥混凝土路面虽然有专门制作的宏观抗滑构造和细观抗滑构造，而砂浆表面的粗糙度远远不够。所以，高速公路水泥混凝土路面要保证行车安全性增加其使用寿命，提出增设表面磨耗功能层是合乎情理且必要的。

4. 磨耗功能层

可以加铺沥青混凝土表面磨耗功能层或者采用树脂或高分子聚合物的表面功能层，形成复合式水泥混凝土路面，这样有效地增加了路面的使用寿命。在增加这两大类磨耗功能层的时候，且下部水泥混凝土本体层纵、横接缝中应该全插拉杆和传力杆来改善荷载传递，并消除接缝垂直错台，这样能改善行车的舒适程度。

5. 水泥混凝土路面设粒料垫层

（1）粒料垫层材料

粒料垫层材料有：级配碎石、不分级配的统装碎石、级配沙砾、原装沙砾、粗砂。这样能够起到很大的缓冲作用，有效地避免由于长期的超负荷导致的路面沉降问题，并且还能够有效地排出积水，使路基震动减小而更加稳定。冬天能够起到防冻的作用，夏天能够隔热，使路面更加稳定。最值得关注的是，粒料垫层是所有路面结构层中唯一的永久结构层。

（2）冲击压实和采用土壤固化剂

采用冲击式压实机冲碾，结束后能够形成整体稳定、连续均匀的高速公路路床，为实现高速公路长寿命路面奠定了基础。采用土壤固化剂稳定砂性土，土壤固化剂与二灰稳定土相比还能够减少环境污染，有利于施工，加快施工进度，对粉沙性土壤有显著的稳定作用，并且可以提高路床顶面强度减少基层不均匀沉降。在基层中加入适当的硫酸钠可以增加抗拉抗裂能力，使路面的裂缝大大减少，施工起来更加的方便快捷，工程质量能够得到保证。

二、水泥混凝土在高速路面的新技术应用

随着经济的发展、综合国力增强，我国的建筑材料、设备、建筑技术都有了较快发展。特别是电子计算技术的广泛应用，为广大工程技术人员提供了方便，快捷的计算分析手段。更重要的是，我国的经济政策为公路事业发展提供多元化的筹资渠道，保证了建设资金来源。

（一）路基进行沉降观测

高速公路水泥混凝土路面的早期断板破坏绝大多数情况下，是由于路基不稳定、沉降过大造成的。为了防止这种现象，我们首先应对高速公路水泥混凝土路面路基进行全线沉降观测，对沉降较大的路段进行了施工图阶段的细化补强设计，计算出摊铺永久性水泥混凝土路面的不均匀沉降界限值，从而有效保证了高速公路水泥混凝土路面路基质量和稳定性，延长了水泥混凝土路面的使用寿命。

1. 路床稳定新技术

根据水泥混凝土路面比沥青路面对路基稳定更敏感的特性，要求高等级公路水泥混凝土路面的路基填筑提高一级压实标准。对于粒径在壤土以下的粒料土、沙土等采用重型压路机强行击实；对于塑性能指数较高的黏性土，使用路床石灰改善土稳定技术。

2. 压路机压实措施

在多段高速公路采用了提高压实标准和重型压路机压实措施，并使用路床石灰改

善土稳定技术，强有力地保证了高速公路水泥混凝土路面路基或基层质量和稳定性，大大地延长了水泥混凝土路面的使用寿命。

3.路基改善土技术

路基改善土技术是针对压实度达不到要求的高塑性黏土、软基土或路基填挖频繁路段采用的技术。

（1）提高软土路基强度、承载力及稳定性；（2）路床改善土相当于增加一层坚实的底基层，对提高水泥混凝土路面使用寿命将起到巨大作用。

（二）贫混凝土基层滑模摊铺技术

使用贫混凝土基层滑模摊铺技术，并对贫混凝土基层的原材料、配合比、上基层的铺筑及质量验收提出了明确的技术要求，扩展了国内外认为最抗水冲刷、强度最高、使用寿命最长的新型基层类型及其施工技术和质量验收控制标准。它的重大意义将在我国未来高速公路建设和养护中逐步显现出来。我们希望将来我国高速公路基层能够使用50年以上无须翻修，仅翻修面层。

1.滑动封闭层新技术

使用上基层表面沥青表处或稀浆滑动封闭层新技术的主要优点：

（1）有利于防止断板；有利于防止半刚性基层长期水冲刷破坏；（2）有利于基层养生；有利于防止施工期间运输车轮轧坏或碾松基层表面；（3）有利于基层越冬防护。

不过，采用沥青滑动封闭层后为了防止胀缝隆起，应将胀缝板宽度增大5mm。

2.高弯拉强度路面滑模混凝土

使用高弯拉强度水泥混凝土路面滑模摊铺技术，主要采用了高性能道路混凝土掺外加剂和粉煤灰的"双掺技术"，用于超重载交通减薄板厚，并增强了面板对断裂的抵抗能力，提高了路面对超重轴载破损的安全储备。目前我国使用高性能道路混凝土技术滑模摊铺的路面实测平均弯拉强度在6.5～7.5MPa之间，这是迄今为止我们在国际上各种文献中未见的高弯拉强度，居于国际领先水平。

3.高平整度水泥路面滑模摊铺技术

目前我国高速公路和一级公路滑模摊铺水泥混凝土路面的静态3m直尺平整度不大于3mm的普遍达到90%以上；总体动态平整度基本上在$\delta=1.0$，最好的水泥混凝土路面一个标段已经达到$\delta\leqslant0.76$，最好6km单副路面已达到$\delta\leqslant0.45$，比验收标准规定的$\delta\leqslant1.5$小得多。

这些数据表明，我国高平整度的水泥混凝土路面已经与国际先进水平相当；同时，表明我国滑模摊铺水泥混凝土路面的平整度还有进一步提高的潜力；最终，我国滑模板摊铺水泥混凝土路面的平整度将与沥青路面相当。

4.水泥混凝土路面裂缝控制技术

（1）首先是防止施工期间的塑性收缩裂缝；（2）其次是使用初期的防止温差、湿差裂缝和断板；（3）更重要的是提出了消除纵向裂缝的施工技术及控制指标。

应该说，防止水泥混凝土路面开裂任重道远，目前，真正掌握该项技术的人员并不多，实际工作如不小心，仍然有开裂和断板现象。主要解决开裂断板的技术措施有：（1）在刮风天，防止塑性收缩开裂，使用抗裂的混凝土配合比，并提早喷洒养生剂加强养生措施施工；（2）使用沥青滑动封闭层，降低上基层表面对面板的年温差、季节湿差收缩裂缝及断板；（3）加深所有插拉杆和传力杆接缝的切缝深度（1/3-1/4）h，并提早其切缝时间，防止纵向断裂。

5. 水泥混凝土路面抗冻、抗盐冻研究

在国内首次研究并使用了水泥混凝土路面抗冻及抗盐冻性滑模摊铺技术，明确提出了混凝土路面含气量、气泡间距检测方法和标准，为解决我国北方地区水泥混凝土路面表层冰冻及盐冻脱层，提供了有效技术措施，表明我国北方也可以建设不脱层的优质水泥混凝土路面。

（三）钢纤维混凝土材料在旧混凝土路面修补工程中的应用

随着国民经济建设和公路交通事业的飞速发展，城市道路和国道干线公路上的车辆荷载及密度越来越大，行驶速度越来越快，致使路面的损坏也日趋严重起来。

1. 水泥混凝土路面损坏的影响

对损坏的水泥混凝土路面而言，它不仅翻修投资大，且施工周期较长，严重影响交通畅通及行车安全。

2. 普通水泥混凝土的缺陷

用普通水泥混凝土修复路面虽有强度高，板块性好，有一定的抗磨性及承受气象作用的耐久性好等特点，但它的最大缺陷是脆性大、易开裂、抗温性差，路面板块容易受弯折而产生断裂，所以就要求路面面板应有足够的抗弯、抗拉强度和厚度。

3. 钢纤维混凝土的使用

用钢纤维混凝土修筑路面，就是将钢纤维均匀地分散于基体混凝土中（与混凝土一起搅拌），并通过分散的钢纤维，减小因荷载在基体混凝土引起的细裂缝端部的应力集中，从而控制混凝土裂缝的扩展，提高整个复合材料的抗裂性。同时由于混凝土与钢纤维接触界面之间有很大的界面黏结力，因而可将外力传到抗拉强度大、延伸率高的纤维上面，使钢纤维混凝土作为一个均匀的整体抵抗外力的作用，显著提高了混凝土原有的抗拉、抗弯强度和断裂延伸率，特别是提高了混凝土的韧性和抗冲击性。

实践证明，采用钢纤维混凝土这一新型高强复合材料对路面修理，既可提高路面的抗裂性、抗弯曲、耐冲击和耐疲劳性，而且可改善路面的使用性能，延长使用寿命从而减少老路开挖，对节省工程造价等具有重要的经济效益和社会效益；为提高道路补强与改造提供了良好的途径。

4. 钢纤维混凝土的基本技术参数

（1）钢纤维混凝土材料

钢纤维混凝土就是在一般普通混凝土中掺配一定数量的短而细的钢纤维所组成的一种新型高强复合材料。由于钢纤维阻滞基体混凝土裂缝的产生，不但具有普通混凝土的优良性能，而且具有良好的抗折、抗冲击、抗疲劳以及收缩率小、韧性好、耐磨耗能力强等特性。可使路面厚度减薄50%以上，缩缝间距可增至15～30m，不用ISW和濑。

（2）钢纤维类型

钢纤维混凝土用钢纤维类型有圆直型、熔抽型和剪切型钢纤维。其长度分为各种不同规格，最佳长径比为 40～70mm，截面直径在 0.4～0.7mm 范围内，抗拉强度不低于 380MPa。在施工时钢纤维在混凝土中的掺入量为 1.0%～2.0%（体积比），但最大掺量不宜超过 2.0%。水泥采用 425#～525# 普通硅酸盐水泥，以保证混合料具有较高的强度和耐磨性能。钢纤维混凝土用的粗骨料最大粒径为钢纤维长度的 2/3，不宜大于 20mm。细集料采用中粗砂，平均粒径 0.35～0.45mm，松装密度 1.37g/cm³。砂率采用 45%～50%。

5. 钢纤维混凝土配合比

钢纤维混凝土混合料配合比的要求首先应使路面厚度减薄，其次是保证钢纤维混凝土有较高的抗弯强度，以满足结构设计对强度等级的要求即抗压强度与抗折强度以及施工的和易性。钢纤维混凝土配合比设计基本按以下步骤进行。

（1）根据强度设计值以及施工配制强度提高系数，确定试配抗压强度与抗折强度。（2）钢纤维混凝土抗折强度设计值的确定。（3）根据试配抗压强度计算水灰比。（4）根据试配抗压强度，确定钢纤维体积率，一般浇筑成型的结构范围在 0.5%～2.0%。（5）按照施工要求的稠度确定单位体积用水量。（6）确定砂率。（7）计算混合材料用量，确定试配配合比。（8）按照试配配合比进行拌合物性能试验，调整单位体积用水量和砂率，确定强度试验用基准配合比。（9）根据强度试验结果调整水灰比和钢纤维体积率，确定施工配合比。

为防止钢纤维混凝土在搅拌时纤维结团，在施工时每拌一次的搅拌量不宜大于搅拌机额定搅拌量的 80%。采用滚动式搅拌机拌和，在搅拌混凝土过程中必须保证钢纤维均匀分布。为保证混凝土混合料的搅拌质量，采用先干后湿的拌和工艺。

投料顺序及搅拌时间：粗集料→钢纤维（干拌 1min）→细集料→水泥（干拌 1min），其中钢纤维在拌和时分三次加入拌和机中，边拌边加入钢纤维，再倒入黄沙、水泥，待全部料投入后重拌 2～3min，最后加足水湿拌 1min。总搅拌时间不超过 6min，超搅拌会引起湿纤维结团。

按此程序拌出的混合料均匀。倘若在拌和中，先加水泥和粗、细集料，后加钢纤维则容易结成团，而且纤维团越滚越紧，难以分开，一旦发现有纤维结团，就必须剔除掉，以防止因此而影响混凝土的质量。

6. 钢纤维混凝土浇捣

（1）相同点

钢纤维混凝土浇捣与普通混凝土一样，浇筑和振捣是施工中的重要环节，直接影响钢纤维混凝土的整体性和致密性。

（2）不同点

不同之处就是其流动性较差，在边角处容易产生蜂窝，因此，边角部分可先用捣棒捣实。板角采用插入式振动器振捣，然后用夯梁板来回整平。在混凝土面层抹平过程中，因钢纤维直径较粗而易冒出路面，影响到行车安全，故在施工时需注意清除。

随着我国经济的发展，材料、机械、设备工业相应发展，这为我国修建高等级公路和高速公路提供了有力保障。再加上广大道路建设者的精心设计和施工，使我国建路水平已跃身于世界先进行列。我国幅员辽阔，经济发展水平参差不齐，经济上总体水平不高，公路发展还是要着眼于量大、面广的一般道路与高速公路，这类道路仍以预应力混凝土结构为主。

第四节　高速公路沥青混凝土路面性能要求及新技术

一、高速公路沥青混凝土路面施工中的技术分析

沥青混凝土主要由手工操作来选择合适的比例而相互搭配出来的材料，最后经过专业人员的调配而出现的一种混合材料，它又称为沥青砼。随着经济的不断增长，人们生活水平的不断提高，越来越多的人使用汽车作为代步工具，这就使得道路面积不断扩宽。有很多公路沥青路面因为承受不了越来越大的压力而不断被破坏，这就对沥青混凝土路面的使用性形成了较大的考验。广大的路面工作者不得不重视沥青路面的使用质量及使用寿命。

（一）沥青混凝土生产的事先控制

1. 原材料的质量控制

首先，沥青作为一种胶结料，其黏性即外力作用下沥青抵抗剪切变形能力的强弱对沥青混合料的路用性能会产生直接的影响。因此，对于沥青、改性沥青的技术指标应在针入度、软化点、延度三大常规指标外，对道路沥青作一定批次的全套技术指标抽检。

2. 针入度指数PI值

其中，针入度指数PI值越高就表明沥青温度敏感性越低，运动黏度直接决定了沥青的黏接能力。实践经验证明，尽管SBS改性沥青有助于改善沥青的高、低温性能，但其易分层离析、性能衰减的问题也同样明显。因此，在实际操作中，改性剂SBS的添加量宜控制于500（外掺）左右，线形SBS改性沥青尽管改性效果弱于星形，但其质量稳定、工艺成熟，应用范围较广。

3. 降低改性

此外，为降低改性沥青在运输、储存阶段出现性能衰减或老化等现象，要尽量保证改性沥青的现场加工或集中生产，160℃条件下成品储存时间应＞50h。

4. 集料

为保证沥青混合料的路用性能，矿质集料可采用反击破碎石机生产，同时对集料的针片状含量、棱角性、含泥量等特性加以控制。

（1）棱角性

由于集料的棱角性可提高沥青混合料的抗剪强度，使其在荷载作用下可形成抵抗变形的能力，限制含泥量则可以有效增强沥青与集料间的黏结力，提升混合料的路用性能。

（2）填料

填料应注意从憎水性石料或石灰岩中磨细取得，粒度范围应控制在0.075mm以下，塑性指数＞4。同时，上面层沥青混合料中的矿粉可用2%～4%的水泥替代，同样

可保证混合料的高温稳定性。

（二）沥青混合料级配设计

研究显示，5～15cm的中等厚度沥青路面拉应变相对较高，易出现疲劳破坏，同时沥青表面层下约6cm处应是路面受热温度最高的地方。

1.沥青混合料的级配设计的原则

结合半刚性基层的沥青路面设计思路来看，要有效地满足公路设计年限内荷载行驶的功能性要求、延缓沥青路面裂缝、变形与水损害等情况，沥青混合料的级配设计应遵循以下原则：

（1）在保证沥青混合料施工和易性的前提下，上面层沥青混合料要综合兼顾抗滑、抗水损害能力；（2）中面层主要考虑抗车辙能力；（3）下面层应以抗疲劳、抗水损害能力为主。

2.沥青混合料的摊铺及碾压

（1）沥青混合料的摊铺

沥青混合料摊铺前各摊铺层应预先准确放置好基准线、导向线，用以控制摊铺方向及厚度。其中上面层应提供平衡梁自动找平，下面层可采用两侧金属边桩钢丝绳引导的高程控制方式。

①摊铺

在利用自动找平沥青摊铺机整幅摊铺、刮平时，应对准导向线行驶，进行匀速、缓慢和连续不间断的摊铺，速度控制在2～6m/min即可，不得中途停顿或变换速度，确保摊铺的平整性、均匀性和摊铺边缘的齐整。

②混合料的摊铺

混合料的摊铺应以参考线控制好铺筑层标高；注意上下层摊铺时的横向接缝距离应超过50cm。混合料的机械摊铺不需要人工反复修整，但如存在机械无法摊铺、整修的地方，可采取人工摊铺和整修的方式，更换混合料或进行局部找补。如局部混合料离析，摊铺后有拖痕或表面坑洞的，摊铺带边缘局部缺料的，都需要人工找补或更换混合料。

③沥青混合料摊铺

同时，沥青混合料摊铺作业应在气温高于10℃时进行，尽量做到快卸料、快摊铺、快整平、快碾压，避免产生过多的横、纵向施工接缝。

（2）沥青混合料的碾压

碾压机组作业必须严格遵循"紧跟、慢压、高频、低幅"的原则，在沥青混合料摊铺整平，并完成不规则表面的修整后，立即对其进行全面均匀的压实，沥青混合料碾压可分为初压、复压、终压三阶段，其技术要点主要包括以下几点：

①碾压的基本步骤

初压两遍（静压），应在沥青混合料摊铺后高于120℃以上时进行，注意双钢轮振动压路机碾压时不得造成混合料推移、发裂，驱动轮要面向摊铺机，碾压路线及方向也要始终加以控制，不得突然改变；初压后紧跟进行的复压，可组织轮胎压路机、三轮压路机配套使用，沥青混合料须高于90℃，复压4～6遍直至路面稳定无显著轮迹；

复压后立即进行的终压，沥青混合料应高于70℃，轮胎压路机碾压2～4遍后，路面压实成型并无轮迹即可认定符合规范要求。

②碾压工序的注意事项

A. 由外而内

在双轮压路机纵向行进，由外而内开始碾压时，每次重叠应为30cm，三轮压路机每次重叠应等于后轮宽的1/2，以梯队法逐步向内侧碾压时，应遵循压纵缝，再常规碾压的次序。

B. 保持匀速行驶

压路机碾压时应保持匀速行驶，不能在未碾压成型或新铺混合料的路段停留、急刹车、转弯。为避免压路机碾压时出现沥青混合料沾轮现象，可适当向碾压轮倾洒含少量洗涤剂的水，碾轮保湿即可，另外初压、复压、终压三道压实工序中，落接茬应当设置在不同断面上，横向间距离错开1m左右。

（三）沥青混凝土路面接缝处理的技术分析

1. 横纵向接缝处理的注意事项

横向接缝处理是否细致，直接关乎路面的平整度与行车舒适性。在路面铺筑时，横向接缝应尽量设置于伸缩缝、桥梁两端等构造物连接处，无法避免时，摊铺机可在靠近端部约1m处抬起熨平板并驶离现场，人工铲齐端部混合料再予碾压。对平整度不符规范的，在其未冷却时要及时垂直切除厚层不足部分，重新摊铺时直角连接。

（1）采用热接缝

纵向接缝应当采用热接缝，已铺混合料应注意留下约10～15cm宽，将该部分作为待摊铺部分的高程基准面。

（2）进行跨缝碾压

施工时进行跨缝碾压以消除缝迹。

（3）冷接缝处理

对热接缝施工完毕后的剩余边角部分应作冷接缝处理，将缝边缘清扫干净后再涂洒黏层沥青，同时人工摊铺的剩余部分应再加铺5～10cm的热混合料，使新旧混合料的黏性更强。

2. 接缝加工与接缝处碾压

（1）接缝前

在采用钢轮或胶轮压路机进行碾压施工时，接缝前应铺设厚4.5cm、3m宽的模板垫，防止压路机损毁预留接缝断面的接缝质量。

（2）摊铺机预热

摊铺机预热应将熨平板表面温度升至90～100℃，直到熨平板达到恒温后才能启动摊铺机，避免熨平板因温度过低导致新铺面拉毛，摊铺机位置也要注意摆正，熨平板夯锤要与接缝处垂直对准。

（3）弥补接缝空隙

摊铺机驶离接缝后，应安排人工铲除摊铺层上所附着的新混合料，再筛出细料用来弥补接缝空隙。

（4）摊铺面起伏现象

为保证路面施工质量，摊铺机运行5m后应安排专门人员用3m直尺计算出纵向距离，进而确定松铺厚度是否符合规范，局部新铺面较低的，可组织人工用细粒混合料找平，摊铺面起伏现象严重的必须立即停止摊铺施工，确定问题原因加以调整，再重新进行摊铺。

（5）工艺处理的细节

此外，接缝处碾压还需要注意到一些工艺处理的细节问题，如双钢轮压路机在横向接缝碾压时由冷路面向热混合料碾压。首次压入宽度应为10～20cm，其后每次应控制在15～20cm范围内，直至压路机轮宽2/3进入新铺面。

对于公路的施工，不仅要从沥青混合料的质量抓起，也要对施工的先进技术给予关注，要保证材料的正确使用和技术的正常运用。在施工阶段，要对施工人员管理和施工的合理规划作好计划，这样才能使施工效率提高和施工质量上升，保证公路的正常使用。

二、高速公路沥青混凝土路面施工的新技术及质量控制

（一）工程实例

本项目土建工程为双向四车道、全立交、全封闭、控制出入口的高速公路，计算行车速度120km/h，路基宽度28m，行车道宽度2～2×3.75m，硬路肩宽度2m×3.50m，土路肩宽度2m×0.75m。路面宽度23.5m，桥面净宽2m×净12m，设计车辆荷载：汽-超20，挂-120。本合同段内平曲线最小半径1780m，纵断面最大纵坡3.0%。

1. 路面工程

路面工程采用沥青混凝土抗滑表层、中粒式沥青混凝土、粗粒式沥青混凝土共三层沥青路面的结构形式。

2. 基层

采用石灰粉煤灰稳定碎石。

3. 底基层

底基层采用二灰稳定土。

4. 桥涵工程

（1）桥涵工程采用普通混凝土、钢筋混凝土和预应力钢筋混凝土的上部结构；（2）普通混凝土、钢筋混凝土、片块石圬工的下部结构。

5. 分离式立交

分离式立交采用预应力混凝土空心板或现浇钢筋混凝土的上部结构和钢筋混凝土的下部结构；互通式立交上部结构和下部结构均采用钢筋混凝土结构。沿线设施有防护栏、诱导栏、隔离栅、防抛网、防眩板、标志标线、里程标记、中央分隔带开口。

（二）沥青混凝土路面施工新技术要点

1. 运输

沥青混合料在沥青混凝土拌和站由LB3000型拌和楼拌制，每小时产量为240t，

运输采用10t以上自卸车运输。沥青混合料出场，须经试验室派员目测并逐车检测温度，合格后填写发料单才能出场，发现花白料或温度质量不合要求者，按废料处理。

（1）沥青拌和料运输

①沥青拌和料在运输时，需加苫布，使摊铺温度达到145℃以上；②沥青混合料由6~10辆载重10t以上自卸车装运，运料前车厢应涂防黏液。

（2）装料时

车辆需前后移动，避免混合料发生离析。

（3）料车到工地后

由专人指挥倒料，验收料单，并设专人逐车检测温度，合格后方能进入铺筑段。

2. 摊铺

（1）钉钢桩

在路缘石外侧15cm处，钉设钢桩，桩的间距为10m，并将高程测在每桩的托杆上，其数值比纵断设计标高增加40cm。

纵坡变点要加桩，在每排桩的两端还要钉入地锚。

（2）拴准绳

自地锚的一端开始经过各桩的托杆，将钢丝绳拉至另一端地锚，用紧线器将钢丝绳拉紧，并用火烧丝将钢丝绳拴在托杆上。根据路面设计横坡与分层摊铺厚度，调好沥青混凝土摊铺机横坡与厚度控制系统进行摊铺。

①摊铺厚度

摊铺厚度（即虚铺厚度）本工法采用的虚铺系数为1.15~1.20，即，虚铺厚度=（1.15~1.20）×压实厚度。

②控制摊铺温度

根据施工气候条件和碾压温度要求，控制摊铺温度不低于130℃，当外界气候低于15℃时需启用摊铺机的加热保温装置，确保摊铺温度。

③摊铺速度

根据拌和机产量和配套设备能力，选择适当的摊铺速度，以确保发挥设备效能，摊铺碾压质量。

A. 在铺筑中应使螺旋送料器慢速、均匀、不断地向两侧供料，使送料器中的料始终保持在螺旋叶片以上；

B. 铺筑时使摊铺机料斗中的沥青混合料保持一定数量，料斗的侧挡板应有规律地拢料；

C. 开始铺筑时等待卸料车至少应有3辆，铺筑过程中至少应保持3辆；铺筑时应有专人检查厚度及横坡度，发现偏差及时纠正。

3. 压实技术

沥青路面施工中的碾压温度和压实方式直接决定着其压实度及平整度是否符合施工标准。

（1）调整洒水喷嘴

在路面碾压施工过程中，必须将碾压轮洒水喷嘴进行调整，洒水量出现过多或过少的现象，同时不能出现粘轮的情况。

（2）选用长距离碾压

当压路机行驶时不在同一个断面上，而是表现为梯形时，碾压应尽可能选用长距离。

（3）碾压作业的三个阶段

碾压时通常要进行三个阶段的碾压作业，如稳压阶段、复压阶段及终压阶段，这样可以达到更好的压实效果。选用吨位较小的静力压路机进行稳压，保持均匀的速度进行施工。

4. 切缝与灌缝

为有效避免混凝土路面出现裂缝或断面等情况，可以选用切缝的方式进行施工。由此可见，必须在混凝土早期凝结后及时进行切缝作业，主要应用的工具为切割机。施工过程中必须将切缝宽度控制在6mm左右，将深度在厚度20%的范围内进行有效控制，并确保缝条垂直于路边。必须清理干净缝隙再进行灌缝施工。

5. 中后期的养护

通常情况下在切缝4天以内进行中期养护作业，主要利用覆盖草袋等方式进行，同时还要定期进行洒水作业。在中后期养护过程中不能出现路面裸露的现象，必须进行全面覆盖；后期养护作业要在混凝土作业结束后2～4周内进行，在这个阶段洒水作业必须一天进行三次，只有这样才能确保最佳养护效果。

三、高速公路沥青混凝土路面施工质量控制

（一）选拌制设备

选拌制设备，从拌制设备上保证后场施工质量。

1. 性能和生产力

以拌和机为中心的沥青拌和厂，沥青混凝土拌和机的性能和生产能力是一个主要方面，保证拌和楼的生产能力与工程规模相互匹配，拌和楼必须具备全过程自动控制，能够分析数据、核定生产量，能够进行拌和质量分析，最好具备匹配的二级除尘装置。

2. 添加设备及附属设备

选好了拌和机，再优选沥青加热设备、矿粉的外加剂添加设备及装载机等附属设备，从它们的性能和供需能力上确保与拌和机配套，以满足拌和机生产要求为准。

3. 确保原材料质量

确保原材料质量，要做到这一点：

（1）首先抓集料检验，从加工性、结构性两大指标狠抓落实，粗集料要注重颗粒尺寸、形状、松软质和黏附性指标，签订供货合同时要注意保证粗集料筛分级配变异小，保证石料软弱颗粒、白云石、长石的含量控制在合理范围内。（2）细集料应注重砂当量和黏附性等指标，应严格控制砂，进场后及时搭棚防雨、防晒。所有集料注意分级存放，不得串混。（3）为防止材料离析，还要将场地硬化，并在堆放时采用水平或斜坡分层堆放，不能锥堆。（4）沥青原材料应从黏度等指标着手，确保沥青指标优

良，符合设计要求。

（二）拌制工艺

拌制工艺上着手要保证成品质量，在生产中，做好生产配合比的设计，步骤如下：

（1）保证目标配合比在拌和中得以实现是关键；（2）要保证冷热料供料平衡，拌和楼不待料、溢料少，就要处理好冷料转速与流量关系、筛网孔径选择、热料仓供料比例的确定等方面；（3）先从热料仓供料抓起，采取措施保证各仓均衡储料；（4）保证原料稳定的组成和供料比例。

综上所述，高速公路工程作为国民经济发展的重要支撑，其行业的发展对国民经济的发展具有极大的影响力。随着沥青混凝土施工技术水平的不断提升，高速公路路面施工质量的优劣将直接影响到公路工程事业的整体水平。因此，施工企业必须高度重视高速公路工程的沥青混凝土路面施工新技术及质量，对施工过程中每个环节的质量进行严格把关，只有这样才能避免工程安全隐患的产生，才能进一步提升整个工程施工的质量。

第五节　高速公路路面设计任务与方法

一、高速公路路面设计说明

（一）批复执行情况

1. 初设批复及执行情况

同意初步设计采用的路基横断面形式及组成设计参数，原则同意一般路基设计原则。

2. 初设路面批复

原则同意采用沥青混凝土路面方案及推荐的路面结构设计，下阶段应充分利用现有的科研成果作进一步的优化和完善。

3. 主线路面

4cmSBS改性沥青AC-13C+6cm中粒式沥青混凝土AC-20C中面层+8cm粗粒式沥青混凝土AC-25C下面层+20cm水泥稳定碎石基层+20cm水泥稳定碎石底基层+20cm水泥稳定碎石垫层，基层顶面设置稀浆封层。

4. 匝道路面

4cmSBS改性沥青AC-13C+6cm中粒式SBS改性沥青混凝土AC-20C下面层+20cm水泥稳定碎石基层+20cm水泥稳定碎石底基层+20cm水泥稳定碎石垫层，基层顶面设置稀浆封层。

5. 桥面铺装

4cmSBS改性沥青AC-13C+6cm沥青混凝土AC-20C下面层+防水黏结层。

6. 收费站

26cm水泥混凝土面层+20cm水泥稳定碎石基层+20cm水泥稳定碎石底基层。

（二）施工图批复及执行情况

1. 施设批复意见

全线路面结构设计基本符合初步设计批复意见。原则同意设计采用的路面结构层形式。路面结构形式如下：

（1）主线路面

4cmSBS改性沥青AC-13C上面层+6cm沥青混凝土AC-20C中面层+8cm沥青混凝土AC-25C下面层+20cm水泥稳定碎石基层+20cm水泥稳定碎石底基层+20cm水泥稳定碎石垫层，基层顶面设置稀浆封层或同步碎石封层。

（2）匝道路面

4cmSBS改性沥青AC-13C上面层+6cm沥青混凝土AC-20C下面层+20cm水泥稳定碎石基层+20cm水泥稳定碎石底基层+20cm水泥稳定碎石垫层，基层顶面设置稀浆封层或同步碎石封层。

（3）桥面铺装

4cmSBS改性沥青AC-13C上面层+6cm沥青混凝土AC-20C下面层+防水黏结层。

（4）收费广场

26cm水泥混凝土面层+20cm水泥稳定碎石基层+20cm水泥稳定碎石底基层。

2. 结构组合

根据初步设计批复，路面结构及厚度如下：

（1）主线路面

4cmSBS改性沥青混凝土AC-13C+6cm沥青混凝土AC-20C+8cmAC-25C+0.8cm改性乳化沥青稀浆封层+20cm水泥稳定碎石基层+20cm水泥稳定碎石底基层+20cm水泥稳定碎石垫层。封层与沥青面层、沥青面层之间设改性乳化沥青黏层，基层顶面设乳化沥青透层。路面总厚度78.8cm。

（2）匝道路面

4cmSBS改性沥青混凝土AC-13C+6cm沥青混凝土AC-20C+0.8cm改性乳化沥青稀浆封层+20cm水泥稳定碎石基层+20cm水泥稳定碎石底基层+20cm水泥稳定碎石垫层。封层与沥青面层、沥青面层之间设改性乳化沥青黏层，基层顶面设乳化沥青透层。路面总厚度70.8cm。

（3）桥面铺装

4cmSBS改性沥青混凝土AC-13C+6cm沥青混凝土AC-20C+防水粘黏层+混凝土调平层（T梁）。沥青面层间设改性乳化沥青黏层。水泥混凝土调平层须作饨刨处理。

（4）其余路面

收费广场、汽车通道、人行通道均采用水泥混凝土路面；机耕通道根据道路等级采用水泥混凝土路面或泥结碎石路面，土路肩采用培土植草绿化。

（三）材料组成、设计及性能要求

1. 沥青混凝土面层

（1）沥青结合料技术要求

项目所在区域夏季气温高、高温持续时间长，因此，沥青上面层采用改性沥青混凝土。而SBS改性沥青具有高黏度、高弹性、高软化点，与集料的黏附力也较好，能有效改善沥青混合料的高温稳定性和抗疲劳性能，且在我国应用的时间长、范围广，使用经验较成熟。

（2）原材料技术要求

①集料生产设备及堆放场地要求

A. 集料生产设备

石料加工方式应采用两级以上破碎和反击筛分联合机，禁止直接使用颚式破碎方式生产的集料。水泥稳定碎石基层用石料（集料）应能满足日生产量4000t以上，具有有效运转的吸尘装置。

B. 堆放场地要求

水泥稳定碎石基层的集料堆放场地必须全部采用碎石硬化，面积不小于10000m²，场地布局合理、分隔清晰、排水设施完善，同时细集料应设置防雨棚，不但应具有水稳场地要求的条件，而且应设有专用石块堆放场地和块石分拣区以及应设置有专用废料堆放场地，以能够满足4档以上集料堆放要求，同时各档集料应设置混凝土分隔墙。

②材料要求

A. 水泥

采用32.5普通硅酸盐水泥、矿渣硅酸盐水泥和火山灰硅酸盐水泥。不得使用快硬早强水泥和已受潮变质的水泥，水泥的初凝时间应长于3小时，终凝时间宜在6h以上，因气候原因水泥终凝时间不能满足生产需要时，应掺加缓凝剂，水泥及必要的外掺剂的物理性能及化学成分必须符合现行国家标准的相应规定。

B. 集料

用于水泥稳定的粗集料采用当地的石灰岩轧制而成，碎石的压碎值≤30%，最大粒径不超过31.5mm，细集料宜采用碎石加工过程中产生的石屑，有机质含量不超过2%，集料级配应满足下表要求：第一，水泥用量增大，基层、底基层的偏差系数宜控制在15%以内。第二，施工过程中，抗压强度检验时以范围控制，即控制强度的上、下限，基层控制在3.5～4.05MPa之间，底基层控制在3.0～4.0MPa之间，垫层控制在2.5～3.5MPa之间，超出范围视为不符合要求。

（3）目标配合比设计

根据设计指标要求，通过7天无侧限抗压强度确定混合料级配和水泥剂量。

配合比验证：根据目标配比进行水泥土稳定碎石试拌、试铺工作，检验拌和的准确性、强度以及摊铺时是否离析。当混合料的级配、水泥剂量不满足要求或摊铺离析时，应调整配合比设计。

施工前应根据现场所备材料，进行配合比设计，在满足设计强度的基础上，通过采取限制水泥用量及适当增加粗集料和控制细集料用量调整混合料级配来尽量减少半刚性材料裂缝的产生。

2. 水泥混凝土配合比

（1）材料与设备检查

①施工前必须检查各种材料的来源和质量。对经招标程序购进的沥青、集料等重要材料，供货单位必须提交最新检测的正式试验报告，从国外进口的材料应提供该批材料的船运单。对首次使用的集料，应检查生产单位的生产条件、加工机械、覆盖层的清理情况。所有材料都应按规定取样检测，经质量认可后方可订货。②各种材料都必须在施工前以"批"为单位进行检查，不符合规范技术要求的材料不得进场。对各种矿料是以同一料源、同一次购入并运至生产现场的相同规格材料为一"批"；对沥青是指从同一来源、同一次购入且储入同一沥青罐的同一规格的沥青为一"批"。材料试样的取样数量与频度按现行试验规程的规定进行。③工程开始前，必须对材料的存放场地、防雨和排水措施进行确认，不符合规范要求时材料不得进场。进场的各种材料的来源、品种、质量应与招标及提供的样品一致，不符合要求的材料严禁使用。④使用成品改性沥青的工程，应要求供应商提供所使用的改性剂型号、基质沥青的质量检测报告。使用现场改性沥青的工程，应对试生产的改性沥青进行检测，质量不合格的不可使用。⑤施工前应对沥青拌和楼、摊铺机、压路机等各种施工机械设备进行调试，对机械设备的配套情况、技术性能、传感器计量精度等进行认真检查、标定，并得到监理的认可。⑥正式开工前，各种原材料的试验结果及据此进行的目标配合比设计和生产配合比设计结果，应在规定的期限内向业主及监理提出正式报告，待取得正式认可后，方可使用。

（2）铺筑试验路段

①通常桥面沥青混凝土铺装由于桥梁震动的影响，达到与普通路基段相同的压实度需要较高压实功。因此，鉴于桥面铺装与普通路基段铺装的压实性能有较大差异，试验路应分为普通路基试验路和桥面铺装试验路，且桥面铺装试验路的铺筑必须在普通路基段试验路总结完成后进行。②各层路面正式铺筑前均应做试铺路段，普通路基段试验路铺筑长度应不小于300m，且宜在直线段上铺筑，桥面铺装试验路铺筑长度应不小于100m。③试验路铺筑过程中，各参建单位应一起对试验路进行跟踪观测，检查施工工艺、技术措施是否符合要求。④试验路铺筑结束后应对试验路进行质量检测，检测频率应比正常路段适当增加，施工单位应根据试验路铺筑情况及试验检测结果及时向业主提交试验路总结报告，业主应组织相关单位对试验路进行综合评定并确定是否正式开工。⑤热拌热铺沥青混合料路面试验路段铺筑分试拌及试铺两个阶段，应包括下列试验内容：第一，检验各种机械的类型、数量及组合方式是否匹配；第二，通过试拌确定拌和机的操作工艺，考察计算机打印装置的可信度；第三，通过试铺确定透层油的喷洒方式和效果、摊铺、压实工艺，确定送铺系数；第四，验证沥青混合料生产配合比设计，提出生产用的标准配合比和最佳沥青用量。⑥试验段铺筑应由有关各方共同参加，及时商定有关事项，明确试验结论，铺筑结束后，施工单位应就各项试验内容提出完整的试验路施工、检测报告，取得业主或监理的批复。

二、高速公路设计的质量控制方法

（一）高速公路设计的质量检查方法

1. 原材料的质量检查

包括沥青、粗集料、细集料、填料。

2. 混合料的质量检查

油石比、矿料级配、稳定度、流值、空隙率、残留稳定度；混合料出厂温度、运到现场温度、摊铺温度、初压温度、碾压终了温度；混合料拌和均匀性。

3. 面层质量检查

厚度、平整度、宽度、高程、横坡度、压实度、横向偏位；摊铺的均匀性。

4. 离析可以暂时作如下控制

（1）施工过程中采用红外温度探测器检测的温度差不应超过20℃；（2）核子密度仪检测的密度不应超过0.075g/cm³（大体上相当于空隙率相差3%）；（3）构造深度的大值与平均值之比不应超过1.5。

5. 喷涂方法

分两遍喷涂，防水黏结剂用量为0.4～0.7kg/m²，若基面不平，可选择偏大涂布量。

（1）人工涂布

有操作人员用滚筒将其均匀涂布于水泥混凝土铺装层上。

（2）机器喷涂

有操作人员用手持喷枪，将喷枪后部的弯管直接从原料桶中吸取溶剂型黏结剂，喷枪口喷出雾状的溶剂型黏结剂，均匀覆盖在桥面。在第一遍喷涂1小时后进行第二遍喷涂，待防水黏结剂涂膜完全干燥后，溶剂挥发干净后，即可进行沥青混合料摊铺。

（二）高速公路收费站设计方法

（1）水泥混凝土路面应采用机械化施工，必须有传力杆安置和拉杆插入设备以及表面纹理整修设备，以保证路面施工质量和满足平整度的要求。（2）平整度与抗滑标准：混凝土路面的平整度以3m直尺量测为准，3m直尺与路面表面之间的最大间隙不得大于3mm。混凝土路面的抗滑以构造深度（TD）为指标，其竣工验收值不得小于0.8mm。（3）水泥混凝土的设计弯拉强度：$f_{cm}=5.0MPa$；水泥混凝土的弯拉弹性模量：$E_c=3.0×10^4MPa$。（4）集中拌和混凝土，由专用混凝土运输车运输。拌和楼在投入生产前，必须进行标定试拌，应根据拌合物的黏聚性、均匀性及强度稳定性确定最佳拌和时间，拌和过程中不得使用沥水、表面沾染尘土和局部暴晒过热的砂石料。（5）应根据施工进度、运量、运距及路况，选配车型和车辆总数。运输到现场的拌合物必须具有适宜摊铺的工作性。（6）浇筑后的混凝土应及时养护，养护可采用混凝土路面专用养护剂，施工时注意按产品规定用量喷洒均匀。

四、高速公路设计施工注意事项

（一）控制水稳层的水泥用量

施工时应注意控制水稳层（垫层、底基层和基层）的水泥用量，如其强度达不到设计要求时不能一味地加大水泥用量，而应从调整级配或更换材料角度入手，最大水泥用量不得超过6%，以避免出现干缩裂缝。建议垫层、底基层水泥用量控制在3%～5%为宜，基层水泥用量控制在4%～5.5%为宜。

（二）注重水稳层的养生工作

水稳层养生建议采用150g/cm²的土工布覆盖养生，养生期不得小于7天，整个养生期应始终保持水稳结构层表面潮湿。养生期间，除养护车辆外严禁其他车辆通行，养护车辆轴重不应超过5t，行驶速度不应超过5km/h。

（三）防止层间污染

路面各层施工前必须对下承层进行清扫，确保层间黏结。路面施工完成前，应杜绝非施工车辆驶入路面结构层，施工车辆因施工需要进入已养生完成的路面结构层前，应对车辆进行清理，在进入路面前设置不小于30米的过渡段，由专人对车辆进行清理。

（四）沥青面层施工

拌和机采用3000型或4000型间歇式拌和机，施工单位应根据拌和机生产能力配备相应数量的运料车、摊铺机和压路机等，摊铺机、各型压路机均应多配一台以备用。运料车要求为双桥载重量15～20t的自卸汽车，严禁采用单桥载重汽车。车辆在铺筑完成的路面结构上通行时时速不得超过20km/h，并不得进行急刹、调头等操作。

第十章　高速公路桥涵工程

第一节　高速公路桥涵工程概述

一、桩基础施工方案

钻孔灌注桩选用 GPS-15、18 型泵吸反循环钻机，采用泥浆护壁，导管法灌注水下混凝土。陆地钻孔钢护筒埋深 2m，水上钻孔钢护筒下至淤泥层以下，以防止较厚的淤泥层造成坍孔事故。在钻孔附近开挖泥浆沉淀池，施工完成后，挖除泥浆晒干后掩埋。

二、承台施工方案

承台采用挖掘机开挖基坑，分步开挖，木板桩支挡围护；采用组合钢模板和商品混凝土，混凝土输送泵车浇筑，每个承台一次连续浇筑成型。

三、墩台柱施工方案

墩台柱施工全部采用定型加工的钢模板，模板按照墩台柱结构图纸在工厂精确加工，墩柱均以 2m 作为标准节，以 1.0m、0.5m 为调整节，每节按 2 块组合，钢板厚度为 $\delta = 6mm$，其加工精度按钢结构、钢模板加工及验收规范验收。汽车吊配合立模，输送泵车连续一次性整体浇筑混凝土，插入式振捣器振捣。

四、梁部施工方案

T 型梁在预制梁场集中预制，60 t 拖车运梁、架桥机架设大梁。

五、先简支后连续（结构）预应力混凝土 T 梁安装

（1）在经监理工程师验收合格的墩台顶面，按设计要求安装支座。在桥台及非联墩上设置永久支座，在联墩上设置钢砂桶临时支座，并安装永久支座。（2）预制梁段安装于支座上成为简支状态，并及时设保险垛或支撑，将梁固定并与先安装好的大梁

进行横向连接。（3）连接梁端处预留钢筋，设置连续梁端接头波纹管并穿索。在日温最低时从桥梁每联的两端孔向中孔依次浇筑连续接头及横隔板接缝混凝土（桥面板以下）。（4）当浇筑混凝土达到设计强度后，按批准的安装方案所规定顺序，张拉负弯矩区预应力钢束（预应力钢束均采用两端张拉，且横桥向对称于桥轴线均匀张拉），并压注水泥浆。（5）按设计要求顺序浇筑桥梁湿接缝混凝土，待湿接缝混凝土达到设计强度后，放空钢桶内的沙子解除每联梁下全部临时支座，完成体系转换。

第二节　基础施工

一、施工准备

（1）施工前，首先要进行施工图纸审核，确保桥位、标高设计合理，尺寸无误。（2）加强便道维修与养护，确保便道畅通。（3）现场合理规划泥浆池、沉渣池，要满足施工需要和环保要求。（4）控制桩复测，完成各桩位的定位测量放样。（5）平整场地，满足钻机就位和施工操作的需求。

二、钻孔桩施工

（一）钻孔桩基施工

1. 场地平整及桩位放样

场地平整：在桩基施工前，对施工现场进行场地平整。场地平整采用推土机进行，保证施工机械的平稳放置及施工现场的文明与安全。

桩位放样：为保证桩基位置的准确性，施工前要进行精确放线。采用全站仪直接测设控制桩位，在测量的精确桩位处设置保护桩。

2. 护筒埋设及钻机就位

护筒采用5mm钢板制成，护筒高3m，直径比桩径大20～30cm，护筒埋深2.0m，顶部高出地面1.0m；护筒中心与桩位中心偏差不大于5cm，护筒埋设好后，钻机就位、稳固、平衡。

护筒埋设在旱地时，采用反铲挖坑埋设，护筒就位后，外侧用黏土回填夯实。护筒与工作平台固定，避免塌孔时护筒沉落或偏斜。

水上护筒安装埋设：在水上平台上，用钻机吊装护筒就位，在护筒顶部支垫方木，用反铲轻压使护筒至淤泥底部，调整护筒位置，使其满足规范要求。再用钻机吊锤将护筒打入基础，埋设深度至淤泥下1～2m，测量并调整护筒位置，直至满足要求。

钻机采用反循环钻机造孔，泥浆护壁，泥浆液面高度不低于旱地或水面1.5～2.0m，随时检查浆液比重是否符合设计或技术规范的规定。

3. 泥浆制备

泥浆制备采用泥浆搅拌机搅拌，泥浆选择塑性指数大于25、粒径小于0.005mm的黏粒且含量大于50%的黏土制浆，泥浆比重控制在1.1～1.25。

4. 钻进与清孔

根据现场地质情况，钻孔采用冲击钻机成孔，选派有经验的工程技术人员和管理人员负责钻孔施工。根据不同的地质情况，以合适的钻进速度钻进，钻孔过程中，做好钻孔记录，并对各地层与设计资料进行对比。若发现地质情况与设计不符时，及时通知建设方、监理工程师并提出相应措施，经建设方、监理工程师批准后加以处理。

钻孔达到设计深度后，进行孔内的泥浆稀释，利用泥浆泵通过吸浆管持续吸渣 5～15min 左右，并用测深锤测沉淀层厚度，直到符合规范要求。

5. 钢筋笼制作和安装

按照设计图纸及施工规范要求进行钢筋笼的制作。主筋连接采用机械连接套筒，每间隔 3m 在钢筋笼四周对称焊接钢筋耳朵，保证钢筋笼有足够的保护层，并在笼顶对称焊接四根钢筋，以备固定钢筋笼。钢筋笼制作完成后，应检查各部尺寸，检查合格后方可使用。

清孔后及时吊放钢筋笼，钢筋笼各段之间的连接采用机械连接套筒，钢筋笼每 8m 一段，用汽车吊垂直吊入孔内。

6. 混凝土施工

采用导管法浇筑混凝土，对孔的中心位置、孔径、倾斜度、孔深进行检验，清孔、安装钢筋笼后，灌注水下混凝土。

混凝土浇筑前，提前搭设混凝土溜槽，安放储料斗、混凝土导管，导管用 φ 300mm 的钢管制成，各导管之间内螺丝连接，每节导管长 2.5m，同时放置隔水栓。

首批浇筑量要经过严格计算。即导管底部一次埋深 2m 以上，浇筑混凝土连续进行。混凝土采用集中拌制、罐车运输、罐车直接卸入料斗。

在浇筑过程中要随时测量孔内混凝土面的高度，使导管在混凝土内的埋深在 2～4m 之间，最大埋深高度不得超过 6m。浇筑完毕后，在混凝土初凝前，拔掉孔口护筒，钻机移位至下一桩位。

7. 桩头处理，钻孔检测

待混凝土达到规定强度后，截掉和清除桩顶的不良部分混凝土，直至露出新鲜混凝土，桩头混凝土采用风镐凿除至设计高程。混凝土灌注桩的质量检查采用钻孔取芯法检测成桩质量。

（二）钻孔过程中常见问题的预防及处理

1. 塌孔

（1）塌孔的表征

塌孔的表征是孔内水位突然下降，孔口冒细密的水泡，出渣量显著增加而不见进尺，钻机负荷显著增加等。原因如下：

①泥浆比重不够或泥浆其他性能不符合要求，使孔壁未形成坚实护壁泥皮，孔壁渗漏。②孔内水头高度不足，支护孔壁压力不够。③在松软砂层中进尺太快。④提住钻头钻进时，旋转速度过快，空转时间太长。⑤清孔后泥浆比重、黏度等指标降低，反循环清孔，泥浆吸出后未及时补浆。⑥起落钻头时碰撞孔壁。

（2）预防及处理原则

①保证钻孔时泥浆质量的各项指标满足规范要求。②保证钻孔时有足够的水头差，不同土层选用不同的转速和进尺。③起落钻头时对准钻孔中心插入。④回填砂和黏土的混合物到坍孔处以上1～2m，静置一定时间后重钻。

2.钻孔偏斜和缩孔

（1）偏斜缩孔原因

①钻孔中遇较大的孤石或探头石，扩孔较大处钻头摆动偏向一方。②在有倾斜度的软硬地层交界处，岩石倾斜处钻进或者粒径大小悬殊的砂卵石中钻进，钻杆受力不均。③钻杆刚度不够，钻杆弯曲接头不正，钻机底座未安置水平或产生不均匀沉陷。④在软地层中钻进过快，水头压力差小。⑤全压钻进。

（2）预防和处理

①安装钻机时使底座水平，起重滑轮、钻头中心和孔位中心三者在一条直线上，并经常检查校正。②倾斜的软硬地层钻进时，采取减压钻进。③钻杆、接头逐个检查，及时调整。遇有斜孔、偏孔时，用检孔器检查探明孔偏斜和缩孔的位置情况，在偏孔、缩孔处上下反复扫孔。偏孔、缩孔严重时回填砂黏土重钻。④全过程采用减压钻进方式。

3.掉钻

（1）主要原因

钻进时强提强扭、钻杆接头不良或疲劳破坏易使钻头掉入孔中，另外由于操作不当，也易使铁件等杂物掉入孔内。

（2）预防和处理

①小铁件可用电磁铁打捞。钻头的打捞应视具体情况而定，主要有采用打捞叉、打捞钩、打捞活套、偏钩和钻锥平钩等器具。②在钻孔过程中除以上几种主要事故外，还需注意防止糊钻、扩孔、偏孔、卡钻、钻杆折断、钻孔漏浆等。

（三）水下混凝土灌注事故的预防及处理

1.导管进水

（1）主要原因

首批混凝土储量不足，或导管底口距孔底间距过大，混凝土下落后不能埋住导管底口以致泥水从底口进入。

（2）处理方法

将导管提出，将散落在孔底的混凝土拌合物用空气吸泥机清除，重新灌注。

2.卡管

（1）主要原因

①初灌时隔水栓卡管，或由于混凝土本身的原因如坍落度过小、流动性差、粗骨料过大、拌合物不均匀产生离析、导管接缝处漏水、大雨中运输混凝土未加遮盖使混凝土中的水泥浆被冲走，粗骨料集中造成堵塞。②机械发生故障和其他原因使混凝土在导管内停留时间过长，或灌注时间持续过长，最初灌注的混凝土已经初凝，增大了管内混凝土的下落阻力，混凝土堵在管内。混凝土灌注导管内外压力差不够。

（2）预防措施

准备备用机械、掺入缓凝剂，做好配合比，改善混凝土的力学性能。

（3）处理办法

拔管、吸渣、重灌。

3. 坍孔

发生坍孔后，应查明原因采取相应措施。如保持或加大水头，排除振动源等防止继续坍孔，然后用吸泥机吸出孔中泥土，如不继续坍孔可恢复正常灌注，如坍孔不停止、坍孔部位较深，宜将导管拔除。保存孔位回填黏土，研究处理措施。

三、挖孔桩施工

对于无地下水或者少量地下水，且土层或者风化岩层较密实，则采用人工挖孔桩，桩径1.8m、1.6m、1.5m、1.2m分别为8、42、40和32根。挖孔桩施工时，根据地质和水文地质情况，制订可行的孔壁支护方案，主要采用混凝土护壁。人工挖孔桩施工工艺如下：

（一）施工准备

平整场地，清楚坡面危石浮土。坡面有裂缝或者坍塌迹象时应先加设必要的防护设施，铲除松软的土层并夯实。施测墩台的十字线，定出准确的桩孔位置；设置护桩并经常检查校核；孔口四周挖排水沟，做好排水系统；及时排除地表水、搭好孔口的防雨棚；安装提升设备；布置好出渣道路；合理堆放材料和施工机具，使其不增加孔壁压力、不影响施工。

井口四周用护壁围圈予以围护，第一节护壁高出地面20～30cm，防治土、石、杂物滚入孔内伤人。若井口地层有较大的渗水量时，采用井点降水法降低地下水位。

（二）挖掘顺序

对于单排桩，采用跳孔开挖。对于有四根桩基的群桩，采用对角开挖。

桥梁的桩基承台。采用先挖桩孔，后挖承台座基坑的方式。这样施工有利于排除地表水且施工作业场地宽敞，立架、支撑、提升、灌注等操作都比较方便。

（三）挖孔桩施工工艺流

（1）桩孔的出渣，采用电动卷扬机扒杆，以减轻工人的劳动强度，提高文明施工程度。（2）在挖孔过程中，须经常检查桩孔的尺寸和平面位置；群桩误差不超过100mm，排架桩误差不超过50mm。直桩的倾斜度不超过1%，斜桩的倾斜度不超过±2.5%；孔径和孔深必须符合设计要求。（3）挖孔时如果有渗水，则应及时进行孔壁支护，防止水在孔壁浸泡流淌造成塌孔。渗水采用井点降水或者集水泵排。（4）桩孔挖掘和支撑孔壁两道工序必须连续作业，不宜中途停顿，以防塌孔。（5）挖孔如遇到涌水较大的潜水层承压水时，可采用水泥砂浆压灌卵石环圈，或者集水泵排的方法进行排水。（6）孔壁支护采用外齿式混凝土护壁。每挖掘1.2～1.5m深时，即立模浇筑混凝土护壁，护壁的厚度一般为10～15cm，强度等级一般为C15。有时为了赶工期，需加速混凝土的凝结，可掺入速凝剂。若土层比较松软或者需多次进行放炮开挖，可在护壁内设置88的钢筋。护壁的模板采用钢模板或者木模板。（7）挖孔达到设计孔深后，应进行孔底处理。孔底必须做到平整，无松渣、污泥及沉淀等软层。嵌入岩层厚度应符合设计要求。（8）在开挖过程中应经常检查了解地质情况，如与设计资料不符，应提前与设计代表联系，提出设计变更。

（四）孔内爆破施工

为了确保施工安全，提高生产效率，孔内爆破施工应注意以下事项：

（1）导火线起爆采用电雷管起爆，以确保施工安全。如采用导火线起爆，要有工人迅速离孔的设备；导火线应作燃烧速度试验，据以决定导火线所需长度。（2）必须打眼放炮，严禁裸药爆破。对于软石炮眼深度不得超过0.8m，对于硬岩石炮眼深度不得超过0.5m。炮眼的数目、位置和斜插方向，应按岩层断面方向来定，中间一组集中掏心，四周斜插挖边。（3）严格控制用药量，以松动为主。一般中间炮眼装硝铵炸药1/2节，边眼装1/3～1/4节。（4）有水眼孔要用防水炸药，尽量避免瞎炮。如有瞎炮应按安全规程处理。（5）炮眼附近的支撑应加固或设防护措施，以免支撑炸坏引起塌孔。（6）孔内放炮后应迅速排烟。采用高压风管或者电动鼓风机向孔内吹风进行排烟。当孔深大于12m时，每次放炮完后立即测定孔内的毒气浓度；无仪表测定时，可将敏感性强的小动物先吊入孔底考验，经数分钟的观察，如其活动正常，人员方可下孔施工。（7）一个孔内进行爆破作业，其他孔内的施工人员必须到地面安全的地方躲避。

（五）挖掘的安全技术措施

挖孔时应注意施工安全。挖孔工人必须配备安全帽、安全带、安全绳，必要时应搭设掩体。取出土渣的吊桶、吊钩、钢丝绳、卷扬机等机具，必须经常检查。井口周围须用木料、型钢或者混凝土制成的框架或围圈予以围护，井口周围应高出地面20～30cm，以防土、石、杂物滚入孔内伤人。为了防止井口坍塌，须在孔口用混凝土护壁，高约2.0m。挖孔时应经常检查孔内的二氧化碳含量，如超过0.3%，或孔深超过10m时，应机械通风。挖孔工作暂停时，孔口必须罩盖。井孔应安设牢固可靠的安全梯，以便于施工人员上下。

（六）钢筋骨架的制作与安装

挖孔灌注桩的钢筋骨架在孔外预扎后吊入孔内，也可以在孔内绑扎。为使钢筋骨架正确牢固定位，应在钢筋笼主筋上设钢筋"耳环"或挂混凝土垫块。有关钢筋笼的制作要求，详见钻孔灌注桩部分。

（七）灌注混凝土

（1）从孔底及附近孔壁渗入的地下水的上升速度较小（参考值小于6mm/min）时，可采用在空气中灌注混凝土桩的方法。还应注意以下事项：第一，混凝土坍落度。当孔内无钢筋骨架时，宜小于6.5cm；当孔内设置钢筋骨架时，宜为7cm～9cm。如用导管灌注混凝土，可在导管中自由坠落，导管应对准中心。开始灌注时，孔底积水深不宜超过5cm，灌注的速度应尽可能加快，使混凝土对孔壁的压力尽快大于渗水压力，以防水渗入孔内。第二，桩顶或承台、连系梁底部2m以下灌注的混凝土，可依靠自由坠落捣实，不必再用人工捣实；在此线以上灌注的混凝土应以振捣器捣实。第三，孔内的混凝土应尽可能一次连续浇筑完毕。若施工接缝不可避免时，应按照施工规范关于施工缝的处理规定处理，并一律设置上下层的锚固钢筋。锚固钢筋的截面积应根据施工缝的位置确定，无资料时可按桩截面积的1%配筋。施工接缝若设有钢筋骨架，则骨架钢筋截面积可在1%配筋面积内扣除；若骨架钢筋总面积超过桩截面的1%，则可不设锚固钢筋。第四，混凝土灌注至桩顶以后，应立即将表面已离析的混合物和水泥浮浆等清除干净。（2）当孔底渗入的地下水上升速度较大时（参考值大于6mm/min），应视为有水桩，按前述钻孔灌注桩用导管法在水中灌注混凝土。灌注混凝土之前，孔内的水位至少应与孔外稳定水位同样高度；若孔壁土质易坍塌，应使孔内水位高于地下水位1～1.5m。（3）空气中灌注的桩如为摩擦桩，且土质较好，短期内无支护不致引起孔壁坍塌时，可在灌注过程中逐步由下至上拆除支护。需在水中灌注摩擦桩时，应先向孔中灌水，至少与地下水位相平。随着灌注的混凝土的升高，孔内水位上升时，逐层拆除支护，利用水头维护孔壁。在水中灌注的柱桩，应尽可能不拆除孔壁支护。（4）在空气中灌注混凝土柱桩，且地质条件许可拆除支护，而且是钢护筒或钢筋混凝土护筒需要拆除时，则在灌注混凝土和逐步拆除护筒过程中，始终维持混凝土顶面比护筒底端最小高出1.5～2.0m，以免拔护筒时，护筒底脚土粒掉入混凝土桩内，及孔外地下水从护筒底下间隙中渗入孔内。

四、扩大基础施工

（一）钢筋要求

钢筋施工时所用钢筋必须符合以下要求：

（1）钢筋应具有出厂合格证。（2）钢筋表面洁净，使用前将表面油腻、漆皮、铁锈等清除干净。（3）钢筋平直，无局部弯折。采用冷拉方法调直钢筋时，Ⅰ级钢筋的冷拉率不宜大于2%。（4）钢筋的弯制和末端符合设计及规范要求。（5）各种钢筋下料尺寸符合设计及规范要求。

混凝土采用溜槽入模分层连续灌注，插入式振动棒振捣，振捣时观察到混凝土不再下沉、表面泛浆、不再出现气泡、表面有光泽时即可缓慢抽出振捣器。扩大基础第一层混凝土施工不立模板，满灌混凝土施工。第一层混凝土浇筑完毕后，预埋好连接钢筋。待最后一层混凝土浇筑完毕后及时洒水养生，拆模后用塑料薄膜覆盖养护。

（二）水中基础的施工

水中基础的施工采用钢板桩围堰。水中基础施工采用钢板桩围堰形成基坑，再进行基础施工。即先在岸上或平台上拼装围图（按钢管桩的平面尺寸拼装），运至墩位定位后，把围图固定在钢管桩上，然后在围图四周的导框内插打钢板桩。安装堰内支撑，抽干水后人工开挖基坑，凿除桩头，绑扎钢筋，浇筑基础混凝土。

插打钢板桩的次序，从上一角开始，至下游合龙。这样不仅可以使围堰内避免淤积泥沙，而且还可以利用一部分水流冲走一部分泥沙，以减少开挖工作量，更重要的是保证围堰施工的安全。

钢板桩围堰在合龙处往往形成上窄下宽的状态，这就使得最后一组板桩很难插下。常用的纠正方法是将邻近一段钢板桩墙的上端向外推开，以使上下宽度接近。必要时，可根据实际宽度量测尺寸制作一块上窄下宽的异形钢板桩。合龙时，先将异形钢板桩插下，再插下最后一块标准钢板桩。

从围堰内排水时，如果发现锁口漏水，可在围堰外抛投煤灰拌铝沫，效果显著。钢板桩系多次重复使用设备，墩身筑出水面后即可拔出钢板桩，拆除围堰。

水中基础还可以采用吊箱围堰施工。

（三）吊箱围堰施工

1. 钢吊箱加工及拼装

钢吊箱底板和侧板在工厂分块加工，加工完试拼装检验合格后，分块装船运至拼装现场。在工作平台上，采用全站仪测出桥墩的纵横中心轴线，并测出桩顶的中心线及标高。钢吊箱加工完并检验合格后，分批分块运到桥墩安装位置，将护筒割至安装要求标高。

在护筒上焊接钢牛腿设置临时施工平台，在临时施工平台上拼装钢吊箱底板，采用倒链找平底板后，安装吊箱侧板，侧板连接部位粘贴橡胶止水板。

安装悬吊系统，提起吊箱，割除护筒上牛腿，将吊箱沉至设计标高后，安装内侧支撑。

2. 吊箱定位与堵漏

吊箱下沉前，对墩位处河床标高进行测量，吊箱沉至设计高程后，复核其平面位置。如不满足要求，将螺旋千斤顶安放在四个角的护筒与吊箱侧板之间调整吊箱位置，待其满足要求后，在四个角的护筒与吊箱侧板之间用型钢焊接定位。潜水员水下封堵护筒与底板之间缝隙。

3. 灌注封底混凝土

采用泵送多点灌注封底混凝土，为提高混凝土流动性和延长混凝土的初凝时间，混凝土中掺缓凝减水剂和粉煤灰。

4. 吊箱抽水

封底混凝土达到设计强度后，吊箱抽水。在承台设计标高以下护筒上重新焊接拉压杆，完成受力转换。拆除拉压杆，割除钢护筒，凿除桩头，将封底混凝土表面找平。

5. 基础混凝土施工

完成上述工作以后，即可绑扎基础钢筋和浇筑混凝土。

第三节 承台施工

一、施工工艺流程

承台施工程序：基坑开挖→凿除桩头→打混凝土垫层→绑扎钢筋→支立模板→浇筑混凝土→养生→基坑回填。

二、施工准备

（1）承台施工前进行钻孔桩位置、标高等的复测，由监理工程师签认后，方可进行承台的施工。（2）复核基坑中心线、方向、高程，按地质水文资料结合现场情况，决定开挖坡度和支挡方案。基坑底面尺寸为长 a+200，宽方 b+200（a 为承台长，b 为承台宽），开挖坡度建议采用 1∶1，则地面开挖尺寸为（a+200）+1×h，宽为（b+200）+1×h（h 为承台埋深），如承台埋深较大，可根据实际情况提高坡度，并制订支挡措施，做好地面防排水工作。（3）备齐所需机具、材料，安排施工人员，确定各班组任务。

三、基坑开挖

（一）用反铲挖掘机开挖，人工配合，并加强坑内的排水

根据施工前拟定的坡度采用反铲挖掘机开挖，挖掘时注意抽水和不要碰到支挡结构，挖至距承台底设计标高约 30cm 厚的最后一层土时，采用人工挖除修整，以保证土结构不受破坏。如施工时发现基坑在地下水面以下时，可用木板桩支撑，边开挖，边设撑。对需要设挡板支撑的基坑，根据施工现场条件，在基坑四周每 30cm 打一根木桩（或钢管），在木桩（钢管）后设 2～4mm 厚的木板（或钢板），防止边坡坍塌。

（二）基坑排水

一般采用集水井排水。在基坑内承台范围外低处挖汇水井，并在周围挖边沟，使其低于基坑底面 30～40cm。汇水井井壁要加以支护，井底铺一层碎石。抽水时需有专人负责汇水井的清理工作。

（三）凿桩头

确定承台底标高。按设计图纸，将桩顶混凝土凿至顶面高出承台底设计标高的 10cm 处，将主筋调直，按设计要求绑成喇叭口，并向外设置直钩。凿桩头完成后，即进行桩基检测。合格后方可进行下道工序施工，若不合格，应立即处理。

（四）基底处理及测量定位

夯入 10cm 厚的碎石层，层面略低于承台底设计标高。如遇砂土层等地质不良情况，按设计要求的厚度铺设石渣或干拌 C10 混凝土。位于河床下部的水中承台，其基底处理按设计要求抛填片石、夯填碎石等处理。处理完毕后，马上组织测量人员对基坑进行抄平，放出承台底面 4 个边角点及承台长、宽中心线，及其交点（中心点）的位置，用仪器检查各点位置是否正确，然后用钢尺复测，确认无误后，挂线连出承台边缘位置。

四、绑扎钢筋、立模板

（一）绑扎钢筋

钢筋在钢筋棚加工，严格按照施工规范、图纸现场绑扎，严禁漏绑。特别注意预

埋钢筋的位置及加固，防止浇筑混凝土时跑位。底部设置的钢筋网，在越过桩顶处不得截断。在钢筋与模板之间设置混凝土垫块，垫块与钢筋扎紧，并相互错开，并根据图纸绑扎预埋墩柱钢筋。

（二）立模板

采用钢模板，钢模板使用前要除锈、刷油，检查模板有否变形。为加快模板组装速度，用吊车吊装模板，人工配合立模，让模板内侧靠紧连接边角点的白线，外侧用φ48钢管加固。模板安装好后为防止浇筑混凝土时跑模和模板倾斜，在模板外打两排斜撑加固。

五、混凝土浇筑

混凝土采用自拌混凝土，混凝土罐车运输混凝土，用混凝土泵车和混凝土输送泵灌混凝土。为确保施工质量，采用斜向水平推进法施工。混凝土自由下落高度不得超过2m，保持水平分层，且分层厚度不超过30cm。采用插入式振捣棒振捣，应插入下层混凝土8cm左右，插入间隔小于其1.5倍作用半径，不得漏捣和重捣。每一层应边振动边逐渐提高振动棒，应避免碰撞模板。浇筑过程中，设专人负责检查支架、模板、钢筋和墩柱预埋钢筋的稳定情况，发现问题，立即处理。浇至设计标高后，振捣时观察混凝土不再下沉，表面泛浆，水平有光泽即可缓慢抽出振捣棒，防止混凝土内产生空洞。

六、拆模养生

混凝土浇筑完成后，对承台顶面进行修整。抹平定浆后，再一次收浆压光（墩柱处应拉毛），表面用草袋覆盖，洒水养生，养护时间不少于7 d。当混凝土达到一定强度后拆模，并回填压实。

第四节　桥梁柱、系梁、盖梁工程

桥梁下部结构由立柱、盖梁组成。

一、墩柱

（一）模板选择

采用专门加工的定型组合圆柱型钢模板，选择专业厂家制作加工模板。钢模板按照2m一节组装，一次浇筑高度按照6m考虑。

（二）施工准备

立柱施工前，要规划好各种机具设备及材料的场地，做到既方便施工，又不影响安全。清扫基础，对立柱测量放样，并复核成果，测量误差控制在规范允许范围内。

（三）钢筋制作与安装

在现场按图纸的规格、尺寸分段加工钢筋。加工时，主筋的接头数量及焊接质量要按规范作业。制作完成后，吊装就位，注意防止骨架变形。安装完毕后要固定其位置，便于装模板。

（四）模板安装及拆除

将模板拼装并与支架螺栓连接成整体，再将各面模板及桁式支撑吊装就位，用螺栓连接成一整体模板。模板拼装时，在接缝处粘贴海绵胶条，以防浇筑混凝土时漏浆。

（五）混凝土浇筑

混凝土用水泥、砂、石及外加剂等材料必须符合图纸及规范要求，混凝土采用拌和站集中拌和，混凝土罐车运输，汽车吊吊混凝土罐入仓，连续浇筑。因故间断时，时间不得超过60min。浇筑速度要适宜，每次堆料厚度不超过25cm，并用插入式振捣器振捣密实。振捣时要注意加强立柱周边表面振捣消除水泡。对分层浇筑的立柱要对下一层混凝土表面凿毛，清除浮渣并用水冲洗干净。

混凝土施工后要留人整修周边，抹平压实立柱顶面混凝土。收浆后要覆盖，并洒水养护，对脱模后立柱周围用高压水枪洒水养护。立柱成型后要测量轴线、标高、竖直度，并申请监理工程师检查，无误后方可进行下道工序施工。

二、盖梁

在混凝土立柱上采用钢结构抱箍固定支架支承，用两根50#槽钢放在抱箍上作为模板支承，上铺12cm×10cm方木横梁，横梁间距30～50cm，50#槽钢与抱箍间用50 t千斤顶调节间距，在12cm×10ccm方木横梁上直接安装底模板。两侧模板借助于横梁、上拉杆和三角撑共同组成的方框架来固定。所有框架桦眼及角撑均预先制好，使模板能够迅速准确地定位。模板定位校正用细钢丝绳作风绳校正。

混凝土由混凝土罐车从拌和站运至墩位处，汽车吊吊混凝土罐入模，分层灌注、振捣密实，按设计及规范要求的时间进行拆模，正常洒水养护不少于14 d。

第五节　桥梁上部工程施工

桥梁上部结构由T梁、空心板梁、护栏、桥面铺装等组成。

一、T梁（空心板）预制

梁体预制施工方法

（一）梁体预制施工顺序

放样→安装底模、一边侧模安装→底板、侧板钢筋安装→预应力管道布设→另一侧模安装端头封模→安装锚垫板→浇筑混凝土→养生。

（二）梁体底模安装

底座设置成混凝土条形基础，钢板底模，底模与侧模以对拉筋采用帮包底的加固形式连接。

（三）侧模安装

侧模采用工厂订制钢模，侧模安装可先安装固定一边，侧模安装应牢固、顺直，侧模之间接缝应平顺、紧密。侧模与底模之间填塞橡胶止水条，贴靠紧密。

（四）钢筋绑扎焊接

钢筋严格按施工规范制作，各部尺寸满足设计要求，与管道相碰局部钢筋可作挪动。当桥梁上部梁体为连续刚构T梁时应注意预埋梁底钢板，并加以固定，确保位置准确。

（五）管道布设

管道布设须严格按设计提供的坐标布设，管道接头应连接紧密，不得漏浆；管道每50cm用定位筋与梁体钢筋焊接固定。同时应注意梁面负弯矩管道预埋和预留孔口、外管口，孔口应加以临时封锚，以防堵塞管口和孔口。

（六）锚垫板安装

锚垫板应与端模固定牢固，锚垫板与管道出口保证垂直。

（七）混凝土浇筑

混凝土浇筑形式采用设置于场内的拌和站生产混凝土，用小型机动车运输，吊车起吊倒料浇筑方式。混凝土浇筑采用梯形连续推进。振捣由附着在侧模上的附着式振捣器配合插入式振捣器振捣。混凝土要求搅拌均匀，和易性良好。

（八）养生

采用湿润法养生。

（九）预应力张拉，压浆

按设计要求T梁（空心板）预制强度达到100%后，方可进行张拉、压浆，施工顺序为：清管道→穿束→张拉→锚固→压浆→封锚。

1. 清管道

穿束前用高压水枪清洗管道，确保管道畅通。

2. 穿束

选用钢绞线，按设计要求进行下料，下料机具采用切割机。穿束时束头用胶布紧箍，人工推进。

3. 张拉

穿束后安装锚具及千斤顶，采用千斤顶及其配套的张拉设备和锚具。张拉设备应经过计量部门校正、标定，各束张拉顺序依设计编号进行，张拉采用两头对称同时进行。以应力应变双控并以应力为主，延伸值控制在6%误差范围内。张拉程序：低松弛预应力筋 $0 \rightarrow$ 初应力 $\rightarrow \sigma_{con}$（持荷2min锚固）。

4. 孔道压浆

将水泥拌制均匀，水灰比控制在0.4～0.45，用压浆机从梁体一端向另一端连续进行，直至出浆嘴流出的水泥浆与原浆相同为止，并迅速将进浆口和排气孔全部堵紧。

二、桥梁安装

采用架桥机安装，具体安装方法如下：

（一）架桥机拼装

架桥机采用定点厂家生产成套架桥设备，运至现场拼装。拼装好后，对架桥机械性能进行试运转，认真检查架桥机、钢丝绳、卷扬机、轨道、平车、电源等是否存在隐患，并即时予以更换或加强。

（二）运输轨道铺设

轨道枕木布设两轨水平，支垫紧密。轨与轨接头平顺。

（三）T梁出坑、运输

T梁由跨墩龙门架出坑，安放在运输轨道平车上，安放时用木支撑或法兰螺丝紧紧对称地固定在平车架上，由运输平车运输至架桥机下方起吊位置。运输过程中，随时观察支撑是否松动，轨道是否变形。

（四）T梁安装

T梁安装顺序为，先安装左半幅左边梁及相邻一根中梁或右半幅右边梁及相邻一根中梁，然后按顺序逐根安装其余中梁与左半幅右边梁或右半幅左边梁。左半幅左边梁与右半幅右边梁安装由架桥机起吊前移，直接就位落梁安装。T梁安装在墩顶先设临时支座，待T梁连续构造施工完成后，再转换为永久支座。

（五）一孔安装完毕后

接长运输轨道，架桥机轨道，架桥机前移就位，再按以上方法继续逐孔安装。架桥机前移时，保证各部位之间连接牢固，结构稳定。

（六）T梁翼板接缝现浇

翼板湿接缝，采用吊模固定现浇施工方法。施工时严格按设计要求与施工技术规范执行，做到各部尺寸、位置准确，接缝平顺流畅，表面平整。

三、墩顶连续现浇段施工

当桥梁上部为连续T梁，在安装完成2孔时，按设计要求，施工墩顶连续构造。首先采用高强螺栓在T梁两端横隔板进行连接，并用配套螺栓锁紧。将梁体端部、横隔板侧面拉毛并清洗干净，连接梁端伸出钢筋及横隔板钢筋，布置墩顶部位的负弯矩区预应力钢束。安装墩顶现浇连续段模板，安放永久支座，并布置连续段钢筋及桥面板钢筋，然后逐孔浇筑现浇桥面混凝土，混凝土浇筑完毕后，进行养生，穿预应力钢束。与相邻跨连续的预制 T 梁端部，必须将浮浆、油污清洗干净并凿毛，以保证新老混凝土结合牢固。待一联 T 梁端接头混凝土强度达到设计强度的 90% 后，即可张拉负弯矩预应力钢束。钢绞线单根张拉施工方法类同 T 梁预制。

四、连系梁体系转换步骤

当连系梁体连接段混凝土浇筑及负弯矩预应力钢束张拉封锚完成后，即可进行连系梁体系转换施工。具体施工工艺方法如下：

（1）安放永久支座和临时支座：联端安放永久支座，而不设临时支座。（2）梁体架设：梁体置于临时支座上呈简支状态，及时进行梁片间横向连接。（3）中横梁混凝土及桥面板下横梁混凝土现浇：接头连续处预留钢筋，绑扎横梁钢筋，设置接头波纹管并穿束，浇筑混凝土。（4）负弯矩区板束张拉：钢束张拉时，自每联两端向中间进行，从外侧向内侧进行。钢束张拉先张拉短钢束，然后张拉长钢束，每束钢束对称单根张拉，钢束采用伸长值与张拉应力双控的超张拉工艺。钢束张拉完成后，进行锚固及孔道压注水泥浆。（5）浇筑桥面湿接缝混凝土，解除临时支座：湿接缝混凝土先浇筑跨中部分 0.6 L 段范围内的混凝土，后浇筑剩余部分湿接缝混凝土。最后解除临时支座，完成体系转换。

第六节　桥面系工程施工

一、防撞护栏施工

防撞栏杆采用分段安装，分段浇筑方法。用光面胶合板做面模，每段护栏混凝土一次成型。弯道处用 50cm 一节的模板，内贴宝丽板，可以确保弯道的线形和混凝土的外观质量。护栏钢管基座预埋件的标高和位置都要严格控制。

具体施工方法：

（一）放样

根据设计要求测设防撞栏杆轴线，并弹出两边线。

（二）钢筋安装

严格按设计要求与施工规范执行。

（三）模板安装

模板采用定型钢模板，模板安装严格控制轴线、标高、尺寸，模板接缝紧密，接头平顺。拉条对拉牢固。

（四）混凝土浇筑

混凝土采用洋铲喂料，插入式振捣器振捣。

二、桥面铺装施工

由于预应力施工等原因，对桥面标高进行认真的测量核实桥面铺装与 T 梁之间新旧混凝土之间的结合质量，所有的结合面必须按有关要求认真凿毛，并清洗干净。

桥面分左右幅，左右各分 3 条板块浇筑铺装层混凝土，每次在伸缩缝位置断开。尽量用干硬性混凝土，把钢纤维按比重加入强制式搅拌机均匀搅拌。具体施工方法如下：

（一）施工准备

清除梁体顶面杂物，凿除局部松散浮渣，用高压清水清洗面层尘埃，保证面板粗糙，确保桥面铺装层与 T 梁或空心板梁表面紧密结合。

（二）施工放样

按照桥面铺装层设计高程，在栏杆边缘每间距 1m，分别布设混凝土小支墩。小支墩标高严格按相应点位置桥面铺装层顶面标高控制，小支墩标高经过多次测设，找平调整，确保精度，目的把平整度控制在 3mm 误差以内，作为桥面铺装施工的质量控制。同时在单幅桥两边线处每隔 4m 设置一个小支墩控制点，作为人工抹光找平时的水准控制点，保证桥面横坡准确度。

（三）钢筋制作与安装

钢筋制作、安装严格按设计要求与施工规范进行，钢筋网位置准确，网格尺寸标准，负弯矩筋布设准确，钢筋底面加垫混凝土小垫块，保证钢筋有足够的保护层。

（四）架设摊铺架

根据铺装层顶面高程与摊铺架实际高度，在已设置好的小支墩上铺设槽钢作为摊铺架行走轨道。槽钢应有足够的刚度，保证摊铺架行走时不变形，槽钢铺设经标高测定无误后，应加以临时固定。摊铺架安装时，摊铺架滚轮下缘应略高于铺装层顶面，高出多少应根据现场实验确定的混凝土松铺厚度控制。

（五）模板安装

为了保证桥面的宽度与深度，铺装层边缘线应线形平顺、圆滑及铺装层的密实度，模板采用胶合板，顶面高程严格与混凝土铺装层顶面高程相同。每一段落之间的施工缝同样采用角钢作模板，确保施工缝笔直，角钢安装牢固，角钢顶面高程按该处桥面设计横坡严格控制。

（六）混凝土配合比设计

在混凝土施工前，先按照设计文件要求的标号做混凝土配合比设计，配合比交由有资质的试验室承担。

（七）混凝土搅拌、运输、浇筑

浇筑混凝土由大型拌和站集中拌和，混凝土输送车运输，混凝土输送泵泵送浇筑。

（八）混凝土摊铺

混凝土采用单幅全桥宽同时展开逐段推进摊铺方式。摊铺时，先用人工初步摊平，再用粗刮架全幅宽粗刮，然后人工推动混凝土摊铺架前后慢速行走摊铺。摊铺架反复行进中，人工即时跟进局部找平，摊平后，采用滚筒调平架调平，并用3m铝合金钢长尺进行纵、横向平整度再次找平。摊铺前应注意各种预埋件是否安装齐全，混凝土摊铺应严格按经验确定的混凝土松铺厚度摊铺，保证混凝土振捣密实后桥面铺装层各点高程满足设计要求与施工精度要求。

（九）混凝土振捣

混凝土振捣采用插入式与平板式振捣器，混凝土振捣横桥向逐行慢速推进振捣，前后行之间应有足够的叠合宽度，振捣应保证密实，以表面不出面气泡，平坦为准。同时振捣时应随时注意侧模板稳固情况，保证面板边线美观。

（十）修整

混凝土振捣后，及时采用真空吸水机吸取表面自由水，真空吸水的时间严格按试验确定。吸水后，推动抹光架，作业人员在抹光架上，采用抹光机提浆及粗平，然后再用锲刀和6m铝合金钢长尺对纵、横向平整度、坡度反复检测表面进行抹锲、精平，直到平整度符合要求为止。修整是桥面系施工的关键，施工人员必须根据工作量，配足配齐，施作人员应保证具有足够丰富的经验。抹锲精平工作必须确保混凝土初凝前完成。

（十一）纹理制作

为保证桥面有一定的粗糙度以抗滑作用，在混凝土仍具有塑性时进行纹理制作，采用压纹工具在横坡方进行纹理制作，槽口宽度、深度相一致，并根据设计抗滑要求进行。纹理制作均不得扰动混凝土。施作人员不得直接踩在刚铺好的混凝土面上，应跟随抹光机架作业。

（十二）养生

纹理制作后以手指按压混凝土无痕迹时即覆盖麻袋布，并均匀浇水，充分保持湿润，并连续洒水养护7 d以上。混凝土浇筑好后要派专人看守，严防人践踏。

（十三）防雨准备

桥面铺装是连续施工作业的，在施工过程中不可避免会突遇下雨。因此，施工前应准备好足够长塑料篷布遮雨棚，以防刚铺好的桥面混凝土被淋雨破坏。

三、伸缩缝装置安装

安装伸缩装置时，其缝宽值均应根据该季节的气温通过计算决定。伸缩缝施工要精工细作：一是要与预埋钢筋焊接牢固，补浇混凝土处要把原混凝土凿毛，用水清洗干净；二是标高要与两头桥面铺装高差不大于2mm，以免跳车。具体施工方法：

（1）清理预留槽，将杂物清理干净，预留槽的尺寸稍大于伸缩装置的总宽度和总高。（2）安装时将伸缩装置设置在预留槽内，使伸缩装置的中心线与桥中心线一致，顶面与桥面标高相同，同时注意其纵横坡度与桥面坡度一致。（3）伸缩装置就位后检查其尺寸是否符合安装温度要求，否则必须用千斤顶和夹具进行调整，直至符合设计要求，调整好后立即固定夹具。（4）调整好尺寸后，将伸缩装置一侧的锚固筋与预留槽内的预埋钢筋焊接，保证伸缩装置定位。（5）设置梁端模板及伸缩装置模板，模板按伸缩装置外形尺寸和预留槽的缺口制作，并安装严密，以防止砂浆流入支承箱，同时防止混凝土落入钢梁之间的空隙中。（6）浇筑混凝土的高度与支承箱齐平，混凝土强度不低于该处结构混凝土的强度，并进行振捣，防止周边空洞产生。

四、桥头搭板施工

桥台搭板一般在主体结构完成后安排进行施工，搭板采用现浇的方法进行。在测量组进行放样后，在原地进行钢筋的加工与安装。完成后，安装模板，模板采用建筑用钢模板，确保模板支撑牢固。混凝土浇筑时主要注意混凝土的振捣。振捣采用插入式振捣棒和平板式振捣棒交互进行，确保混凝土密实。在混凝土浇筑完毕后还要用压纹机进行压纹。

第七节　涵洞工程施工

一、钢筋混凝土框架涵

钢筋混凝土框架涵，施工主要方法为：基坑开挖采用人工配合机械施工，墙身采用 C20 混凝土现场浇筑，模板采用组合钢模，混凝土由拌和站拌和，专用运输车运输。浇筑时采用插入式机械振捣，保证混凝土质量。

（一）施工准备

基坑开挖前需进行遮阳准备、排水准备。为防止基坑开挖后受日光的暴晒，须准备充足遮阳棚将基坑盖好，边施工边封闭。排水根据现场情况疏通出入口做排水沟或挡水堰将水沿原沟排走，基坑内排水可通过在基坑四边挖集水沟用水泵将水抽出。施工便道、施工场地布置好并做好充分的施工准备后，才能进行基坑开挖，以及基底的处理工作。

（二）基坑处理

1. CFG 桩施工

涵洞基地处理方式一般与路基处理相同，如采用 CFG 桩地基加固时，CFG 桩施工与路基 CFG 桩同步进行。施工要点如下：

①技术人员测放好基坑开挖线后进行，按照施工设计图布孔，桩身直径 0.5m，钻至硬层后对照基底设计标高，除桩头超封 30～50cm 后，预留足够空钻长度，施工时严格按照 CFG 桩的施工工艺进行。②CFG 桩施工完 7 d 后，进行基坑开挖、破除桩头、铺设基础垫层等工作，桩头按照设计标高破除后，施工 CFG 桩扩大桩头，桩头上部为 1m 的圆形截面，高 0.6m，下部与桩身混凝土连接，整个桩头为倒锥形结构。③CFG 桩扩

大桩头施工完成，待桩头混凝土强度达到设计强度后，即可回填60cm碎石垫层，回填宽度为涵身底板尺寸两边各加宽0.5～1m，褥垫层回填时采用压路机或小型夯实机械夯实，每层夯实并经检测合格后即可进行下道工序的施工作业。铺设褥垫层填料，为避免碾压时对褥垫层中的土工格栅造成破坏，施工时应增设中粗砂保护层，即褥垫层的组成自上而下为25cm碎石垫层、5cm中粗砂、5cm土工格栅、25cm中粗砂碎石垫层。④基坑开挖利用人工配合挖掘机进行，挖至距设计换填层底标高20～30cm后人工清理，采用垂直开挖，避免超挖。每边按涵身底部尺寸加宽50cm作为施工空间。开挖时，开挖弃土及时用自卸车运走，严禁在基坑周围存放，更不允许将弃土堆在周围草皮及农田内。同时，现场施工负责人应严格规范施工区域，严禁挖掘机和施工车辆进入施工区以外区域，以免破坏农田及庄稼。⑤基地褥垫层施工后即可进行涵身进出口2m×1m、C20混凝土扩大基础的浇筑作业，浇筑前立好模板，经检查合格后即可进行混凝土的浇筑工作。

　　2. 测量放线

　　基坑开挖完成后，按要求利用全站仪进行测量放线。测放出涵身纵横十字线，以便控制涵身基础垫层的铺设范围，同时放好控制桩和护桩，以方便控制基础模板的位置。

　　3. 垫层的设置

　　出入口基础垫层设置可在人工将标高清到设计标高后，采用小型夯实机械先对基坑底进行夯实，后再分层夯填砂夹碎石垫层，分层厚度10～15cm，夯至设计标高后整平垫层表面，在报检合格后，即可立模进行出入口基础混凝土的浇筑工作。

　　涵身垫层采用C20混凝土进行铺设，垫层厚度10cm，在基底褥垫层施工至设计标高后，整平褥垫层顶面，按测放出的涵身十字线立好模板，进行涵身垫层的浇筑施工。

（三）涵节施工

　　在涵节基础混凝土及垫层混凝土养护强度不小于2.5mPa时，再进行测量放线，测放出涵洞纵向中心线、涵身中心里程桩及横向中心线，按照设计尺寸挂好涵身纵向中心线、墙身内外侧钢筋绑扎线，即可依据配套钢筋设计图进行涵身底板钢筋帮扎作业，每m涵身配置8排钢筋，每排间距12.5cm，且同一截面上的接头不能超过50%（两钢筋接头相距在30cm以内或两焊接接头在50cm以内，或两绑扎接头的中距在绑扎长度以内，均视为同一截面，并不得少于50cm），且"同一截面"内同一根钢筋上的接头不超过1个。

　　涵身底板钢筋绑扎完毕后，经现场技术人员、质检、监理检查合格后，就可进行模板拼装，模板宜采用组合钢模板，采用5cm的砂浆保护层垫块控制混凝土的结构尺寸，以保证涵节形状尺寸、大面、端面平直。模板拼装好后经检查合格，方可进行混凝土的浇筑施工。涵身混凝土的浇筑分两阶段施工：先浇筑涵身底板（浇筑至涵身下倒角顶面处），待底板混凝土强度达到设计强度的50%后，再施工边墙及顶板。

　　混凝土浇筑时采用集中拌和，混凝土运输车运送至施工现场。浇筑时控制好混凝土的坍落度，混凝土坍落度严格控制在标准坍落度的±15mm范围内，混凝土的倾落高度不能超过 2m，且不能将混凝土粘到还没有浇筑的模板板面上，避免造成板面上前期混凝土的凝结，影响混凝土结构物的外观质量。振捣采用插入式振动器，严格控制振捣时间，一般振捣时间不得小于 20～30 s，以保证混凝土的密实度。

在浇筑混凝土初凝后，将倒角处混凝土表面凿毛。夏季浇筑混凝土施工，要做好混凝土的养护工作，不能因混凝土内部早期水化热过高，造成混凝土表面开裂，影响混凝土工程的外观质量，洒水次数以混凝土面保持湿润为宜。

涵身施工时，先绑扎涵节两侧墙身钢筋，再进行涵节内膜和墙身内外模的拼装作业，内外侧模板均用钢管支架进行加固，在顶板处设置可调丝扛油托，以便调整顶板模板的高度及平整度。待墙身和顶板模板按设计及规范要求拼装加固好后，经检查无误，就可进行涵身顶板的绑扎工作。绑扎时按要求调整好各排钢筋的间距，且在钢筋与模板间垫好垫块，以防露筋。

在涵身混凝土浇筑作业中，对作业人员做到明确分工，使之各负其责，以保证混凝土浇筑施工能够顺利进行，确保工程施工质量创优。

（四）附属工程施工

翼墙、帽石采用现浇混凝土施工方法。技术人员测量放样立模控制边线，严格按线立模。模板采用组合钢模和木模配合使用，外露部分用钢模，要求搭配合理，拉杆及支撑紧固，面板顺直，接缝严密，下口加设海绵条，外侧用黏土或砂浆包严以防漏浆。混凝土由中心拌和站拌制，罐车运至工地，插入式振动棒振捣密实。严格控制入模温度和施工配合比，使翼墙内实外美。翼墙沉降缝及防水层施工与涵节处相同。

附属工程包括涵洞出入口铺砌、泄床、锥坡、边坡防护及垂群。涵洞出入口铺砌与路基排水沟、改沟应顺接通畅，排水有出路，做到涵洞内不积水。铺砌均采用 M10 号水泥砂浆浆砌片石，下设厚 10cm 碎石垫层。

（五）沉降缝及防水层施工

涵身沉降缝嵌塞 2cm 厚的石棉水泥板留作防水之用，施工期间，用电焊将石棉水泥板与涵身钢筋骨架定好位置当作模板使用。沉降缝外侧涂刷聚氨酯防水涂料并粘贴防水卷材，且相邻涵节不均匀沉降差小于 5mm。沉降缝内侧待涵洞施工完成后，再嵌入硫化型橡胶止水条。出入口翼墙与涵身间沉降缝内塞 M20 水泥砂浆 15cm，中间如有空隙可填塞聚丙烯纤维网混凝土。

沉降缝防水层施工完后，经检查合格，即可进行涵洞两侧回填施工，以保证涵节稳定性。在涵洞两侧大于两倍涵洞净宽范围内，涵背回填两侧同时进行。每层厚度不超过 30cm，人工用电夯机夯实。

二、盖板涵洞工程

（一）施工安排

钢筋混凝土盖板涵洞结构，多数涵洞位于填方地段。为了尽快实现路基大面积填筑，必须优先施工涵洞工程。施工初期，先打通至涵洞的施工便道。根据涵洞的分布位置及工程量，组织涵洞施工队。

（二）盖板涵工程施工方法

1. 施工工序

施工放样→基础开挖、夯实基础→地基承载力试验→基础、铺底混凝土、台身片石混凝土→现浇盖板混凝土→帽石混凝土浇筑→板缝处理→砌筑进出水口→台背回填。

2. 施工工序说明

（1）施工放样

涵洞测量放样时，注意核对涵洞纵横轴线的地形剖面图是否与设计图相符，涵洞长度、涵底标高的正确性。对斜交涵洞、曲线上的陡坡涵洞，应考虑交角加宽、超高和纵坡对涵洞具体位置、尺寸的影响。遇到与设计图纸不符的，应及时与监理工程师沟通，适当调整位置。施工过程中，应经常检查涵洞结构浇砌和安装部分的位置和标高，并作测量记录。

（2）基坑开挖

采取人工配合反铲开挖基坑，若施工机械无法进入到涵洞施工现场时，采用人工开挖。基坑大小应满足基础施工的要求，有渗水土质的基坑坑底开挖，根据基坑排水需要及设计所需基坑大小而定。基坑壁坡度，按地质条件、基坑深度和现场的具体情况确定。

（3）基坑验收

基坑开挖并处理完毕，由施工质检人员自检并报请总承包部、监理工程师检验，确认合格后填写地基检验表。未经验收，不得进行下一道工序施工。

（4）基础、铺底

盖板涵基础、铺底采用C25钢筋混凝土，涵洞地基承载力要符合设计要求。不能满足要求时，按照监理工程师指示进行处理，基础按图纸要求设置沉降缝，采用泡沫板，沉降缝处两端面竖直、平整，上下不得交错，不得接触，在沉降缝处加铺抗拉强度较高的卷材（如油毡），加铺层数及宽度按图纸所示或监理工程师指示进行。

（5）台身

台身采用C20片石混凝土，台身设置沉降缝与基础一致。基础经验收合格后，方可进行台身片石混凝土施工。墙身模板采用组合钢模板立模，混凝土采用强制搅拌机拌和、人力推送或混凝土运输车运送混凝土，插入式振捣器捣固。

（6）台身及台帽混凝土施工完成后

采用φ50架子管搭设脚手架，架设现浇钢筋混凝土盖板模板，再安装盖板钢筋，验收合格后，浇筑盖板混凝土，浇筑方法与台身相同。

（7）涵洞进出口施工

浆砌用片石采用石方开挖段的合格石料；砂浆采用200 L砂浆搅拌机拌制，手推车运输。石料在砌筑前浇水充分湿润，表面如有泥土、水锈清洗干净。

涵洞进出口建筑与路基的坡面协调一致。出水口的沟床整理顺直，形成顺畅的水流通道。进出口砌体分层砌筑，砌筑时必须按要求错缝，平顺有致，砂浆饱满，外表平整。砌筑工作中断后恢复砌筑时，已砌筑的砌层表面加以清扫和湿润。外露浆砌片石部分采用M7.5砂浆勾缝，缝采用凹缝，勾缝应嵌入砌缝内不小于10mm。

（8）台背回填

当涵洞砌筑及盖板安装完成后，且混凝土强度达到设计标号的70%时，才能进行台背回填。回填时涵洞两侧对称同时填筑，按要求水平分层填筑压实，每层松铺厚度不超过15cm，压实度按照规范的要求执行。填料采用透水性良好的砂砾土或砂质土壤，不得采用含草、腐殖物的土。边角部位压路机无法压实的部位，采用小型压实机械进行压实，强度达到规范要求。

参考文献

［1］陈开群．高速公路建设项目设计与施工管理［M］．北京：中国商务出版

［2］罗光莲．高速公路"服务区＋"理论与实践［M］．北京：经济科学出版社，2020.

［3］张发雨．高速公路建设项目动态管理理论及其应用研究［M］．长春：吉林大学出版社，2019.

［4］王启铜．城市高风险高速公路项目挑战与创新珠澳大桥珠海连接线工程建设管理［M］．北京：人民交通出版社股份有限公司，2018.

［5］杨涛．高速公路标准化施工工艺规范蓬莱至栖霞高速公路建设实例［M］．北京：科学技术文献出版社，2018.

［6］张毅．工程项目建设程序第2版［M］．北京：中国建筑工业出版社d2018.04，2018.

［7］杨涛，周银红，韩春景．公路工程建设项目工地试验室建设与管理［M］．北京：北京理工大学出版社，2018.

［8］史建峰，陆总兵，李诚．公路工程与项目管理［M］．北京：九州出版社，2018.

［9］汪双杰，王佐，陈建兵．青藏高原工程走廊冻土环境与高速公路布局［M］．上海：上海科学技术出版社，2018.

［10］王明慧．西南山区高速铁路建设技术与实践［M］．成都：西南交通大学出版社，2017.

［11］汪双杰，陈建兵，王佐．高海拔高寒地区高速公路建设技术［M］．上海：上海科技教育出版社，2017.

［12］杨正鸣，倪铁．浙江省地方标准高速公路项目建设管理规范2003-2016版［M］．北京：法律出版社，2016.

［13］刘敦文，方文富，唐宇．停工复建高速公路建设项目质量评定［M］．北京：科学出版社，2016.

［14］晏秋．高速公路管理与控制［M］．成都：西南交通大学出版社，2016.

［15］朱红兴，段军，白晓波．高速公路施工标准化管理手册［M］．成都：西南

交通大学出版社，2016.

[16] 张四伟，聂卫林. 高速公路施工标准化技术指南 [M]. 郑州：河南人民出版社，2016.

[17] 张志耕，崔澂，程国义. 高速公路设计与施工关键技术后评价研究 [M]. 天津：天津大学出版社，2016.

[18] 陈立文，赵文忠，刘广平. 高速公路建设项目投资风险理论与实践 [M]. 北京：经济科学出版社，2015.

[19] 段光中主编；胡琰，赵竹副. 高速公路机电系统技术管理 [M]. 西安：西安电子科技大学出版社，2015.

[20] 张鸿，旷小林，张理平. 高速公路深厚软基桩网复合地基加固理论与实践 [M]. 北京：冶金工业出版社，2015.

[21] 王树兴. 高速公路隧道智能监控管理技术 [M]. 重庆：重庆大学出版社，2019.

[22] 王成平. 云南山区高速公路建设管理 [M]. 北京：人民交通出版社，2019.

[23] 冯美军. 高速公路服务区运营管理理论与实践研究 [M]. 北京：人民交通出版社，2019.

[24] 霍伟. 高速公路机电设备监控与可视化管理 [M]. 长春：吉林科学技术出版社，2019.

[25] 刘炳. 高速公路建设管理理论及其应用研究 [M]. 延吉：延边大学出版社，2019.

[26] 王青娥. 高速公路路域水环境突发事件应急管理研究 [M]. 北京：人民交通出版社股份有限公司，2019.

[27] 郭术铭，汤涛，刘小四作. 高速公路养护技术与机械化管理研究 [M]. 北京：文化发展出版社，2019.

[28] 李迁. 江苏省高速公路项目管理标准化指南 [M]. 北京：人民交通出版社，2019.

[29] 林同立. 高速公路改扩建工程交通组织设计与管理 [M]. 北京：人民交通出版社股份有限公司，2019.

[30] 邓勇. BOT模式高速公路工程施工总承包管理实务 [M]. 北京：科学出版社，2019.

[31] 谭金华. 浓雾下高速公路追尾事故风险管理 [M]. 北京：中国社会科学出版社，2019.

[32] 李迁，刘世同. 高速公路现代工程管理理论与实务：基于江苏灌河大桥工程实践 [M]. 北京：人民交通出版社，2019.

[33] 张仲勇. 浙江省交通投资集团高速公路沥青路面设计、施工和管理一体化指南 [M]. 南京：江苏凤凰科学技术出版社，2019.

[34] 刘建蓓，汪双杰. 高海拔高寒地区高速公路安全设计技术 [M]. 上海：上海科学技术出版社，2019.